소프트웨어 수업백과

초등교사를 위한 SW교육 가이드

소프트웨어
수업백과

홍지연 지음

언플러그드 활동
알고리즘
컴퓨팅 사고력
피지컬 컴퓨팅

상상박물관

먼저 준비하는 선생님들이
SW교육의 희망입니다

4차 산업혁명, 클라우드 컴퓨팅, 데이터 마이닝, 인공지능, 컴퓨팅 융합…… 자고 일어나면 핫한 키워드가 바뀔 정도로 어느 때보다 급변하는 시대의 한가운데 놓여 있음이 실감나는 요즘입니다. 이런 변화에 발맞춰 우리나라 역시 미래 인재를 키우기 위한 SW교육을 공교육에 전면 도입하게 되었으니, 대한민국 인재를 키우는 선생님들과 함께 생활하는 저로서도 무거운 책임감을 느끼지 않을 수 없습니다. 더욱이 현재세계 경제 규모 10위권인 우리나라의 4차 산업혁명 적응 준비도가 25위에 그친다는 소식은 어떻게 하면 SW교육을 미래 인재를 키우는 교육으로, 대한민국이 다시 한 번 도약할 수 있는 원동력으로 삼을 수 있을까 하는 고민에 빠져들게 합니다.

제가 아는 한터초등학교는 시골의 작은 학교입니다. 어떻게 보면 SW교육을 하기에 다소 부족할 수 있는 환경이라 알고 있습니다. 얼마 전까지 스마트교육이 붐을 일으키면서 스마트스쿨이다, 유비쿼터스 교실이다 하여 최적의 정보화교육 시설을 갖춘 학교들이 많이 있음을 여러 매체를 통해 들은 바 있습니다. 정보화교육이 원활하게 잘 이루어지기 위해서 정보 인프라를 잘 갖추는 것은 분명 중요한 일입니다. 하지만 겉만 화려하고 속이 없는 교육을 우리는 경계해야 합니다.

교육은 결국 사람과 사람이 함께 하는 것입니다. SW교육 역시 그 성공의 열쇠는 교육을 이끌어가는 선생님과 학생에 있다고 생각합니다. 교육의 본질은 그 속에 있다고 믿습니다. 특히 초등학교의 경우 컴퓨터 교육을 전공한 선생님들이 많지 않습니다. SW교육에서 사용하는 간단한 개념도 낯설게 다가오기만 합니다. 이런 상황은 선생님들을 소극적인 교수자로 만들 수 있으며, 혹은 시작조차 두려워하게 할 수도 있습니다. 그런 면에서 볼 때 시골의 작은 학교에서 이루어지는 실험은 아직 SW교육의 시작 단계에 있는 많은 학교와 선생님들에게 좋은 본보기가 될 수 있을 거라 생각합니다.

홍지연 선생님은 제가 아는 선생님들 중 누구보다 교육에 대해 깊이 고민하고, 뜨거운 열정으로 하루하루를 살아가는 분입니다. SW교육 내용을 초등학생 특성에 맞게 활동 중심으로 재구성하여 즐겁게 배우게 할 뿐 아니라 아이들의 삶, 나아가 그들이 살아갈 앞으로의 세상과도 자연스럽게 맞닿을 수 있도록 비전을 심어주는 교사입니다. 또한 공부가 곧 즐거운 놀이가 되고, 즐거운 배움이 삶과 어떻게 연결될 수 있는지를 생생하게 보여줍니다. 이러한 모습은 SW교육이 사교육 시장에서 비정상적으로 팽창하고 있는 요즘, 공교육이 나아갈 방향을 제시해 주는 것이라 생각합니다.

학교가 학교의 역할을 제대로 하지 못한다면, SW교육은 소리만 요란한 속 빈 강정으로 끝나버릴지도 모릅니다. 오늘의 배움이 미래를 밝혀줄 수 있는 학교, 교육의 본질에 충실해 겉치레가 아닌 속이 꽉 찬 교육이 되기 위해서는 교육의 중심에 학생들이 있어야 합니다. 그리고 그 학생들 곁에 미래 사회를 예감하는 통찰과 비전을 가지고 앞서 준비하는 선생님들이 함께 해야 합니다.

이 책이 4차 산업혁명 시대의 거센 변화의 바람 속에서도 흔들리지 않는 교육 철학과 비전을 가지고 학생들과 배움을 실천할 수 있는 선생님으로 거듭나는 데 도움이 될 수 있을 것이라 생각합니다. 그리고 그런 교실이 하나둘 늘어남으로써 대한민국 모든 학생들이 자신의 꿈을 하나씩 펼쳐나갈 행복한 학교의 모습을 기대합니다. 교육의 본질에 집중하는 교실에서 학생들과 선생님들이 얼마나 행복하게 공부할 수 있는지, 우리 학생들이 미래 인재로 하나둘 자라나는 모습을 이 책 안에서 만나 보시길 바랍니다.

2017년 가을

김영식 교수(한국교원대학교 컴퓨터교육과)

　지난해 여름, 대전에서는 전국 각지에서 소프트웨어 교육 강사로 활동할 초등학교 선생님들을 대상으로 소프트웨어 교육 전문 강사 양성 과정 연수가 있었다. 연수 강의를 맡아 여러 선생님들을 뵙게 되었는데, 한 분이 나에게 왜 그렇게 열심히 하느냐고 물으셨다. 직설적으로 말해 돈이 되는 것도 아니요, 승진 점수가 있는 것도 아닌데 무엇 때문에 그렇게 방방곡곡을 누비고 책도 쓰고 열과 성을 다하느냐는 물음이었다. 내가 할 수 있는 대답은 단 한마디. "재미있어서요."

　선생님은 더욱 이해할 수 없다는 눈초리로 나를 쳐다보셨다. 그도 그럴 것이 지금 내 연령대와 경력이면 아이들 키우느라 바쁘거나, 티끌모아 태산이라는 말을 가슴에 새기고 승진 점수 쌓기에 한창 열을 올릴 시기이기 때문이리라. 그런데 재미라니, 그분의 눈에는 내가 한가하게 보일지도 모르겠다. 재미. 이 두 글자에 내포된 수많은 의미를 하나하나 설명할 순 없지만, 딱 그 이유 하나다. 재미있기 때문에, 누가 시키지 않아도 내 스스로 기꺼이 하고 있다는 것이다.

　생각해 보면 참 아이러니하다. 중학교 시절부터 이광수의 『무정』, 『단종애사』 등을 읽으면서 글쓰기에 대한 꿈을 키워왔으며, 국어와 영어 과목이 좋아서, 아니 좀 더 솔직하게 말해 수학이 싫어서 외국어고등학교에 진학했고, 교사를 꿈꾸며 교육대학교를 지원할 때도 심화과 정으로 국어교육을 선택한 나였다. 학부 시절에도 아동문학 동아리 활 동을 하며 언젠가는 아동문학 작가가 되고 싶다는 막연한 꿈도 꾸었다. 하긴, 아직 그 꿈을 완전히 포기한 것은 아니다. 작년까지만 해도 소프 트웨어와 관련된 개념을 쉽고 재미있게 풀어낼 수 있는 컴퓨터과학 동 화를 쓰고자 먼저 아동문학 작가가 된 대학 동기에게 자문을 구하기도 했으니 말이다. 비록 바쁘다는 핑계로 그때 끄적이던 원고들은 지금 내 컴퓨터 깊은 곳에 고이 잠들어 있지만.

이렇듯 전형적인 문과 성향의 내가 지금 어떻게 소프트웨어 교육을 이야기하고, 컴퓨터과학의 세계에 빠져 재미를 발견하고 즐기고 있는 걸까. 모든 것은 말 그대로 몇 가지 우연들이 겹쳐진 결과였다. 첫 발령 후 처음 받은 연수인 ICT 전문 강사 양성과정에서 재미를 느꼈던 인因, 아이들과 소통하기 위해 시작한 사이버 학급경영 사례가 장관상을 받 게 된 연緣, 서울교대 초등컴퓨터교육과 대학원 석사과정 모집 마감 한 시간 전에 원서를 건네주었던 동료 선생님의 제안에 왠지 솔깃했던 인因, 그리고 20년 넘은 오랜 지기가 프로그래머이기에 궁금한 점을 그 때그때 해결할 수 있었던 연緣, 나의 첫 번째 책인 프로그래밍 관련 저 서를 보고 함께 초등컴퓨팅교사협회를 해보지 않겠냐며 손을 내민 동 료 선생님들의 제안을 주저 없이 받아들였던 인因.

인연因緣이라는 것은 남녀 사이의 연분에서만 사용하는 말이 아니다. 인과 연. 곧 안에서 결과를 만드는 직접적인 원인과 밖에서 도와 결과 를 만드는 간접적인 힘이 되는 연을 합하여 인연이라고 한다. 그래서 인因이 있어 연緣을 만나게 되면 반드시 과果가 있다고 하여 인연과因

緣果라는 말이 있다. 인이 없이 연만으로 과가 생길 수 없고, 마찬가지로 인만 있고 연이 없어도 과는 성립할 수 없단다. 즉, 인과 연이 만나면 필연적으로 과果가 생긴다 하니, 여러 가지 원인과 인연을 만나 컴퓨터와는 전혀 상관이 없던 과거의 내가 오늘의 '나'로서 존재하게 된 것은 아닐까.

처음부터 컴퓨터를 좋아하고 이과에 재능이 있어 이 분야 공부를 좀 더 일찍 시작했더라면 또 다른 형태의 보다 탁월한 결과를 만들었을지도 모르겠다. 하지만 어쩌면 전혀 반대의 결과를 가져왔을지도 모른다. 지금의 나는 이런 나이기에 더 가치가 있다고 생각한다. 내가 가진 인문학적 상상력, 교육적 철학이 컴퓨팅과 만나게 되면서 나만의 소프트웨어 교육을 나름의 방법으로 실천하고 있으니 말이다. 기능적으로 멋진 프로그램을 하나 더 만들기보다 함께하는 가치를 역설하고, 이야기가 있는, 마음을 움직이는 스토리가 있는 프로그램을 더 좋아한다. 그리고 그 속에서 의미 있는 학습이 더 중요함을 아이들에게 강조한다. 그래야 내가 느끼는 재미를 아이들도 느낄 수 있을 테니 말이다. 조금 부족해도 좋다. 모자라도 상관없다. 재미있다는 그 느낌이야말로 내가 그러하듯이 아이들을 지속 가능한 배움의 길로 인도해줄 수 있기 때문이다.

오늘도 나는 꿈을 꾼다. 함께 인囚과 연緣을 엮어 과果를 만들어갈 동료들이 더 많아지기를. 서로가 서로에게 인囚이 되어주고, 연緣이 되어주기를.

2017년 9월

홍지연

차례

1_ 소프트웨어 수업 준비하기

2_ 놀이처럼 즐기는 언플러그드 활동

5_ EPL, 레벨업

6_ 피지컬 컴퓨팅

7_ 생각하고, 만들고, 공유하다: 학교 메이커 교육

8_ 소프트웨어 수업 경험 나누기

여는 글

새로운 세상과
마주하기

배움이 즐거운 학교를 꿈꾸다

인생의 일 할을 학교에서 배웠지

아마 그랬을 거야.

매 맞고 침묵하는 법과 시기와 질투를 키우는 법

그리고 타인과 나를 끊임없이 비교하는 법과

경멸하는 자를 짐짓 존경하는 법

그 중에서도 내가 살아가는데 가장 도움을 준 것은

이 많은 법들 앞에 내 상상력을 최대한 굴복시키는 법.

– 유하, 「학교에서 배운 것」 중에서

영화 〈말죽거리 잔혹사〉의 감독이기도 한 유하 시인의 시이다. 교사라는 직업 탓인지, 그냥 쉽게 지나칠 수 없어 메모해 두었었다.

지금 이 시대의 학교는 시인이 살았던 시대의 학교와 과연 얼마만큼 달라졌을까 가늠해본다. 학급당 인원수는 줄어들었고, 체벌은 금지되었으며, 학생의 인권이 그 어느 때보다 존중받고 있는 이 시대에 뭔가 좀 달라졌어야 하지 않을까 싶지만, 불행히도 그렇지 않은 것 같다. 여전히 입시 위주의 줄 세우기 교육이 만연하고, 학교폭력과 아이들의 자살 소식은 잊을 만하면 들려온다. 그래도 과거에는 선생님에 대한 존경과 신뢰는 있었건만 이제는 교권마저 무너져 학생이 교사를 폭행했다는 뉴스 또한 심심찮게 들리니, 학교란 곳이 아이들에게 과연 어떤 의미로 존재하는지, 아니 의미란 것이 있기는 한 것인지 씁쓸한 물음만 남는다.

어디서부터 잘못된 것일까. 학교의 본질이 무엇인지 생각하며 답을 그곳에서부터 찾아본다. 학교는 학생들에게 즐거운 배움이 있는 곳이어야 한다. 그러나 배움과 즐거움이 오늘 우리 교실에서 조화롭게 양립하는지 회의적이다. 지금 우리의 학교는 배움은 있으나 즐거움은 없다. 친구를 이겨야만 하는 배움, 다른 사람을 밟고 올라 얻은 성취가 즐거울 수 없다. 일등부터 꼴등까지 줄 세우는 경쟁 속에서 살아남아야 하는 우리 아이들에게는 친구들과 함께 소통하며 배움을 나누는 일은 먼 나라의 이야기인지도 모른다.

배움이 즐거우려면 그 배움의 주체가 아이들 자신이어야 한다. 다시 말해 학생이 주인공이 되어 스스로 참여하고 주도하는 수업이 이루어져야 함을 의미한다. 하지만 진도 나가기에 급급한 수업과 아이들의 관심과 질문이 사라진 교실이 부지기수다. 중고교에서는 문제아라고, 학습 부진아로 낙인찍힌 아이들이 무력감과 소외에 지쳐 잠들면 그나마 수업에 방해가 안 된다고 오히려 선생님들이 고마워하는 지경에 이르렀다.

유하 시인의 학창시절인 80년대와 다르지 않은, 여전히 행복하지 않은 학교의 모습은 늘 나의 고민거리였다. 어떻게 하면 우리 아이들이 무한 경쟁이 아닌 소통과 협력 속에서 공부하는 즐거움을 경험하게 할 수 있을까? 무엇을 가르치면 아이들이 주인공인, 아이들 스스로 참여하여 생각을 반짝이는 교실을 만들 수 있을까?

변하는 세상, 새로운 미래

3학년 1학기 사회책을 보면 이동수단과 통신수단의 변천사가 나온다. 이 부분을 공부할 때면 여지없이 아이들은 파발과 봉수에 대해 매우 궁금해 한다.

"파발은 파발꾼이 말을 타고 가거나 직접 걸어가서 나라의 중요한 일을 담은 문서를 전달하는 것을 말하고, 봉수는 높은 산에 봉수대를 설치하고 낮에는 연기, 밤에는 횃불을 이용하여 나라의 급한 일을 전하는 것으로, 마땅한 통신 수단이 없던 그 시대에 이렇게 소식을 전했다."라고 이야기해 주면 아이들은 참으로 신기해한다. 그리고 몇몇 아이들은 TV드라마에서 그런 장면을 본 적이 있다며 자랑스럽게 목소리를 높여 이야기한다. 아이들은 과거와 현재 사이에 존재하는 깊은 간극을 몹시 신기해한다.

우리 아이들이 살고 있는 지금 시대에는 책상 앞 모니터 앞에서, 손 안의 스마트폰 속에서 파리의 에펠탑도 볼 수 있고 이집트의 피라미드도 감상할 수 있다. 클릭 한 번이면 외국에 있는 친구와 영상 통화를 하며 서로의 소식을 쉽게 전할 수 있다. 어디 그뿐인가. 지도에 목적지만 입력하면 그곳까지 갈 수 있는 대중교통 수단, 소요 시간, 가는 방법까지 한 번에 찾아볼 수 있다. 우리가 해야 할 것은 그저 찾은 정보를 잘 살펴보고, 결정만 하면 되는 것이다.

구글은 벌써 4년 전에 완전히 컴퓨터로만 운행 가능한 콘셉트의 자동차를 공개했다. CES(국제전자제품박람회) 2015에서 메르세데스 벤츠 사는 무인차 F105를 선보이며 이 기술을 조만간 현실화하여 2020년까지 운전자가 핸들을 잡지 않고도 최고 시속 120km로 고속도로를 주행할 수 있도록 하겠다고 밝혔다.

일본은 2020년 상용 무인택시 서비스를 실시하기로 하였고, 중국에선 무인버스가 시험 운행에 성공하였으며 유럽에서는 공항과 연구소 내 운송 차량으로 프랑스 기업이 개발한 무인자동차가 실제 운행되고 있다.

드론은 또 어떠한가. 세계 최대의 온라인 쇼핑 회사인 아마존은 지난 3월 자사 드론 배송 서비스인 '아마존 프라임 에어Amazon Prime Air'를 통해 캘리포니아에서 첫 배송 시연에 성공했다고 한다. 프라임 에어 프로젝트란 각 지역의 물류센터에서 16km 이내 소비자들에게 2.3kg 이하의 소형 상품을 30분 이내에 배송하겠다는 것이다. 아마존이 현재 보유 중인 드론은 122m 상공에서 약 2.3kg에 해당하는 짐을 싣고 시간당 80km의 속도로 날 수 있다. 또한 드론 전용 배송센터를 모든 도심 지역에 설치하려 하고 있다는 소식마저 들린다. 영화 속에나 상상하고 볼 수 있었던 일들이 현실화되고 있는 것이다.

심지어 이제는 컴퓨터가, 아니 더 정확하게 말하면 그 속에 내장된 소프트웨어가 스스로 학습하고 판단하는 인공지능(AI) 단계에까지 이르러, 인간의 고유한 영역이라 믿어왔던 지능의 구사, 종합적인 판단력에서조차 인간을 뛰어넘고 있다. 인공지능(AI)이란 생체신경망기술, 반도체기술, 소프트웨어 기술 등을 이용해 인간 두뇌의 능력을 구현하는 초고성능 컴퓨터 시스템이라 볼 수 있다. 인공지능은 인간처럼 심층학습(딥러닝)이 가능하면서, 인간이 처리할 수 없는 방대한 데이터를 자동으로 학습해 스스로 규칙을 만들고 예측하거나 판단할 수 있다.

세계바둑랭킹 1위 커제柯潔를 완벽하게 제압하며 바둑계에서 공식 은퇴를 선언한 알파고의 이야기는 더 이상 우리에게 낯설거나 충격적이지 않다. 불과 작년까지만 해도, 이세돌과 알파고의 대결은 우리에게 '인공지능 포비아'라는 말을 회자시킬 정도로 빠르게 변화하는 세상에 대한 막연한 두려움을 안겨주었다. 하지만 이제 각국은 어떻게 하면 이 인공지능(AI)기술을 다른 나라 다른 기업보다 먼저 확보하느냐에 미래가 달려있다고 보고 주도권을 잡기 위한 연구개발에 박차를 가하고 있다.

이 모든 변화의 중심, 세상에 혁신을 가져온 힘은 무엇일까? 바로 소프트웨어이다. 인간이 꿈꾸고, 상상하여 만들어낸 소프트웨어가 이 모든 것들을 변화시켜가고 있는 것이다.

이렇게 소프트웨어로 인해 변화했고, 변화하고 있으며, 변화할 세상에 살고 있는 우리 아이들. 이런 아이들에게 진짜 가르쳐야 할 것은 무엇인가. 교과서에 나와 있는 지식만 달달 외우게 하면 모두 해결될까? 모든 것은 대학입시 이후에 생각하라고 윽박지른 후 일단 교과서에 집중하도록 하면, 빠르게 변화하는 세상 속에 우뚝 자리 잡을 수 있는 미래 인재로 키울 수 있을까?

교사라면 적어도 이렇게 변화하는 사회의 흐름을 꿰뚫어 보는 통찰력을 가지고 우리 아이들이 이런 세상에 잘 적응하여 살아갈 힘, 헤쳐나갈 역량을 키워주는 교육을 해야 하지 않을까.

- 학생들에게 즐거운 배움을 주고 싶다.
- 학생들이 주인공이 되는 수업을 하고 싶다.

- 학생들이 함께 소통하고 협력하는 수업이었으면 좋겠다.
- 학생들이 자신의 생각들로 가득 찬, 그래서 두 눈이 반짝이는 수업이면 좋겠다.
- 변화하는 세상에 적응하고, 아니, 적응을 넘어 세상의 변화를 주도하는 인재로 자랐으면 좋겠다.
- 눈앞에 닥친 복잡한 문제들을 스스로의 생각으로 해결할 방법을 찾을 수 있는 역량을 가진 인재로 자랐으면 좋겠다.

이런 간절한 소망을 이루어줄 해답, 나는 그 해답을 소프트웨어 교육에서 찾았다. 정답이 아니라 해답이기에 옳고 그른지에 대한 판단은 아직 내리기가 어렵다. 그래서 모두를 만족시킬 수도 없다. 하지만 정답에는 옳고 그름만 존재한다면 해답에는 최선책도, 차선책도 있다. 교육에 누구도 부정할 수 없는 명명백백한 정답이 있다면 참 좋겠지만, 교육이란 인간의 변화를 전제로 하는 것인 만큼 어찌 한 가지 정답만이 존재할 수 있을까. 그러하기에 정답의 가치보다 어쩌면 해답이 주는 가치가 더욱 빛나지 않을까.

세계 여러 나라의 소프트웨어 교육과 우리의 대응

사실 이러한 소프트웨어 교육에 대한 인식과 열풍은 세계 여러 나라에서 일찍부터 시작되었다. 대표적인 경우가 영국이다. 영국의 경우 2013년, 5세부터 14세 학생들에게 코딩교육을 시작하겠다는 새로운 교육과정을 발표하였고, 2014년 9월부터 실시하고 있다. 다섯 살부터 간단한 프로그램을 직접 작성, 테스트하고, 데이터를 저장, 검색, 구성하는 방법을 배우도록 한다고 한다. 그리고 11세 이상의 학생들은 실제 프로그래밍 언어를 교육받도록 하였다. 영국이 이처럼 발 빠르게 움직이고 있는 것은 컴퓨터 프로그래밍 교육을 통해 학생 개인은 물론 국가적인 경쟁력을 키울 수 있다고 판단했기 때문이다.

영국에서 이러한 교육정책의 추진이 가능했던 것은 초등학생 때부터 코딩을 가르치려는 시도가 민간에서부터 활발하게 이루어졌기 때문이다. 대표적인 예가 방과후 교육과정을 무료로 운영하는 코드클럽 https://www.codeclub.org.uk이다. 즉 의무 교육과정 도입 이전에 민간 기관이 주축이 되어 방과후 코딩교육 프로그램을 운영하고 있었던 것이다. 코드클럽은 웹 디자이너 클레어 서트클리프Clare Sutcliffe와 웹 프로그래머 린다 샌드빅Linda Sandvik이 2012년에 만든 비영리단체로 방과후 코딩교육을 원하는 학교에 무료로 클럽을 개설해 주고 자원봉사자들이 교사로 활약하고 있다.

그들은 어째서 코드클럽을 무료로 운영하게 된 것일까. 잡지에 실린 기사를 보면, 서트클리프는 9~11세 아이들에게 코딩을 배울 수 있는 기회를 주자는 단순한 아이디어에서 시작했다고 한다. 22개 초등학교를 대상으로 처음 시작했지만 지금은 영국 전역에 1,300여 학교에서 운영 중이라고 하니, 한 사람의 작은 아이디어가 사회를 바꾸고 한 국가의 교육과정에 영향을 미쳐, 마침내 세계의 교육 흐름을 바꾼 셈이다.

미국 또한 소프트웨어 교육하면 빠질 수 없는 국가이다. 소프트웨어 교육에 조금이라도 관심 있는 사람이라면, 코딩교육의 중요성을 연설

하는 오바마 대통령의 인터뷰 영상을 보았으리라. 그는 "비디오 게임과 최신 앱을 그저 구매하거나 내려 받지 말고 이제는 직접 만들어 달라"며 코딩교육의 중요성을 강조했다.

특히 미국의 유명한 코드닷오알지Code.org라는 단체는 모든 학교에서 모든 학생에게 프로그래밍 기초를 가르치자는 취지로 설립된 비영리단체로, 설립 당시 빌 게이츠, 마크 주커버그 등 IT업계의 명사들이 출연한 홍보 영상이 화제가 되기도 했다. 이 단체에서 컴퓨터과학 교육 주간 동안 Hour of Code라는 캠페인을 마련하였는데 오바마 대통령을 비롯한 글로벌 IT 기업들과 미 의회까지 줄줄이 나서 이 행사를 직접 지원하고 홍보에 나서기도 했다. 한 나라의 대통령과 유명 인사들이 직접 나서서 소프트웨어 교육이 학생들의 미래를 위해, 국가적인 역량 강화를 위해 꼭 필요함을 알리고 있으니 한편으로는 놀랍고, 또 한편으로는 부럽기도 하다.

코드닷오알지가 실시한 캠페인 첫날에만 무려 1,300명의 학생들이 참여했다고 한다. 또, 이 단체는 컴퓨터과학 교육 주간에 모두 1,000만 명의 학생들이 10억 줄의 코드를 작성하는 것을 목표로 하고 있다고 밝혔다. 2015년 캠페인 기간 동안 집계된 통계에 따르면 전 세계 180개가 넘는 국가에서 이 'Hour of Code' 캠페인에 참가하였으며, 1억 명 이상의 학생이 40개국의 언어로 코딩을 배웠다고 한다.

단순히 수치상의 성과만이 놀라움의 전부는 아니다. 세계적으로 유명한 미국의 IT기업들이 자신들의 수익이나 이미지를 높이기 위해 이러한 캠페인에 참여한 것이 아니라 학생들이 어린 시절부터 코딩을 배워야 한다는 생각을 하나의 문화로서 사회 전반, 나아가 세계적으로 확

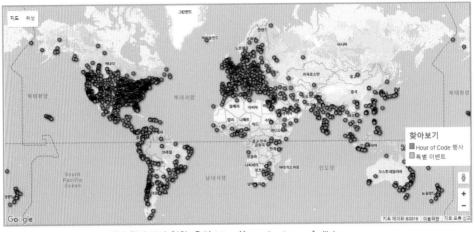

hour of code 행사 참여 국가 현황. 출처_https://hourofcode.com/kr#join

산시키기 위해 노력했다는 점, 국가의 경제, 문화, 정치 등 사회 전반에 영향을 미칠 소프트웨어의 힘을 미리 간파하고 미래 사회에 대비하기 위한 교육에 기업인, 정치인, 교육자 할 것 없이 모두 힘을 한데 모으고 있음이 놀랍고 부럽다.

과거 소련의 위성국가였던 동유럽의 에스토니아는 우리에게도 잘 알려진 인터넷 전화회사 스카이프Skype를 탄생시킨 나라이기도 하다. 오늘날 유럽에서 창업이 가장 많은 나라로 알려져 있다. 이 나라에서는 소프트웨어 전공자들이 여타 산업 종사자보다 더 나은 대우를 받는다. 일반 사무직 대졸 신입사원의 급여수준이 한 달에 700유로 정도인 반면, 소프트웨어 전공자는 2,000유로를 받는다고 하니, 이 나라에서는 학부모들이 먼저 소프트웨어 교육을 잘하는 학교를 찾아다닌다는 말이 이해가 되기도 한다. 학생들의 진로나 전공보다는 대학 간판에 따라, 소위 말하는 SKY 진학률에 따라 좋은 학교와 그렇지 못한 학교로 나뉘는 우리의 현실을 생각하면 사뭇 다른 모습이다. 1991년 구소련의 해체 이후 독립 당시만 해도 대부분의 가정에 전화기조차 없는 가난한 나라였지만 정보기술산업과 소프트웨어 인재양성 정책에 사활을 걸어 지금은 발트 3국(라트비아, 리투아니아, 에스토니아) 중 가장 높은 GDP를 달성했다 하니 그들이 다른 나라들보다 소프트웨어 교육에 앞장서는 이유가 짐작된다.

가까운 일본은 어떨까? 얼마 전 뉴스 보도에 따르면 2020년부터 초·중학교에서 컴퓨터 프로그래밍 수업을 의무화하기로 방침을 정했다고 한다. 초등학교에서는 간단한 프로그래밍으로 화면의 그림을 움직이는 등의 엔터테인먼트에 중점을 둔 수업을, 중학교에서는 간단한 게임을 직접 만들어 보는 수준의 수업이 이루어질 예정이라고 한다. 이러한 변화는 최근 인공지능(AI) 등의 보급 확대에 따라 새로운 기술을 잘 다루고 부가가치가 높은 부문에 종사하는 인력을 확보하기 위한 산업정책과 무관하지 않다. 일본 역시 소프트웨어 교육을 강화하는 행보를 보여 주고 있는 것은 그만큼 소프트웨어가 세상에 미치는 힘에 대해 인지했기 때문일 것이다.

이렇게 세계 주요국들이 소프트웨어 교육을 하나둘 확대해 가고 있다는 사실은 그만큼 소프트웨어 교육이 미래 사회를 대비한 중요한 교육이라는 점을 인식하고 있다는 반증일 것이다. 그런데 각국의 교육 정책을 면밀하게 따져보면 몇 가지 유사한 점을 발견할 수 있다. 바로 학생들에게 소프트웨어 교육을 통해 가르치고자 하는 것이 프로그래밍 기술 습득이 아니라 컴퓨팅 사고력에 있다는 것이다. 또한 공통적으로 프로그래밍이나 코딩 능력이 미래에 좋은 직업을 갖는데 도움이 될 것이라는 점을 전망하고 있다. 이 말은 현존하는 직업들이 머지않은 미래에 소프트웨어와 직간접적으로 관련이 있는 직종으로 많이 바뀌게 될 것임을 뜻한다. 그뿐 아니라 소프트웨어 교육을 유저User 교육이 아니라 메이커Maker 교육 위주로 실시하고 있다는 것에 주목할 필요가 있다. 학생들이 단순히 소프트웨어를 잘 활용하는 데에 그치지 않고, 자신에게 필요한 소프트웨어를 직접 만들어 사용할 수 있는 역량을 키워 주고자 하는 것이다.

세계는 이렇듯 발 빠르게 변화하고 있는데 우리는 과연 어떻게 준비하고 있을까?

교육과정 개편과 학교 소프트웨어 교육의 실시를 중심으로 현황만 간략히 살펴보기로 하자.

2018년 소프트웨어 교육의 시작

우리나라에서 소프트웨어 교육의 의무화가 명시된 2015 개정 교육과정이 적용되는 시기는 2017년부터다. 초등학교 1-2학년군부터 순차적으로 적용되어 2018년에는 초등학교 3-4학년군과 중학교 1학년, 고등학교 1학년이, 2019년에 초등학교 5-6학년군과 중학교 2학년, 고등학교 2학년이 각각 적용된다. 그리고 2020년에 중학교 3학년과 고등학교 3학년까지 모두 적용 완료되는 것이다. 따라서 실제적으로 소프트웨어 교육이 이루어지기 시작하는 시점은 중학교의 경우 2018년, 초등학교의 경우 실과를 배우는 5-6학년군의 적용 시기인 2019년이라 할 수 있겠다.

현장 교사들이 소프트웨어 교육을 받아들일 때 가장 간과하는 부분이 바로 교육과정이라는 큰 틀 속에서 소프트웨어 교육을 바라보지 않는다는 점이다. 소프트웨어 교육 자체에만 방점을 두다 보니, 교육과정 속에서 소프트웨어 교육이 왜, 어떤 부분에서, 어떤 역할이 기대되는지는 놓치곤 한다.

2015 개정 교육과정은 2009 개정 교육과정의 기본 철학이었던 창의성과 인성에 융합적 사고력과 역량을 더해, 인문학적 상상력과 과학기술 창의성, 바른 인성을 토대로 다양한 지식을 융합하여 새로운 가치를 창출할 수 있는 창의융합형 인재를 키우고자 한다. 쉽게 말해 2015 개정 교육과정에서는 인문, 사회, 과학적 기초 소양을 함양하는 것이 중요한 방향이라는 것이다.

인문학적 소양교육은 세상을 보는 안목과 인간을 이해하는 능력을 말한다. 인문 소양교육을 통해 학생들이 인간 존중의 가치를 실천하고, 다양성을 존중하며 타인을 배려하는 사회인으로 키우고자 초등에서는 특히 연극의 활성화와 독서교육의 강화를 강조하고 있다.

과학기술 소양교육은 자연, 인간, 사회와 문명에 대한 과학적 지식을 바탕으로 개인 및 사회적 문제들을 합리적이고 과학적으로 판단하고 해결할 수 있는 능력을 뜻한다. 이때 2015 개정 교육과정에서 과학기술 소양교육을 위한 방법으로서 소프트웨어 교육을 도입하였다. 즉, 미래 사회에 필요한 논리적 사고력과 창의력 증진을 위해, 컴퓨터를 이용한 문제 해결 능력을 함양하기 위해 소프트웨어 교육을 교육 현장에서 실시하고자 한 것이다.

	기존 교육과정	개편안
초등학교	실과과목의 ICT활용 단원으로 존재	• 실과 ICT 활용 단원을 SW기초소양 단원으로 확대 구성 • 17시간 이상 필수 교육
중학교	선택과목으로 정보 교과 존재	• '과학/기술, 가정/정보' 교과군 신설 • 정보 과목을 소프트웨어 교육 중심으로 개편 • 정보 과목을 필수과정으로 34시간 이상 교육
고등학교	심화선택 과목으로 정보 교과 존재	• 정보 과목을 일반선택으로 전환하여 운영

여기서 꼭 기억해야 할 점은 소프트웨어 교육이 단순히 프로그래밍 능력을 키우거나 소프트웨어를 잘 활용하는 방법을 배우기 위한 것이 아니라는 점이다. 교육과정에도 명시되어 있듯이 소프트웨어 교육은 다양한 문제를 창의적이고 효율적으로 해결하는 컴퓨팅 사고력을 함양 하고 협업적 문제 해결 과정을 통해 의사소통 능력은 물론 공동체 의식 까지도 함양할 수 있는 역량을 키우는 교육으로 보아야 한다.

이러한 교육과정에 대한 이해가 없을 경우 소프트웨어 교육을 단순 히 프로그램 활용 교육 또는 코딩교육이라고 오해하기 쉽다. "왜 초등 학교부터 코딩교육을 해야 하는가", "아이들을 모두 프로그래머로 만들 필요가 있는가?" 이런 질문들이 오해에서 비롯한 질문이라고 생각된다. 교육과정을 가장 잘 알고 있는 집단인 교사 중에도 이런 질문을 하는 분 들이 적지 않으니 일반인들의 오해는 더 클 수밖에 없다.

2015 개정 정보과 교육과정의 교과 역량
출처_교육부 〈선도학교 워크숍 자료〉 중 '2015 개정 교육과정 안내'

시골 작은 학교의 실험

대학원에서 컴퓨터교육을 전공하긴 했지만, 나는 이전부터 컴퓨터를 수업에 즐겨 활용했던 편이다. 그 시작도 소프트웨어 교육을 본격적으로 하게 된 계기와 크게 다르지 않다. 막 발령을 받아 학교 현장에 처음 들어온 새내기 교사들은 수업보다는 생활지도에 더 큰 어려움을 느낀다. 나 역시 이런 고민을 했었고, 나름의 해결책으로 시도했던 방법이 바로 사이버 세상에서 아이들과 소통하는 것이었다.

하루 4~5시간 남짓 아이들과 만나 수업을 하고, 점심을 함께 먹고, 하교를 시키고 나면, 또 다른 세상이 나를 기다린다. 온라인 카페나 사이버학급과 같은 사이버 세상에서 만난 아이들은 교실에서 만났을 때

와는 또 다른 모습을 종종 보여준다. 교실에서는 수줍어 말 한마디 못하는 소극적인 아이들도 사이버 세상에서는 선생님에게 먼저 말을 걸어오고 마음의 문을 열 준비를 하고 있다. 이때 교사는 그 손을 잡아주기만 하면 된다.

하지만 사이버 세상이라고 해서 저절로 관계 맺기가 이루어지는 것은 아니다. 이곳에서도 교실과 마찬가지로 교사가 먼저 다가가는 관계 맺기를 위한 적극적인 노력이 요구된다. 다만, 교실이 하루에 정해진 시간과 공간 속에서 수십 명의 아이들과 동시다발적인 관계 맺기가 이루어지는 공간이기에 놓치는 관계가 발생할 수 있다면 이 사이버 세상에서는 시간과 공간의 제약 없이 교사가 의도적으로 학생 한 명 한 명과 관계 맺기가 가능한 공간이라는 장점이 있다. 물론 이때 말하는 사이버 상의 관계는 교실이라는 대면 상황에서의 관계 맺기가 함께 이루어지는 상황을 전제한 이야기이다.

나는 아이들의 꿈 영상을 찍어 학부모들이 모두 볼 수 있는 게시판에 올려 그들의 꿈을 부모님과 함께 응원하기도 하였고, 수업 시간에 아이들과 미처 다 풀지 못한 문제들은 방과후에 문제풀이 동영상을 찍어 사이버학급에 올리기도 했다. 특히 학습에 어려움을 겪는 친구들은 한 번 설명해줘도 잘 이해를 못하는 경우가 많아 여러 번 반복해서 듣고 생각하여 스스로 풀어볼 수 있도록 말이다. 유명 TV강사는 아니더라도 아이들과 부모님들의 폭발적인 지지를 받으며 방과후에 업무도 미뤄 놓고 혼자 남은 교실에서 카메라를 보며 열변을 토하다 보면, 옆 반 선생님이 지나가다 혼자 카메라를 보고 강의 영상을 찍고 있는 모습을 쳐다보시기도 일쑤고, 그때마다 맛있는 음식을 몰래 먹다가 들킨 사람처럼 얼굴이 빨개져 멋쩍은 웃음을 짓곤 했었다.

생각해 보니 당시에도 캠타시아 같은 강의를 만들 수 있는 프로그램을 다룰 줄 알았지만 굳이 이렇게 원시적인(?) 강의 동영상을 찍었던 것은 그래도 선생님의 얼굴과 몸짓을 보여 주면서 화면상에서라도 눈을 마주치며 설명을 해야겠다는 생각 때문이었다. 게다가 바쁜 업무 속에서 강의 영상을 만드는 작업을 지속적으로 하기 위해서는 칠판 하나와 카메라만 있으면 바로 찍고 올릴 수 있다는 편의성도 중요했다. 가공되지 않아 다소 거칠긴 하지만, 날것으로의 생동감과 그날 수업 때 미처 다 나누지 못한 부분을 바로 찍고 바로 업로드할 수 있는 실시간성이 나는 좋았다. 이렇게 아이들과 교실에서 또 교실 밖에서 조금은 색다른, 조금은 특별한 수업들을 해가며 아이들도 나도 한 뼘씩 자랐던 것 같다.

그러다가 몇 해 전 지금 근무하고 있는 한터초등학교로 오게 되면서 본격적으로 소프트웨어 교육을 시작하게 되었다. 한터초등학교는 신도시가 아닌 용인 외곽 지역 대대리라는 작은 동네 나지막한 산자락 아래 자리한 작은 학교다. 대대리(大埭里), '큰 터 자리'라는 마을 이름대로 학교 주변에는 아직 너른 논밭이 펼쳐져 있고, 시내로 통하는 큰길로 나가려면 차량으로 5킬로미터 이상 달려야 한다. 처음 찾아오는 사람들은 다들 깜짝 놀라곤 한다. 특히 소프트웨어 교육과 관련된 취재나 촬영을 오는 분들은 소프트웨어 교육이 이런 시골 학교에서 이루어지고 있는 줄은 상상을 못했다고 입모아 이야기한다. 왠지 소프트웨어 교육이라 하면 미래를 대비한 교육답게 최첨단 장비가 잘 갖추어진 신도시의 신설학교에서 이루어질 것 같은 이미지 때문에 그런 것이리라.

이 작은 초등학교에서 나는 본격적인 소프트웨어 교육을 시작했다. ⓒ김마로

우리 학교는 신설학교도, 신도시에 위치한 학교도 아니다. 심지어 교육청에서 지정한 소프트웨어 연구학교도 선도학교도 아니다. 그 말은 달리 말하면 소프트웨어 교육을 위한 예산이 있는 것도 아니고, 소프트웨어 교육을 해야 하는 의무도 없다는 뜻이다. 소프트웨어 교육을 위한 좋은 인프라도, 첨단의 학습 기자재도 많이 부족한, 말 그대로 평범한 시골학교다. 또한 2015 개정 교육과정에 따라 소프트웨어 교육이 모든 초등학교에 의무화되려면 아직 2년이나 남았다. 그럼에도 불구하고 시골학교에서 소프트웨어 교육이라니!

앞에서도 말했지만, 우리 아이들이 즐거운 배움을 누릴 수 있다면, 미래 사회에 대비한 창의인재로 자랄 수 있다면! 그것이 문제겠는가! 아니, 오히려 아무런 예산 지원도, 어떤 인프라도 구축이 되어 있지 않은 일반학교에서 소프트웨어 교육이 꽃핀다면 그것이야말로 궁극적으로 추구해야 할 소프트웨어 교육의 바람직한 모델이 되지 않을까. 이런 무모하고도 발칙한 상상으로 교사인 내가 먼저 내 앞에 닥친 문제를 해결해 가는 모습을 보여준다면 우리 아이들에게도 문제 해결 능력을 키워줄 수 있지 않을까. 그렇게 시골 학교에서의 소프트웨어 교육은 시작되었다.

물론 이 과정에 나 혼자만 있었던 것은 아니다. 나 혼자였다면 엄두를 내지 못했거나 중간에 포기했을지도 모른다. 나에게는 소프트웨어 교육에 대한 고민을 함께 나누고, 때로는 도움을 받고 때로는 도움을 줄 수 있는 든든한 선생님들이 있었다. 2013년 소프트웨어 교육을 준비하는 모임에서 시작하여 2016년 초등컴퓨팅교사협회라는 비영리 법인 단체가 되기까지 동고동락을 함께하고 있는 그들. 지금 이 순간도 전국의 교사들을 위해 자료를 개발하고 공유하며 함께의 가치를 실현하고 있는 수십 명의 든든한 지원군이자 지지자들이 있었기에 가능했다.

그들과 함께했기에 더욱 뜻 깊고 감사한 초등 교육 현장에서의 소프트웨어 수업 이야기를 지금부터 하나씩 풀어 보여드리고자 한다.

1

소프트웨어 수업 준비하기

소프트웨어 교육이란?

처음 소프트웨어 교육을 아이들에게 소개했을 때가 떠오른다. 아이들은 칠판에 쓰여진 'SW'를 영문자 그대로 "에스더블유 교육이 뭐예요?"라며 물었다.

소프트웨어 교육에 본격적으로 들어가기에 앞서 아이들과 함께 소프트웨어란 무엇이고 왜 배워야 하는가에 대해 생각해 보는 시간이다. 수업의 시작은 항상 질문과 함께 한다. 아이들이 알고 있는 것이 제대로 알고 있는 것이 맞는지, 본인이 알고 있다고 믿었던 것을 다른 시각에서 보았을 때 어떤 의미가 있는지를 생각해 보는 활동은 아이들에게도, 또 함께 그 길을 찾아 따라가는 나에게도 제법 재미있는 시간이다.

"소프트웨어가 무엇일까?"라는 직접적이면서도 추상적인 질문은 우리 아이들에게 쉽지 않다. 이런 형태의 질문보다는 "너희들 생각에 우리 주변에서 찾아볼 수 있는 소프트웨어에는 뭐가 있을까?"처럼 구체적이면서도 열린 형태의 질문이 좋다. 아이들은 자신이 알고 있는 수준에서 많은 대답을 쏟아낸다. 그럼 하나씩 소프트웨어의 범위를 좁혀가면서 소프트웨어가 무엇인지 개념을 정리해야 한다. 이때 아이들이 찾아내는 소프트웨어는 대부분 컴퓨터에 설치된 프로그램들인 경우가 많기 때문에 하드웨어와 소프트웨어를 구분하면서 둘 사이의 관계를 정

우리 생활 속 소프트웨어. 우리는 일상 생활 속에서 이미 많은 소프트웨어를 접하며 살아간다.

리하는 방식도 개념 정리에 도움이 된다.

또한 소프트웨어를 컴퓨터에 국한하여 생각하지 않고 생활 속 다양한 기기들 속에도 소프트웨어가 있음을 사례를 통해 보여줌으로써 사고를 확장할 수 있는 기회를 주는 것이 좋다. 신호등에는 신호를 제어해 주는 소프트웨어가, 전기밥솥에는 잡곡, 백미 등 다양한 밥을 지을 수 있도록 해주는 소프트웨어가 들어가 있다. 아이들이 즐겨 사용하는 스마트폰의 게임 애플리케이션도, 카카오톡, 라인과 같은 모바일 메신저 역시 소프트웨어다. 이야기가 여기까지 진행되면 우리 아이들은 소프트웨어가 우리 생활 속 깊이 들어와 있음을 인식하게 된다.

조금 더 나아가 보자. 소프트웨어가 생활 속에 단순한 편리함을 제공하는 도구를 넘어 우리 사회를 변화시키고 인간의 삶 속에서 갖는 다양한 가치를 보여줄 때 아이들에게 더 큰 학습 동기를 부여할 뿐 아니라 소프트웨어 교육이 갖는 의미 또한 더욱 커질 수 있다.

언론을 통해서도 보도되었지만 2000년대에 들어서서 재난현장에서 소프트웨어가 발휘하는 힘은 우리가 생각하는 것보다 훨씬 크다.

2010년 1월 북아메리카 카리브해에 위치한 아이티에서 규모 7.3의 강진이 발생했다. 무려 30만 명이 사망했으며 갑작스런 천재지변으로 인해 피해상황을 확인하기도, 구호 인력이나 물품을 보내는 일조차 쉽지 않았다. 이때 현지인들이 올린 처참한 재난 현장의 모습이 트위터로 전 세계에 알려지면서 세계적인 구호의 손길이 이어질 수 있었다. 또한 가족과 친구들은 SNS를 통해 생사 여부를 확인할 수 있었다.

2011년 3월에 있었던 동일본 대지진 때도 통신망이 단절되고, 통화가 폭주하여 전화가 무용지물이 되었을 때 구글은 퍼슨파인더Person-Finder 프로그램을 운영하여 한 사람의 생사라도 더 확인하고 구조하기 위해 노력했다. 구글의 실종자 찾기 서비스인 퍼슨파인더 프로그램은 누구나 웹이나 문자 메시지로 참여해 자신이 발견한 사람의 인적사항을 등록하고, 자신이 찾는 사람을 문의할 수 있는 방식으로, 데이터 검색결과를 제공하는 구글의 강점을 십분 발휘한 것이다. 이러한 퍼슨파인더의 활약은 그 뒤 네팔에서 일어난 대지진에서도 이어졌다.

일본의 나가레도로通れた道路는 피해 지역에 남겨진 이재민이나 피해 지역으로 이동하는 자원봉사자들이 참고할 수 있도록 도로 정보 제공을 목적으로 개발된 안드로이드용 응용 프로그램이다. 다른 사람이 통행한 도로에 대한 정보를 확인할 수 있을 뿐 아니라 자신이 통행할 수

있는 도로에 대한 정보를 올리고
공유할 수 있다.

이렇듯 모바일 메신저를 통한
구조 활동이나 재난 상황에서 생
명을 구하는 데 도움이 될 수 있
는 각종 소프트웨어의 활용은 소
프트웨어가 단순히 생활의 편리
함을 주는 도구를 넘어선 것이라
할 수 있겠다. 이렇게 소프트웨
어의 다양한 모습을 소개해 주면
아이들은 소프트웨어가 가진 사
회적 가치를 인식하게 된다.

소프트웨어는 장애를 가진 사
람의 능력을 되살리는 데 쓰이
기도 한다.

재난에서도 활용되는 소프트웨어. 2010년 아이티
대지진(위). 2011년 동일본 대지진(아래).
출처_wikipedia.org

'서울포럼 2016'에 초청되어 한국을 찾기도 한 미국 매사추세츠공대
의 휴허Hugh Herr 교수는 '로봇 다리의 사나이'로 널리 알려져 있다. 그
는 빙벽 등반을 하던 중 갑작스런 기상 악화로 조난을 당해 영하 29도
의 혹한에서 3일을 버티다 겨우 구조가 되었지만, 동상을 입은 두 다리
를 결국 절단해야 했다. 그는 의족을 착용했지만 마음대로 움직일 수 없
는 의족에 실망하여 직접 개발에 나섰다.

그가 개발한 전자 의족 속에는 컴퓨터 칩과 센서가 내장되어 있어 다
리에 가해지는 무게와 관절의 위치를 지속적으로 감지해 정밀한 제어

를 가능하게 한다. 휴허 교수는 '생체공학기술은 세기가 진화할수록 몸이 성한 사람이건 약간의 결함이 있는 사람이건 구분 없이 전 인류가 누릴 수 있게 될 것'이라고 하였다. 그가 개발한 전자 의족은 그의 삶도 바꾸었지만, 그와 비슷한 장애를 가진 사람들의 삶과 그들이 살아가는 사회의 인식과 문화까지도 바꿀 수 있다. 얼마 전 뉴스에서는 생체공학 안구 이식 수술로 40년 만에 세상의 빛을 보았다는 사람의 이야기를 전하고 있다. 이런 멋진 세상의 중심에 소프트웨어가 존재한다.

한편, 소프트웨어의 발달은 긍정적인 면만 가지고 있는 것일까. 미래에 인공지능 컴퓨터나 로봇에게 인간의 일자리를 모두 빼앗기지 않을지, 인간이 기계의 지배를 받게 되는 건 아닌지, 공상과학 영화 속에서나 상상하던 이런 질문들은 알파고와 인간의 대결을 본 사람들에게 현실의 문제로 다가오기 시작했다. 너무 앞선 걱정이 아닐까 싶기도 하지만 적어도 일자리에 대한 지적만은 틀리지 않았다 싶다. 얼마 전 포브스는 '스마트 로봇, 미국 내 1,050만 개 일자리를 위협한다'는 제목의 기고문을 실었다. 실제로 올해 맥도날드는 2,500개 매장에 음식 주문용 무인로봇을 설치했고, 주식시장도 이에 긍정적으로 반응해 패스트푸드 체인의 주가는 사상 최고를 기록했다고 한다. 이와 관련된 우리 정부기관의 첫 공식 보고서도 나왔다. 한국고용정보원의 '기술변화에 따른 일자리 영향 연구' 보고서를 살펴보면, 지난해 각 직종에 대해 인공지능과 로봇의 기술적인 대체 가능성을 조사한 결과 2025년 고용에 위협을 받는 이는 1,800만 명 가량인 것으로 나타났다. 전체 취업자 2,560만 명의 70%가 넘는다.

좀 더 쉽게 생각해 보자. 대표적인 무인자동차로 잘 알려진 구글카는

생체공학 인간 by Steve Jurvetson

GPS(위성위치확인시스템)를 통해 현재 위치와 목적지를 끊임없이 비교하면서 원하는 방향으로 핸들을 돌릴 수 있다. 목적지를 설정한 후 규정된 지점만 지나면 자동 운전되는 항공기와 같은 원리라고 한다. 여기에 레이더나 카메라, 레이저 스캐너가 도로의 다양한 정보를 확보한다. 이렇게 수집된 데이터는 구글 컴퓨터가 종합하고 분석하여 방향 조작 및 가·감속, 정지 등 운전에 필요한 최종 의사결정을 내릴 수 있도록 한다. 이것만 보아도 무인자동차는 소프트웨어로 달린다는 말이 틀린 말은 아닌 것이다. 무인자동차가 대중화되면, 택시기사나 버스기사와 같이 운송업에 종사하는 사람들의 일자리에 변화가 생길 수밖에 없다.

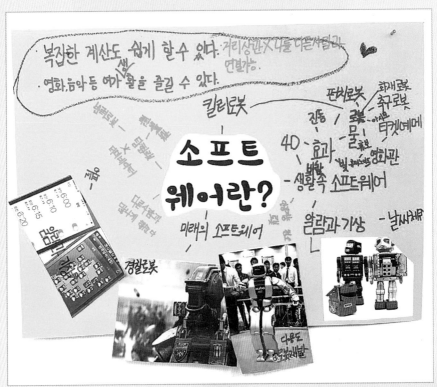

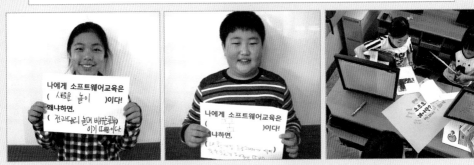

나에게 소프트웨어 교육이란?
함께 생각하고 이야기하다 보면 아이들은 소프트웨어가 실제 우리의 일상에 깊이 관련되어 있다는
것을 자연스럽게 인식하게 된다.

아직도 많은 학부모들은 자녀들이 의사, 약사, 판사, 검사 등 소위 '사'자 돌림의 직업을 가지길 바란다. 20년 전에도 이런 직업군에 대한 열망으로 아이들을 입시 지옥으로 내몰았던 학부모들이 있었고, 그 자녀들이 다시 학부모가 된 지금도 여전히 대물림되고 있는 우리 사회의 현실을 보여준다. 보다 정확하게 진단하고 더 정밀하게 수술할 수 있는 로봇 의사가, 한 치의 실수도 없이 처방전대로 뚝딱 약을 지어줄 로봇 약사가 그 자리를 대신할지도 모르는 세상에 살고 있음에도 말이다. "한국 학생들은 하루 10시간 이상을 미래에 필요하지 않을 지식, 존재하지도 않을 직업을 위해 허비하고 있다."며 우리나라 교육을 비판했던, 얼마 전 타계한 『제3의 물결』의 저자 엘빈 토플러의 말이 떠오른다.

이렇게 변하는 세상에 대한 이야기를 아이들과 하나씩 사례를 찾아가며 들여다보면 아이들의 머릿속에도 소프트웨어에 대한, 특히 다가오는 미래 사회에서 소프트웨어가 가지는 가치에 대한 생각들이 조금씩 자리 잡게 된다. 그리고 나면 아이들에게 소프트웨어 교육이 자신에게 어떤 의미를 가지는지 적어 보게 한다. 소프트웨어 교육을 즐거운 놀이로 보는 아이들도 있는가 하면, 자신의 꿈과 연관지어 받아들이는 아이, 세상을 바라보는 넓은 안목에서 소프트웨어 교육을 생각하는 아이들까지 저마다의 생각과 판단으로 소프트웨어 교육을 정의하는 아이들을 보면 어른들보다 훨씬 더 유연하게 생각하고 적응한다는 것을 느끼게 된다.

이렇게 소프트웨어 교육이 무엇인지, 어떤 가치를 지니는지, 자신에게는 어떤 의미인지를 아이들이 알게 된다면 앞으로 보다 적극적인 자세로 소프트웨어 수업에 참여할 수 있다.

소프트웨어 교육의 핵심, 컴퓨팅 사고력

자, 이제 소프트웨어가 무엇인지, 왜 소프트웨어 교육이 필요한지 알았다. 그렇다면 궁극적으로 소프트웨어 교육에서 키우고자 하는 학습자 역량은 무엇일까? 어떤 문제를 해결할 수 있는 프로그램, 즉 소프트웨어를 잘 만드는 능력일까? 모든 학생을 프로그래머로 키우는 것은 아니라고 했는데? 그럼 소프트웨어까지는 아니더라도 어떤 문제를 해결할 수 있는 프로그램에 대한 아이디어를 생각해 내는 능력을 키우기 위한 것일까? 아니, 그것도 어렵다면 생활 속에서 부딪히는 여러 가지 문제들을 컴퓨터가 처리하는 방식으로 생각해 보고 해결도 해보는 경험을 해보자는 것인가?

우리 속담에 '아' 다르고 '어' 다르다는 말이 있는데, 바로 이럴 때 쓰는 표현이 아닐까 싶다. 결과적으로 말하자면, 우리는 디지털 세상, 소프트웨어가 큰 영향력을 발휘하는 시대에 부딪히게 될 많은 문제들을 컴퓨터가 처리하고 해결하는 방식, 즉 컴퓨팅 사고력으로 해결하는 역량을 키우고자 하는 것이다. 컴퓨팅 사고력, 즉 컴퓨터과학의 기본적인 개념과 원리를 기반으로 다양한 문제를 창의적이고 효율적으로 해결하는 컴퓨팅 사고력을 기르는 교육이 소프트웨어 교육이 추구하는 궁극적인 목적이라 말할 수 있겠다. 조금 더 풀어서 이야기하자면, 컴퓨터과학의 기본 개념과 원리를 활용하여 문제를 창의적으로 해결하는 사고 과정을 학습하는 것, 이를 바탕으로 교육용 프로그래밍 언어 등을 통해 소프트웨어로 자동화하는 방법을 배우는 것이 소프트웨어 교육이라 할 수 있겠다. 이런 역량을 갖추게 되면 어떤 문제를 해결할 수 있는 아이디어도 개발하게 되고, 이 아이디어를 실현하려는 과정 속에서 프로그램, 즉, 소프트웨어도 만들 수 있지 않을까.

컴퓨팅 사고력은 미국 MIT 세이모어 페퍼트Seymour Papert 교수가 1980년대에 그의 저서에서 '절차적 사고'라는 용어를 사용한 이후, 2006년 미국 카네기멜론 대학 지넷 윙Jeannette Wing 교수에 의해 컴퓨팅 사고력Computational Thinking, CT이라는 용어가 다시 주목받기 시작하면서 컴퓨터 교육 현장에 널리 알려졌다. 그녀가 이야기하는 컴퓨팅 사고력은 "문제를 수립하고 해결책을 만들어 컴퓨팅 시스템을 통해 효과적으로 수행되도록 표현하게 하는 사고 과정"이라 할 수 있으며, 컴퓨팅 사고력의 두 가지 축으로서 추상화와 자동화를 제시하였다.

추상화란 실제 세계의 문제를 해결 가능한 형태로 표현하기 위한 사고 과정이며, 자동화란 추상화 과정을 통해 만들어진 해결 모델을 컴퓨터가 이해할 수 있는 프로그래밍 언어로 표현하여 인간이 처리하기 어려운 많은 양의 반복된 작업이나 시뮬레이션을 실시하는 것을 말한다. 컴퓨팅 사고력이란 말도 어려운데 또 추상화와 자동화라니?

국제교육공학협회ISTE와 컴퓨터과학교사회CSTA에서는 컴퓨팅 사고력의 조작적 정의를 ①문제 해결을 위해 컴퓨터나 도구를 사용할 수 있도록 문제를 표현하기 ②논리적으로 자료를 조직하고 분석하기 ③모델이나 시뮬레이션 등의 추상화를 통해 자료를 표현하기 ④알고리

연구자별 컴퓨팅 사고력의 구성요소

Wing(2008)	CSTA	Google for Education(2015)
추상화 (abstraction)	자료 수집(Data Collection)	
	자료 분석(Data Analysis)	자료 분석(Data Analysis)
		패턴인식(Pattern Recognition)
	자료제시(Data Representaion)	
	문제 분해 (Problem Decomposition)	분해(Decomposition)
	추상화(abstraction)	추상화(abstraction)
		패턴 일반화 (Pattern Generallization)
	알고리즘 및 절차 (Algorithm & Procedures)	알고리즘 디자인 (Algorithm design)
자동화 (Automation)	자동화(Automation)	
	병렬화(Parallelization)	
	시뮬레이션(Simulation)	

지넷 윙이 말한 추상화와 자동화, 그리고 컴퓨팅 사고력의 9가지 구성요소에 속하는 추상화와 자동화는 용어는 같지만 엄밀히 말하면 그 의미가 좀 다르다. 윙이 이야기한 추상화는 인간이 문제 해결을 위해 사고하는 과정 전반을 의미하지만, 컴퓨팅 사고력의 구성요소에 포함되는 추상화는 문제 해결에 필요한 핵심 요소를 선정하고 복잡함을 줄이는 단계를 뜻한다. 자동화도 마찬가지다. 윙이 이야기하는 자동화는 컴퓨팅 시스템이 갖는 능력을 의미하는 한편, 세부 구성 요소로의 자동화는 컴퓨터나 정보 기기가 이해할 수 있는 언어로 해결 방법을 표현하는 것을 뜻한다. 따라서 추상화와 자동화에 대한 내용을 살펴볼 때는 각각 어떤 의미에서 이야기하고 있는지 구분하여 살펴볼 필요가 있다.

즘 사고와 같은 일련의 절차를 통해 해결책을 자동화하기 ⑤가장 효율적이고 효과적인 절차와 자원을 조합하여 목표를 달성하는 데 필요한 해결책을 확인하고, 분석하고, 구현하기 ⑥이러한 문제 해결 절차를 다양한 문제로 일반화하고 적용하기로 정리하였다. 또한 그 세부 요소를

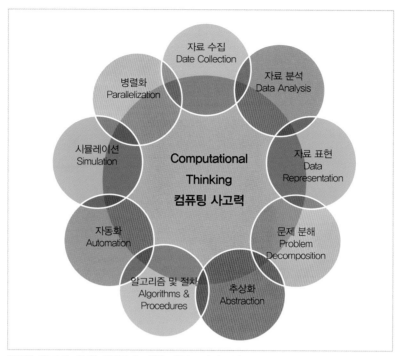

ISTE와 CSTA가 제시한 컴퓨팅 사고력을 이루는 9가지 구성요소

자료 수집, 자료 분석, 자료 표현, 문제 분해, 추상화, 알고리즘과 절차, 자동화, 시뮬레이션, 병렬화의 9가지 요소로 제시하였다. 산 넘어 산이라더니… 추상화, 자동화도 모자라 알아야 할 개념이 7가지나 더 늘어버렸다.

국내 학자들이 정의한 컴퓨팅 사고력에 대해 알아보면 조금 더 쉬울지도 모르겠다.

과학창의재단 연구(이영준 외, 2014)에서는 컴퓨팅 사고력을 인간의 사고 과정 또는 종합적인 능력으로서, 인간이 실생활에서 문제를 인식하고 해결하려고 할 때 활용되는 능력으로 보고 있다. 또한 컴퓨팅 사고력을 통해 문제를 보다 효과적이고 효율적으로 해결할 수 있을 뿐 아니라 문제 해결 방법을 절차적으로 사고하도록 하고, 문제 해결 과정에서 컴퓨터과학적인 개념과 원리, 컴퓨팅 시스템의 능력을 활용하는 것으로 보았다.

그럼 교육과정에서는 어떻게 정의하고 있을까? 2015년 개정 교육과정에서는 컴퓨팅 사고력을 "컴퓨터과학의 기본 개념과 원리 및 컴퓨팅 시스템을 활용하여 실생활 및 다양한 학문 분야에서 문제를 이해하고 창의적으로 해법을 구현하여 적용할 수 있는 능력"으로 보았다. 추상화 능력과 프로그래밍으로 대표되는 자동화 능력을 포함하며, 이때 추상화는 문제의 복잡성을 제거하기 위해 사용하는 기법으로 핵심요소 추출, 모델링, 문제 분해, 분류, 일반화 등의 과정으로 이루어진다. 추상화 과정을 통해 도출된 문제 해결 모델은 프로그래밍 과정을 통해 자동화된다.

알아보면 알아볼수록 더 복잡해지는 양상이다. 이는 어디까지나 아직까지 컴퓨팅 사고력이 무엇인지, 어떤 특성을 지녔는지 명확히 정의되지 않았기 때문에 학자마다 사용하는 용어도, 정의도 다른 것이라 볼 수 있겠다. 지금은 너무나 자연스럽게 사용하고 있는 '창의력'이라는 용어도 처음 나왔을 때는 그 의미를 분명히 하기 위해 학자들이 많은 노력을 하였다. 창의력이라는 사고를 설명하기 위해 이를 상상력, 유창성, 융통성, 독창성, 정교성, 민감성 등의 하위 요소로 나누고, 창의력을 신장하기 위해 각각의 하위 요소를 키울 수 있는 수업을 구성했던 것이다.

컴퓨팅 사고력에 대한 설명도 이렇게 해 보고자 한다. 아이들과의 수업에서도 마찬가지이지만 잘 모를 때는 예를 들어 생각해 보는 것이 가장 명확하게 개념을 잡을 수 있는 방법이다. 컴퓨팅 사고력의 9가지 요소들이 수업의 흐름 속에서 어떻게 나타나는지 예를 들어 먼저 살펴보고, 수업 밖에서 찾을 수 있는 각 요소별 예시도 표로 간단하게 정리해 보겠다.

자, 여기 자동문 앞에서 궁금함이 가득한 얼굴로 서 있는 아이가 있다. 자동문은 어떤 원리로 열리고 닫힐까? 사람이 온 것을 어떻게 알고 열리지? 누가 문을 열어주는 걸까?

이 아이의 궁금증, 자동문의 원리에 대해 반 아이들과 함께 알아 보기로 하자. 가장 먼저 자동문에 대해 좀 알아야 한다. 그리고 보니 하루에도 몇 번씩 마주하는 자동문이건만, 자동문에 대해 진지하게 생각해

자동문은 어떤 원리로 열리고 닫히는 것일까?

본 적이 한 번도 없다. 아이들과 함께 컴퓨터실로 내려가 자동문에 대해 낱낱이 검색하고 자료를 모으고 정리해 본다. 이 과정이 바로 컴퓨팅 사고력의 하위 요소 중 하나인 **자료 수집 과정**이다.

자료를 수집하기만 하면 끝일까? 아니다. 이를 제대로 분석하는 작업이 더 중요하다. 수집한 자료들 중 잘못된 정보들은 걸러내고, 우리의 궁금증을 해결해 줄 수 있는 좋은 자료들만 추려낸다. 그리고 정리된 자료들의 내용을 살펴보면서 자동문이 어떻게 작동하는지에 대해 공부하면 그 속에서 어떤 규칙이나 패턴을 발견할 수도 있다. 이렇게 자료를 이해하고, 패턴을 찾아 결론을 도출하는 과정, 이것이 바로 **자료 분석**이다.

분석이 끝난 자료들은 글이나 그림, 그래프나 표 등으로 한눈에 알아보기 쉽게 정리한다. 이 과정이 **자료 표현**이다. 모든 수업에서 컴퓨팅 사고력의 하위 요소들을 다 적용할 필요는 없으므로 불필요한 과정이라고 판단되면 생략해도 좋다. 하지만 자료 표현이 꼭 필요한 수업 주제일 경우는 실시하도록 한다. 여기서는 자동문의 원리를 알고 자동문 프로그램 만들기를 주제로 수업을 하고 있으므로 앞에서 행한 자료 분석의 결과를 그림으로 표현해도 좋겠다. 즉 자동문의 원리를 간단하게 그림으로 표현하여 이해하기 쉽도록 하는 것이다.

자료 수집과 분석, 표현을 통해 자동문의 원리에 대해 알았다면, 이제는 그 원리를 바탕으로 자동문 프로그램을 만들어볼 수 있다. 자동문 프로그램을 만들기 위해 필요한 것은 무엇이 있을까? 꼭 필요한 핵심 요소를 찾아보자. 일단 문이 필요하다. 또 일정 거리 내에 어떤 물체가 들어왔을 때 이를 감지하는 센서가 필요하다. 그리고 감지된 센서값에

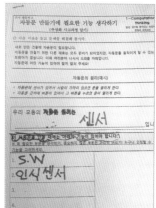

'추상화 사고과정 알기' 수업 장면과 활동지

따라 문이 열리거나 또는 닫히도록 명령을 내려 주는 프로그램, 즉 소프트웨어가 필요하다. 이렇게 자동문 프로그램을 만들기 위해 꼭 필요한 요소를 추출하는 과정, 이것이 바로 **추상화 사고**이다.

그럼 실제로 자동문 프로그램 만들기에 들어가 보자. 예를 들어 교육용 프로그래밍 언어EPL Educational Programming Language인 엔트리 같은 블록 코딩을 통해 이 프로그램을 만든다고 했을 때, 추상화를 통해 추출한 핵심 요소를 구현하기 위한 방법을 구상해야 한다. 이때 오브젝트 별로 구분하여 각각의 알고리즘을 생각해 볼 수 있는데, 오브젝트 별로 나눠서 해결 방안을 찾아보는 것, 즉 해결 가능한 수준의 작은 문제로 나눠서 생각하는 것을 **문제 분해**라고 한다.

이렇게 각 오브젝트 별로 문제를 나눠서 각각의 해결 방법을 찾고, 일련의 해결 방법들을 순서대로 나열하는 과정이 바로 **알고리즘**이다. 알고리즘은 가상 코드나 순서도 등으로 표현할 수도 있고, 아이들 수준에 맞게 자연어로서 문제 해결 방법을 써보도록 해도 좋다.

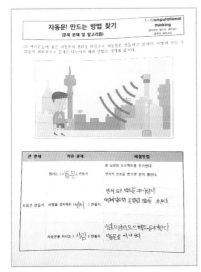
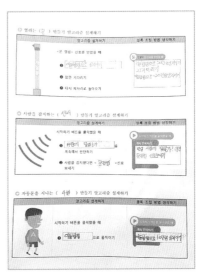

'문제 분해 및 알고리즘 설계' 활동지

이렇게 작성된 알고리즘을 토대로 엔트리에서 명령어 블록을 연결하여 코드를 만드는 과정이 프로그래밍이며, 이렇게 컴퓨팅 시스템이 수행할 수 있는 형태로 해결책을 나타낸 것을 **자동화**라고 한다. 또한 자동화의 결과로서 문제를 해결하기 위하여 만든 모델을 실행시켜 결과로 나타나는 것을 **시뮬레이션**이라 할 수 있겠다. **병렬화**는 어떤 작업이 동시에 이루어지는 것을 뜻한다. 목표를 달성하기 위한 작업을 동시에 수행하도록 자원을 구성하는 것으로 자동문 만들기에서 시작하기 버튼을 눌렀을 때 오브젝트가 움직이는 동시에 센서, 즉 오브젝트와의 거리를 계속해서 판단하는 작업이 한꺼번에 이루어지게 된다.

이런 컴퓨팅 사고력의 각 하위 요소들은 위에 제시된 순서대로 이루어지는 것은 아니다. 또한 모든 하위 요소가 소프트웨어 수업에 다 들어가는 것도 아니다. 어떤 부분은 다른 부분보다 강조되기도 하고, 또 어떤 부분은 생략되기도 한다. 소프트웨어 교수학습 모델에 따라 각 단계의 순서나 위치가 달라지거나 각 단계에 따라 컴퓨팅 사고력의 각 하위 요소들이 여러 번 등장하기도 한다. 따라서 중요한 것은 해당 문제를 해결하기 위해 필요한 컴퓨팅 사고력의 각 하위 요소들을 적절하게 활용하는 것이다.

지금까지 '자동문 만들기'라는 수업 장면 속에서 문제를 하나씩 해결해 가면서 그 속에 우리 아이들이 경험할 수 있는 컴퓨팅 사고력을 살펴보았다. 복잡하고 어렵기만 할 것 같았던 컴퓨팅 사고력이라는 개념을 이렇게 풀어놓고 보니, 그렇게 어렵지 않다. 오히려 미래 사회를 살아갈 우리 아이들에게 꼭 키워주어야 할 역량임이 보다 명확해진다. 자, 그럼 이제부터가 진짜다. 소프트웨어 수업을 어떻게 해나가야 할지 하나씩 살펴보기로 하자.

🔍 Tip 컴퓨팅 사고력 개념 정리

앞에서 하나의 수업 흐름에 따라 컴퓨팅 사고력의 세부 구성요소들이 어떻게 드러나는지를 자동문 수업을 통해 간략히 소개해 보았다. 하지만 한 수업 속에 컴퓨팅 사고력의 세부 구성요소가 모두 들어가는 경우는 드물다. 하나의 프로젝트 수업 내라면 자연스럽게 가능하겠지만 말이다. 수업 목표에 따라 자연스럽게 활동이 전개될 경우 한두 가지의 특정 요소가 더 강조되기도 하고, 몇 개의 요소가 복합적으로 작용하기도 한다.

자동문 만들기 수업의 경우도 수업 목표에 따라 설계한 것이지, 의도적으로 모든 구성요소를 다 넣고자 한 수업은 아니기에 어떤 요소들은 명확하게 잘 드러나지 않는다. 그래서 각 구성요소들의 개념을 정리한 다음 표를 참고해 보면 좋겠다.

컴퓨팅 사고력의 구성요소와 요소별 주요 내용

구성요소	내용	
자료 수집	의미	적절한 자료를 수집하는 과정
	예시	설문 조사, 의견 청취, 인터넷 검색, 빅데이터 수집
	활용 도구	구글 드라이브(http://drive.google.com), 네이버 오피스(http://office.naver.com) 등의 설문조사 폼 웹 검색엔진 등
자료 분석	의미	자료의 의미를 이해하고, 패턴을 찾으며, 결론을 도출해냄
	예시	자료에서 일반화 규칙 찾기, 장단점 분석, 자료 동향 파악, 통계 방법 활용한 분석, 빅데이터 분석
	활용 도구	구글 드라이브 스프레드시트, 네이버 오피스 셀 MS 엑셀 SPSS 등
자료 표현	의미	자료를 적절한 그래프, 차트, 글, 그림 등으로 도식화하고 조직화함
	예시	수집된 데이터를 다양한 형태의 줄기와 잎 그림, 그래프, 차트 등으로 나타내기, 기준에 따라 범주화하여 표(루브릭)로 나타내기 등
	활용 도구	한글, 엑셀, MS PPT의 차트 기능, 프레지, 구글 퓨전 테이블, 루시드 차트, 지오지브라 등
문제 분해	의미	문제를 해결 가능한 수준의 작은 문제로 나눔
	예시	대형 벽화를 나누어 그리는 공동작업, 복잡한 문제를 받았을 때 해결할 수 있는 부분과 그렇지 못한 부분, 장점과 단점, 강점과 약점, 필요한 것과 불필요한 것 등으로 나누어 보는 것
추상화	의미	문제 해결을 위해 반드시 필요한 핵심요소를 파악하고, 복잡함을 단순화하는 것. 문제 해결을 위한 핵심요소를 추출하는 것
	예시	비상대피 안내도, 지하철 노선도, 경고 표지판, 방학 중 하루 일과표, 일기예보를 나타내는 일기도, 화장실의 남녀 표시 그림

구성요소		내용
알고리즘 및 절차	의미	문제를 해결하거나 어떤 결과를 이루기 위해 일련의 절차화된 순서를 취함
	예시	수학 문제를 풀기 위해 문제를 이해하고 분석하여 풀이 과정을 찾는 절차 요리하는 순서와 방법을 작성해 놓은 레시피 가족 휴가를 위해 작성한 여행 일정표
	표현방법	자연어(일상 언어), 순서도, 가상 코드(pseudo code, 의사 코드), 프로그래밍 언어
자동화	의미	일반적인 의미는 반복적이고 지루한 작업을 실행하기 위해 컴퓨터나 기계를 활용하는 것. 컴퓨터 프로그래밍에서는 컴퓨터 프로그램을 이용하여 문제를 해결하는 것을 자동화라 함
	예시	바코드, 문자—음성 변환기, 도서관 바코드, 공장의 생산 자동화 시스템, 로봇을 이용한 제조, 아래 한글의 매크로 기능, 엑셀의 '함수' 등
시뮬레이션	의미	하나의 절차를 표현하거나 모델화함. 시뮬레이션은 모델을 활용한 실험을 실행하는 것을 포함함
	예시	화산 폭발 실험, 자동차 충돌 시험, 비행 조정 훈련, 알고두 물리 시뮬레이션 도구를 활용한 모의 실험 (http://www.algodoo.com)
병렬화	의미	공통의 목표에 도달하기 위해 과업들을 동시에 실행하도록 자원을 조직함
	예시	오케스트라 연주, 스크래치에서 두 개의 방송하기를 동시에 보냈을 때, 두개의 신호에 대상물이 각각 동시에 반응하는 것

소프트웨어 교육,
무엇을 어떻게 가르칠 것인가?

소프트웨어 교육을 막상 시작하려고 보니 무엇을 어떻게 가르쳐야 할지 고민이다. 제일 먼저 찾아봐야 하는 것은 교육과정이다. 2015 개정 실과 과목의 교육과정을 들여다보자. 초등학교에서는 실과에서 소프트웨어 교육이 실시된다.

교육과정 속에서 무엇을 어떻게 가르쳐야 하는지에 대한 답을 얻기 위해서 살펴봐야 할 제일 중요한 부분은 성취기준이다. 이 교육을 통해 우리가 아이들에게 바라는 목표점 말이다.

소프트웨어 교육과 관계된 성취기준은 아래와 같다.

2015 개정 교육과정 실과의 소프트웨어 교육 관련 성취기준

【기술시스템 영역】

[6실 04-07] 소프트웨어가 적용된 사례를 찾아보고 우리 생활에 미치는 영향을 이해한다.

[6실 04-08] 절차적 사고에 의한 문제 해결의 순서를 생각하고 적용한다.

[6실 04-09] 프로그래밍 도구를 사용하여 기초적인 프로그래밍 과정을 체험한다.

[6실 04-10] 자료를 입력하고 필요한 처리를 수행한 후 결과를 출력하는 단순한 프로그램을 설계한다.

[6실 04-11] 문제를 해결하는 프로그램을 만드는 과정에서, 순차, 선택, 반복 등의 구조를 이해한다.

【기술활용 영역】

[6실 05-05] 사이버 중독 예방, 개인 정보 보호 및 지식 재산 보호의 의미를 알고 생활 속에서 실천한다.

[6실 05-06] 생활 속에서 로봇 활용 사례를 통해 작동 원리와 활용 분야를 이해한다.

[6실 05-07] 여러가지 센서를 장착한 로봇을 제작한다.

이러한 성취기준을 달성하기 위해 아이들에게 가르쳐야 하는 내용인 학습 요소는 소프트웨어가 생활에 미치는 영향, 기초 프로그래밍, 절차적 사고, 사칙 연산 · 순차 · 선택 · 반복 명령, 프로그램 설계와 제작이다. 교육과정에서 소프트웨어 교육과 관련된 단원에서 다루고자 하는 바를 명시적으로 잘 보여 주고 있지만, 소프트웨어 교육을 처음 접하는 교사라면 아직은 용어 자체가 주는 낯섦으로 인해 무슨 내용인지 명확하게 알기가 쉽지 않을 것 같다. 그래서 앞으로 풀어갈 소프트웨어 수업 이야기들이 어떻게 범주화된 것인지 먼저 살펴보고자 한다.

크게 4개 영역으로 나누어 보았다. 첫 번째는 언플러그드 활동 수업이다. 컴퓨터 없이 이루어지는 컴퓨터 수업, 놀이 중심의 즐거운 소프트웨어 교육을 제일 처음 소개하겠다. 두 번째는 온라인 사이트를 활용한 알고리즘 체험 활동이다. 프로그래밍에 들어가기에 앞서 기초적인 알고리즘을 게임을 통해 배울 수 있다. 세 번째는 실제로 프로그램을 만들어 보는 프로그래밍 활동이다. 아이들도 쉽게 배울 수 있는 교육용 프로그래밍 언어를 활용해 교과 속에서 친구들과 함께 만들어가는 경험을 이야기로 풀 것이다. 네 번째는 피지컬 컴퓨팅 활동과 메이커 운동 관련 활동이다. 실세계와 컴퓨팅 세계의 상호작용이 보여 주는 미래 교육의 가능성을 넘어 우리 아이들을 메이커로 키울 수 있는 초석을 다지고자 하였다.

놀이 중심 교육
언플러그드 활동

온라인사이트 활용
알고리즘 체험 활동

소프트웨어
수업

EPL을 활용한
프로그래밍 활동

피지컬 컴퓨팅
활동

학교 메이커 활동

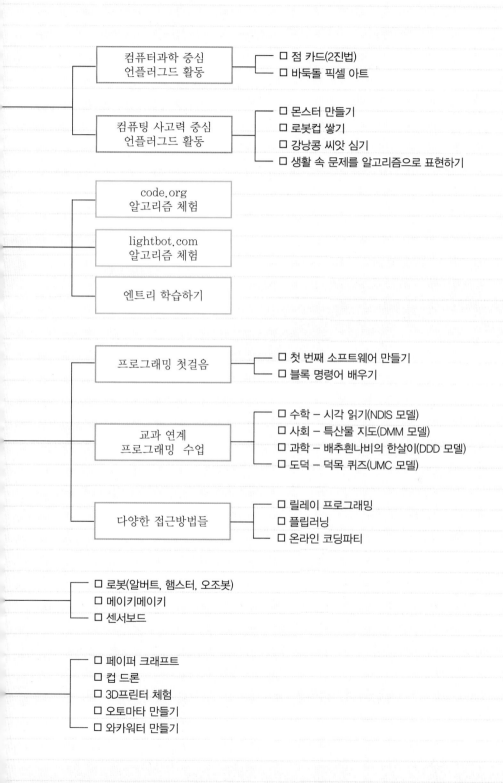

컴퓨터과학 중심
언플러그드 활동
- ☐ 점 카드(2진법)
- ☐ 바둑돌 픽셀 아트

컴퓨팅 사고력 중심
언플러그드 활동
- ☐ 몬스터 만들기
- ☐ 로봇컵 쌓기
- ☐ 강낭콩 씨앗 심기
- ☐ 생활 속 문제를 알고리즘으로 표현하기

code.org
알고리즘 체험

lightbot.com
알고리즘 체험

엔트리 학습하기

프로그래밍 첫걸음
- ☐ 첫 번째 소프트웨어 만들기
- ☐ 블록 명령어 배우기

교과 연계
프로그래밍 수업
- ☐ 수학 – 시각 읽기(NDIS 모델)
- ☐ 사회 – 특산물 지도(DMM 모델)
- ☐ 과학 – 배추흰나비의 한살이(DDD 모델)
- ☐ 도덕 – 덕목 퀴즈(UMC 모델)

다양한 접근방법들
- ☐ 릴레이 프로그래밍
- ☐ 플립러닝
- ☐ 온라인 코딩파티

- ☐ 로봇(알버트, 햄스터, 오조봇)
- ☐ 메이키메이키
- ☐ 센서보드

- ☐ 페이퍼 크래프트
- ☐ 컵 드론
- ☐ 3D프린터 체험
- ☐ 오토마타 만들기
- ☐ 와카워터 만들기

2

놀이처럼 즐기는

언플러그드 활동

놀이와 활동으로
소프트웨어 이해하기

유아교육의 아버지인 프뢰벨F. W. Fröbel은 아이들이 자기의 내적 세계를 스스로 표현하는 방법을 '놀이'로 보았다. 그는 언어나 노래, 동작이나 구성적 활동을 포함하는 자기표현 활동을 중시하였으며 놀이를 통한 교육을 강조하였다. 즉 아이들은 그들의 자연스러운 활동인 놀이를 통해 자기 속에 내재한 신성을 발현시킬 수 있다고 본 것이다. 그만큼 놀이가 교육이 될 때 놀이 그 자체만으로도 그 효과는 높을 수밖에 없다.

처음 소프트웨어 교육을 접하는 선생님들의 반응은 뭐랄까 부정적인 경우가 많다. 농담으로 하시는 말씀이리라 싶지만 연세가 있는 선생님 중에는 소프트웨어 교육이 들어오면 명퇴를 해야겠다는 말씀도 하신단다. 소프트웨어 교육의 당위성이나 필요성에 대한 의심이라기보다는 한 번도 해보지 않은 교육에 대한 막연한 두려움과 컴퓨터라는 기기가 가진 특성상 전문가가 아니면 어려울 것이라는 인식, 드물기는 하지만 어릴 적 잠깐 맛보았던 난해한 도스 명령어에 대한 트라우마(?) 등을 그 원인으로 꼽을 수 있을 것 같다.

또한 컴퓨터와 함께 이루어지는 수업이기에 열악한 컴퓨터실 환경,

교사들의 사전 수업 준비에 대한 부담, 수업 중간중간 끊어지고 느려지는 인터넷 환경, 그로 인한 아이들의 성화 등 처음엔 의욕적으로 소프트웨어 교육을 시도했다가도 이런 난관에 몇 번 부딪히고 나면 교사의 의욕 역시 떨어지기 마련이다.

도저히 방법이 없는 것일까? 아니다, 있다. 서두에 언급한 놀이식 수업. 소프트웨어 교육에서도 가능하다. 바로 언플러그드 활동이 그것이다. 언플러그드 활동이란 말 그대로 언플러그드Unplugged, 즉 플러그를 뽑은 상태의 활동이라는 뜻이다. 다시 말해 컴퓨터 없이 이루어지는 컴퓨터 수업인 셈이며, 좀 더 정확하게 이야기하면 컴퓨터 없이 놀이나 활동을 통해 컴퓨터과학이나 프로그래밍의 원리를 배울 수 있는 수업을 말한다. 놀이나 활동을 통한 수업이기에 학생들의 흥미나 몰입도는 그야말로 최고 수준이다. 또한 놀이를 통해 체험으로서 개념을 습득하기에 어려운 개념도 쉽게 받아들인다. 컴퓨터와 같은 환경이 필요하지 않기에 요즘 유행하는 말로 가성비 또한 좋다고나 할까?

2015 개정 교육과정 속에서도 언플러그드 활동에 대해 명시한 부분이 있다. 컴퓨터를 활용한 활동뿐 아니라 컴퓨터 없이 문제 해결의 방법이나 절차를 이해할 수 있는 방법을 활용할 수 있도록 함으로써 언플러그드 활동을 소프트웨어 교육 교수학습 방법(전략)의 하나로 제시하고 있는 것이다. 또한 언플러그드 활동 시 놀이와 학습이 동시에 이루어질 수 있도록 시간과 내용을 재구성하여 지도할 것을 명시하여 언플러그드 활동을 통해 컴퓨터과학의 원리나 알고리즘에 대한 학습이 이루어질 수 있도록 하고 있다.

2015 개정 실과 교육과정 중 언플러그드 활동에 대한 언급

(나) 교수 · 학습 방법(전략) 및 유의사항
- 응용 소프트웨어의 사용법이나 프로그래밍 언어의 문법 학습을 최소화하고, 문제 해결에 필요한 프로그래밍을 통한 컴퓨팅 사고력 신장에 초점을 맞춘다.
- 실생활 속에서 일어나는 문제 상황을 중심으로 학생들이 쉽게 컴퓨팅 사고에 익숙해질 수 있도록 지도한다.
- 컴퓨터를 활용한 활동 이외에도 컴퓨터 없이 문제 해결의 방법이나 절차를 쉽게 이해할 수 있는 활동을 활용하여 지도한다.
- 언플러그드 활동 시 놀이와 학습이 동시에 이루어질 수 있도록 시간과 내용을 적절히 구성하여 지도한다.

언플러그드 활동은 1990년대 중반, 뉴질랜드에서 팀 벨Tim Bell, 마이크 펠로우스Mike Fellows와 이안 위튼Ian Witten에 의해 처음 소개되었다. 2진수, 텍스트 압축, 병렬 처리 등 말만 들어도 어려울 것 같은 컴퓨터 과학의 개념을 몸을 움직이는 놀이를 통해 배울 수 있도록 언플러그드 활동으로 제안한 것이다. 그가 제안했던 내용을 초등학교 현장에서 그대로 사용해도 좋은 것은 그대로, 다소 난해하거나 아이들 수준에 적합하지 않은 것은 재구성하거나 또는 새로운 놀이를 개발하여 우리 아이들과 함께 언플러그드 활동을 해보았다.

점 카드로 2진법 배우기

• 소프트웨어 교육 영역 _ 언플러그드 활동(컴퓨터과학 개념 중심)
• 수업 주제 _ 점 카드로 2진수 알기
• 수업 전 준비 _ 대형 점 카드 5장(1, 2, 4, 8, 16)
• 소요 시간 _ 15~20분

다음에 제시하는 것은, 벌써 2, 3년 전이던가, 세상의 빛(?)을 보지 못하고 만 씽킹카드다. 어떻게 하면 컴퓨터과학의 개념을 쉽고 재미있게 아이들에게 전달할 수 있을까 고민하다가, 쉬는 시간마다 아이들이 교실 뒤편에 모여 유희왕 카드 게임을 하는 모습을 보면서 착안한 것이다. 컴퓨터과학의 개념을 문제로 만들어서 카드 속에 넣어 카드 게임을 하면서 사고력도 키우고, 개념도 자연스럽게 배울 수 있도록 하자는 나름 야심찬(?) 기획이었다.

지금도 있는지 모르겠지만 내가 어렸을 때는 문구점에서 손바닥만 한 수수께끼 책이나 미스터리한 문제를 주고 탐정놀이 하듯이 이를 해결해 가는 작은 장난감 같은 책이 있었다. 한 장 한 장 넘겨가면서 문제를 해결했던 기억과 그 쏠쏠한 재미를 이 씽킹 카드 속에 넣어서 아이들에게 제공하고 싶었던 것이다.

야심만만하게 시작했지만 끝내 세상의 빛을 보지 못한 그 카드를 다시 꺼내어 문제를 해결해 보자. 자, 여기 Binary clock이 있다. Binary clock이란 2진법으로 시간을 알려 주는 시계이다.

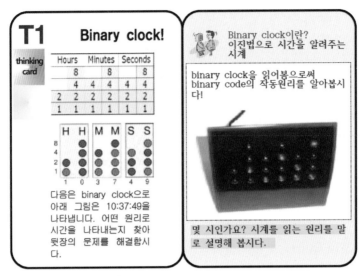

저자가 직접 개발한 씽킹 카드

원리는 간단하다. 시, 분, 초를 나타내는 각 자리의 동그라미는 2진수의 각 자릿수를 의미한다. 아래부터 위로 갈수록 2^0, 2^1, 2^2, 2^3, 즉 1, 2, 4, 8을 뜻하는 것이다. 시를 나타내는 'H'에는 현재 왼쪽 2^0에만 불이 들어와 1을, 오른쪽에는 불이 전혀 들어오지 않아 0을, 합하면 10시가 된다. 분을 나타내는 'M'의 왼쪽에는 2, 2^1에 불이 들어와 있으므로 1과 2를 합한 3을, 오른쪽에는 2^0, 2^1, 2^2에 불이 들어왔으므로 이를 모두 합한 7, 즉 37분이 되는 것이다. 초를 나타내는 'S' 역시 마찬가지 원리로 49초를 나타내므로 10시 37분 49초가 된다.

카드의 앞장을 살펴보고 이렇게 Binary clock을 읽는 방법을 익혀 카드 뒷장에서 직접 몇 시인지를 읽도록 만들었다. 원리를 찾고, 자신이 찾은 원리로 문제를 해결하도록 말이다. 그래서 이름도 씽킹 카드라 이름을 붙였더랬다. 지금 다시 꺼내 보니 왜 빛을 보지 못하고 내 컴퓨터 속에 저장되어 있는지 이해가 가기도 한다. 나름 의미가 있는 카드지만, 보다 '놀이'적인 요소가 필요하였다. 우리 아이들이 스스로 재미를 느끼며 빠질 수 있도록 하는 그 무엇이 부족하다. 요즘 많이 나오는 코딩 관련 보드 게임이나 카드 게임의 대부분은 프로그래밍의 원리를 배우거나 적용해서 문제를 해결해 가는 형태로 학습과 놀이를 잘 믹스한 모습을 보여준다. 컴퓨터과학의 내용도 언젠가는 이렇게 학습과 놀이, 두 마리 토끼를 동시에 잡을 수 있는 기발한 아이디어가 나오길 기대하며 본격적으로 실제 교실에서 활용할 수 있는 점 카드 활동을 살펴보자.

앞서 내가 만든 씽킹 카드에서 볼 수 있듯 2진수는 초등학교 아이들에게는 사실 이해하기 쉽지 않다. 교육과정에 제시되어 있지도 않고, 수준에도 맞지 않기 때문에 하지 않아도 된다. 지금이야 프로그래밍과 직접적으로 연계할 수 있고, 교육과정 성취기준에도 부합하는 언플러그드 놀이 활동이 많이 개발되거나 소개되었지만 처음 우리에게 언플러그드 활동이 소개될 때만 해도 이 팀벨 교수팀의 컴퓨터과학 개념 중심의 언플러그드 활동밖에 없었다. 또, 컴퓨터 전공자의 입장에서 보면 이 컴퓨터과학에서 2진수 개념은 매우 중요한 부분이다. 정말 기본 중에 기본인데, 소프트웨어 교육을 시작하는 단계에서 이를 다루지 않는다는 것을 어쩌면 상상할 수 없는 일이라고 여겼는지도 모르겠다. 수업에 이런 활동을 하건 하지 않건 그건 교사의 몫이다. 본인의 학생들에게 필요하다고 판단된다면 교육과정을 재구성해서라도 하는 것이고, 그렇지 않다면 과감히 하지 않는 것이 맞겠다.

여기서는 다양한 SW수업을 소개하는 것이 목적인만큼 안내하도록 하겠다.

'점 카드' 수업 장면

먼저 2진수의 각 자리 수를 뜻하는 카드 5장을 준비한다. 점이 1개 그려진 카드는 2^0 자릿수를, 점이 2개 그려진 카드는 2^1, 4개의 점이 그려진 카드는 2^2, 8개가 그려진 점 카드는 2^3, 16개의 점이 그려진 카드는 2^4을 각각 뜻한다.

이 5장의 카드를 칠판에 붙인다. 2진수에 대해 배우는 중학교 아이들에게는 해당 점 카드의 위치가 2진수의 자릿수임을 알려 주지만, 초등학교 아이들에게는 복잡하게만 느껴지는 자릿수까지 이야기해 줄 필요는 없다. 다만, 직관적으로 알 수 있도록 5장의 카드를 칠판에 붙여놓은 뒤 어떤 규칙이 있는지 찾게 한다. 아이들은 왼쪽으로 갈수록 점의 개수가 많아진다, 오른쪽으로 갈수록 점의 개수가 적어진다, 뿐만 아니라 2의 배수로 점의 개수가 많아지고 있음도 찾아낸다.

이렇게 규칙을 찾고 나면 5장의 카드 중 일부를 뒤집어서 점을 보이지 않게 한다. 점이 보이는 카드 아래에는 숫자 1을, 점이 보이지 않는 카드에는 숫자 0을 사용하여 아이들에게 컴퓨터는 점이 있고 없음으로 정보를 인식함을 설명한다.

예를 들어 왼쪽 가운데 사진처럼 2^4, 2^1, 2^0의 경우 점이 보이므로 각 카드 아래에 숫자 1을, 2^2과 2^3의 경우 점이 없으므로 카드 아래에 숫자 0을 붙인다. 이렇게 되면 5장의 점 카드는 10011로 표현되는데, 5장의 카드의 점의 개수는 모두 19이다. 즉 19=10011로 표현될 수 있는 것이다. 이 말은 십진수 19를 2진수를 표현하면 10011인데, 인간의 언어인 19를 컴퓨터는 10011로 받아들인다고 이해할 수 있겠다.

아이들은 직접 숫자 1과 0으로 점 카드를 표현한 뒤, 점의 개수를 세어 인간의 언어인 십진수가 컴퓨터의 언어인 2진수로 변하는 과정을 체험할 수 있다. 아이들은 이 활동을 하면서 컴퓨터가 0과 1밖에 모른다는 사실, 인간의 언어가 컴퓨터의 언어로 또는 컴퓨터의 언어가 인간의 언어로 바뀔 수 있다는 컴퓨터과학의 중요한 한 개념을 배우게 되는 것이다.

실제로 수업을 해보면 알겠지만, 아이들은 점 카드 활동 속에 이런 사실이 숨겨져 있음을 배우게 되었다는 것만으로도 꽤 신기해하고, 재미있어 한다. 또한 이 활동은 2진수를 배운 중학생 아이들에게도 꽤 효과가 있다. 기계적으로 2진수를 십진수로, 십진수를 2진수로 바꾸는 공식에 익숙한 아이들에게 이런 놀이 체험을 통한 원리 이해는 컴퓨터과학은 물론 수학 교과에도 흥미를 불러오기에 충분하다. 컴퓨터과학이 수학과 논리학에서 출발했다는 점을 새삼 상기해본다.

흔히 우리는 컴퓨터를 0과 1밖에 모르는 바보(?)라고 한다. 인공지능 컴퓨터가 나온 마당에 바보라 칭하기에는… 이제 너무 똑똑해져 버렸지만 말이다. 아무튼 0과 1밖에 모른다는 의미는 컴퓨터가 0과 1이라는 2진법 체계로 모든 작업을 매우 빠르게 처리한다는 의미로 보면 되겠다. 컴퓨터가 이해할 수 있는 0과 1로 이루어진 언어를 '기계어'라고 한다. 컴퓨터와 대화하고 싶다면, 기계어를 사용하면 된다는 의미다. 하지만, 보기만 해도 머리가 아프다. 눈이 빠질 것 같다.

그래서 우리 인간이 컴퓨터와 좀 더 쉽게 대화하기 위해, 명령을 내리기 위해 만든 것이 바로 프로그래밍 언어이다. 프로그래밍 언어가 가진 문법만 잘 지켜서 명령을 내리면 컴파일러라는 통역사가 우리가 작성한 프로그래밍 언어를 컴퓨터가 알아들을 수 있는 기계어로 바꿔주는 것이다. 반대의 경우에는 인터프리터라는 통역사가 등장한다. 그런데 이때 컴퓨터마다 문자를 바꿔주는 방법이 다르면 큰 혼란이 생길 수밖에 없다. 그래서 아스키코드, 유니코드와 같은 통일된 문자 2진코드를 약속해 전 세계의 모든 컴퓨터가 문자를 동일하게 바꿔줄 수 있도록 약속하였다.

그렇기 때문에 컴퓨터과학 분야에서 2진법은 매우 중요하게 다루어지는 부분이라 할 수 있다. 앞서 팀벨 교수팀에서 언플러그드 활동을 고안한 목적이 어려운 컴퓨터과학의 원리와 이론을 쉽게 안내하기 위해서라고 하였다. 컴퓨터과학 분야는 SW교육의 기저학문이라 볼 수 있다. 수학을 말하지 않고 과학이라는 학문을 이야기하기 어려운 것처럼 SW교육을 이야기하면서 컴퓨터과학을 이야기하지 않을 수 없다.

물론 쉽지 않다. 특히 초등학교 아이들에게는 용어 자체가 어렵다. 그러하기에 언플러그드 활동을 선택한 것이다. 우리 아이들에게 쉽고, 재미있게 컴퓨터과학 세계의 이야기를 들려 주기 위해서.

바둑돌로 표현하는 픽셀아트

• 소프트웨어 교육 영역 _ 언플러그드 활동(컴퓨터과학 개념 중심)
• 수업 주제 _ 바둑돌로 이미지 표현하기
• 수업 전 준비 _ 바둑판, 바둑돌, 규칙 활동지
• 소요 시간 _ 15~20분

이세돌 9단과 알파고의 대결은 재미있게도 우리나라에 바둑 붐을 일으켰다. 인간과 인공지능의 대결을 지켜본 학부모들이 인근 바둑 학원에 자녀를 등록시키려는 문의전화가 빗발쳤다니, 작은 이슈라도 그것이 내 아이의 교육을 위한 것이라면 기꺼이 나서는 대한민국 부모들의 '맹모삼천지교'와도 같은 모습이 아닐 수 없다. 부모가 자식의 교육을 위해 힘쓰는 거야 자녀를 위해서도 사회를 위해서도 당연히 해야 할 일이다. 아무리 어려운 시기니 뭐니 해도 좁은 땅덩어리에서 오늘날 우리가 이만큼 먹고 사는 것은 윗세대 부모님들의 힘겨운 교육 뒷바라지로 대한민국에 우수한 아들딸들을 많이 탄생시킨 덕분이라고 생각한다.

다만 이런 부모들의 심리를 이용해 부당한 이득을 취하는 이들이 있어 안타까울 뿐이다. 특히 이런 세기의 바둑 대결로 촉발된 인공지능 프로그램에 대한 관심이 소프트웨어 교육으로 이어지면서 수백만 원에 달한다는 소프트웨어 캠프를 개설하는 고액 코딩 과외까지 등장했다는 사실은 대한민국 사교육 시장의 단면을 보여 주는 듯하여 씁쓸해진다.

바둑에 대한 뜨거운 관심 때문일까? 바둑판과 바둑알로 한다는 이유

'바둑돌 픽셀아트' 수업 장면

만으로 픽셀아트 언플러그드 활동에 관심을 보이는 분들이 많이 생겼다. 예전 같으면 그냥 지나쳤을 법도 한데 이제는 '무엇을 하나?' 하는 호기심 어린 눈으로 한참을 보고 가시는 선생님들과 학부모님들이 많아졌으니 말이다.

2진수 활동을 할 때도 언급했지만 컴퓨터는 0과 1만으로 정보를 저장, 처리, 전송한다. 이는 다양한 그림이나 문자, 사진 등도 마찬가지다. 그러면 어떻게 컴퓨터는 그림이나 문자 등을 숫자로 표현하는 것일까? 그림의 경우를 먼저 살펴보면, 컴퓨터는 그림을 표현할 때 비트맵 방식 또는 벡터 방식으로 저장한다.

컴퓨터 화면은 화소pixel라고 불리는 무수히 많은 작은 점들로 이루어져 있다. 이 각각의 화소에 정보를 저장하는 방식이 바로 비트맵 방식의 그림 저장이다. 예를 들어 컴퓨터 화면을 모눈종이라고 생각한다면 나타내고자 하는 이미지를 각각의 모눈종이 한 칸에 색을 칠하거나

1	0	1	0	1
0	1	0	1	0
0	1	1	1	0
1	0	1	0	1
1	1	0	1	1

모눈종이를 활용하면 컴퓨터의 이미지 표현 방식을 이해할 수 있다.

칠하지 않음으로써, 또는 색깔을 달리하는 정보를 저장함으로써 표현하는 방법인 것이다.

따라서 비트맵 방식으로 저장된 그림 자료의 경우 확대하였을 때 그림의 테두리가 깨져 보이는 이른바 계단 현상이 나타나게 된다. 실제로 컴퓨터가 이미지를 표현하는 방식을 언플러그드 활동을 통해 배울 때 모눈종이를 가져다 놓고, 그리고 싶은 이미지를 0과 1으로 먼저 표현하게 한 다음 숫자 0이 적힌 부분은 까맣게 색칠을 하고, 1이 적힌 부분은 색칠을 하지 않음으로써 손쉽게 가르칠 수 있다.

또한 바둑돌로도 이미지 표현법을 재미있게 배울 수 있다. 그림에 대한 정보를 저장하는 방식을 규칙으로 제공하고, 아이들은 그 규칙에 따라 바둑을 놓으면서 이미지를 완성해 가면 된다. 예를 들어 다음과 같은 규칙이 있다고 해보자.

첫 줄의 3, 1, 8, 1, 3은 무엇을 뜻하는 것일까? 아이들에게 먼저 이 숫자들이 의미하는 것이 무엇인지, 어떤 규칙이 있는지 찾아보게 한다.

																3,1,8,1,3
																2,1,1,1,6,1,1,1,2
																1,1,3,6,3,1,1
																0,1,14,1
																0,1,14,1
																0,1,4,1,4,1,4,1
																0,3,2,1,4,1,2,3
																0,1,14,1
																0,3,2,1,1,2,1,1,2,3
																0,1,4,1,1,2,1,1,4,1
																0,3,3,1,2,1,3,3
																0,1,14,1
																1,1,12,1,1
																2,1,10,1,2
																3,10,3
																16

규칙을 찾기가 쉽지 않다. 너무 오랜 시간이 걸릴 때는 살짝 힌트를 주기도 하지만, 조금만 기다려 주면 아이들이 스스로 규칙을 찾아낸다. 처음 3은 제일 앞에서 3칸까지는 비우라는 뜻이다. 다음 1은 3칸을 비운 그 다음은 1칸 색칠을 하라는 뜻이다. 마찬가지로 그 다음 8칸은 비우고 다시 1칸은 칠하고 마지막 3칸은 비워두어야 한다.

첫 줄의 의미를 파악한 아이들은 이내 나머지 줄은 알아서 색칠해간다. 그런데 넷째 줄에서 막힌다. 제일 앞에 숫자 0이 있는 것이다. 숫자 0이 제일 앞에 있다는 것은 첫 번째 칸부터 색칠하라는 뜻이다. 즉 0, 1, 14, 1은 첫 번째 1칸은 색칠, 그 다음 14칸은 비우고 마지막 1칸은 색칠하라는 의미이다.

그렇게 규칙을 설명한 후에는 아이들의 몫이다. 정해진 규칙을 잘

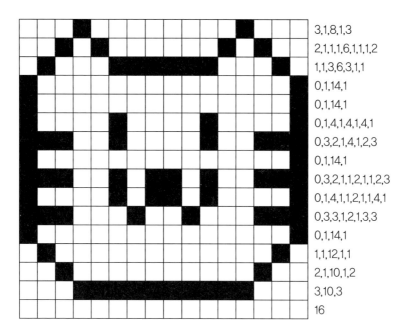

지키기만 한다면 아주 멋진 그림이나 문자를 만들 수 있다. 규칙을 보고 그림으로 나타내는 활동에 익숙해지면 그 반대로도 활동할 수 있다. 즉, 나타내고 싶은 그림을 먼저 그리고 그 그림을 규칙으로 옮겨보는 것이다. 장수풍뎅이, 도깨비 등 전혀 생각지도 못했던 그림을 규칙으로 표현하는 모습을 보면서 아이들이 가진 능력에 또 한 번 놀라게 된다. 좀 더 정확하게 표현하자면 우리 아이들은 어른들보다 사고의 유연성이 훨씬 더 클 뿐 아니라 응용력도 뛰어나다. 하나를 가르쳐 주면 열, 스물을 해내는 아이들. 즐거운 놀이와 함께하는 배움이기에 더욱 그러하리라. 실제로 위의 귀여운 고양이는 한 친구가 만든 아이디어를 표현한 것이다.

지금까지 이야기한 부분이 팀벨 교수팀의 컴퓨터과학 개념 중심의

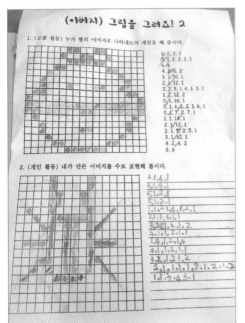
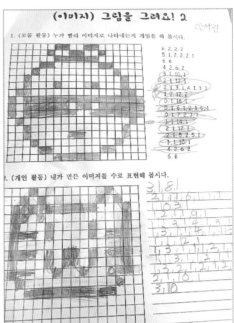

'이미지 표현법' 활동지 학생 결과물

언플러그드 활동이었다면, 이제부터는 컴퓨팅 사고력 중심의 언플러그

드 활동에 대해 살펴보고자 한다.

몬스터 만들기로 배우는 추상화 사고

- 소프트웨어 교육 영역 _ 언플러그드 활동(컴퓨팅 사고력 중심)
- 수업 주제 _ 몬스터 만들기로 추상화 사고 알기
- 수업 전 준비 _ 투명 컵, 유성매직
- 소요 시간 _ 40분

추상화라 하면 보통 피카소와 같은 유명한 화가가 그린 난해한 그림을 떠올린다. 그렇다면 하나의 추상화 작품이 나오기까지 화가의 머릿속에는 이루어지는 사고를 추상화 사고라고 할 수 있을까? 추상화 사고를 한마디로 정의하기는 쉽지 않지만 일반적으로 볼 때 실세계의 복잡한 상황을 간결하고 명확하게 핵심 내용을 단순화하여 일반 사람들도 이해하기 쉽게 언어나 그림으로 표현하는 사고 능력이라 할 수 있다.

그럼 컴퓨터과학에서 사용되는 추상화 사고는 무엇일까? 컴퓨터과학에서 이야기하는 추상화는 일반적으로 이야기되는 추상화 사고에 컴퓨팅의 특성이 반영된 것이라 보면 되지 않을까. "추상화는 사물을 이해하고 다루기 쉽게 단순화시키는 작업이다. 사물과 관련된 구체적인 사항은 최대한 감추거나 생략하고 핵심 부분만 분리해내어 구체적 사물에 대응된 추상체(추상적 사물)를 만든다." 이처럼 문제 해결의 과정에서 컴퓨터가 문제를 해결할 수 있도록 절차나 데이터의 핵심적인 부분을 추출, 가공, 처리해 가는 사고 과정이라 볼 수 있겠다.

아이들과 함께 처음 추상화의 개념을 공부할 때 어떻게 하면 쉽게 이해할 수 있을까에 대해 많은 고민을 했었다. 더 정확하게 말해서 어떤 문제를 해결할 때 추상화 사고를 할 수 있도록 하기 위해서 어떻게 가르쳐야 할까 고민하였다. 개념 자체가 '추상화'라는 사고를 거쳐서 만들어진 것이기 때문에 어른들에게도 어려울 수 있다. 다시 말해 추상화 사고를 거쳐 만들어진 추상화라는 개념에 대해 아이들과 추상화 사고를 따라 학습해야 한다는 것. 특히 컴퓨터과학의 개념이나 원리는 아이들에게 용어 자체가 낯설고 어렵기 때문에 단순히 교사가 잘 설명한다고 해서 아이들이 잘 알 수 있는 것이 아니다. 이럴 때 필요한 것이 바로 언플러그드 수업이다.

먼저 유튜브에서 '몬드리안의 추상화'*라는 동영상을 아이들과 함께 보고 미술 교과에서 이야기하는 추상화와 소프트웨어 교육에서 이야기하는 추상화가 어떤 점에서 같고, 또 어떤 점에서 다른지 살펴보았다. 몬드리안이 뉴욕의 거리를 작품화하면서 표현하고자 하는 주제에서 가장 핵심적이고 중요한 내용만 남기고, 덜 중요하거나 세부적인 내용은 과감하게 제외해 가는 추상화의 과정을 살펴보면서 머릿속으로 추상화 사고가 어떤 것인지 알 수 있도록 하였다.

그리고 저학년, 고학년을 가리지 않고 재미있어 하는 '몬스터 만들기' 언플러그드 활동으로 추상화 사고를 직접 체험해 볼 수 있게 해준다. 몬스터, 즉 괴물은 사람의 입장에서 다수의 사람들이 기이하게 생겼다고 보는 생명체다. 전설이나 신화 속에서 악마나 악마의 부하로 흔히 나타나며 동물이나 식물이 변형된 형태나 전혀 다른 새로운 모습으

---

* https://www.youtube.com/watch?v=ln2d6GjX0fg

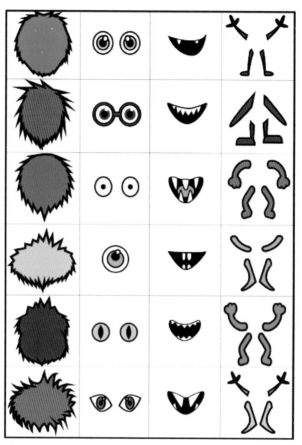

'몬스터 만들기' 예시 자료,[**] 추상화를 거쳐 몬스터의 특성들을 표현한다.

로 창조되기도 한다. 어린 아이들이 스케치북에 이상한 모양의 몬스터를 그리면 우스꽝스러운 모습에 비웃을지도 모르지만, 사실 이 몬스터를 그리는 일은 상당한 추상화 사고를 요하는 일이다. 누가 봐도 몬스터라는 것을 인지할 수 있다면, 제대로 추상화 사고 과정을 거쳐 작품

[**] 홍지연, 신갑천 공저, 『놀이를 통해 쉽게 배우는 우리 아이 첫 소프트웨어 언플러그드 놀이』, 영진닷컴, 2016

을 완성한 것이라는 말이며, 이는 몬스터라고 정의되는 중요한 특성이
나 성질을 정확하게 파악하여 표현했다는 말이 된다.

수업은 비교적 간단하게 이루어진다. 먼저 몬스터를 표현할 때 가장
중요한 특징을 서너 가지 선택하도록 하는데, 여기서 가장 중요한 특징
이란 변하는 것과 변하지 않는 것 중 변하지 않는 부분을 의미한다. 예
를 들어 몬스터는 네모 모양의 눈 2개, 세모 모양의 눈 1개, 길쭉한 모
양의 눈 3개 등 그 모양과 수는 변할 수 있지만 '눈'은 공통적으로 다 가
지고 있다. 따라서 '(   )모양의 눈 (   )개를 그려'라고 표현할 수 있
다는 의미이다. 마찬가지로 얼굴, 입, 코, 귀 등은 몬스터를 그릴 때 변
하지 않는 부분, 꼭 필요한 핵심 요소라고 말할 수 있겠다.

'(   )모양의 얼굴 (   )개를 그려'

'(   )모양의 눈 (   )개를 그려'

'(   )모양의 코 (   )개를 그려'

'(   )모양의 입 (   )개를 그려'

'(   )모양의 귀 (   )개를 그려'

이렇게 아이들과 함께 몬스터를 표현할 수 있는 공통적인 부분만 남겨두고 각각의 모양이나 개수 등은 아이들마다 각자 다르게 선택하여 컵에 그리도록 한다. 그러면 아이들의 선택에 따라 다양한 스타일의 몬스터가 탄생할 수 있는 프로그램이 하나 만들어진 셈이다.

어떤 아이는 삐죽삐죽한 모양의 얼굴에 왕방울만한 눈 1개와 이빨이 뾰족하게 난 입 등을 각각의 투명한 PET 컵에 그려 넣어 몬스터를 완성한다. 또 어떤 아이는 동그란 얼굴에 작고 길쭉한 눈 3개와 돼지 콧구멍, 찢어진 입 등으로 몬스터를 창조한다. 이렇게 완성된 다양한 몬스터들을 모아놓고 비교하면서 다시 한 번 몬스터를 만들기 위해 우리가 했던 사고 과정을 정리해 본다.

몬스터라는 추상물이 탄생하기까지 이루어졌던 사고 과정이 추상화 사고 과정임을 상기하고, 어떤 문제를 해결할 때 이러한 추상화 사고 과정을 통해 보다 쉽게 문제에 접근하고 해결할 수 있음을 체감할 수 있도록 한다. 간단하면서도 아이들이 좋아하며 추상화 사고 또한 경험할 수 있는 언플러그드 활동이라 할 수 있겠다.

로봇 컵 쌓기로 배우는 프로그래밍의 원리

- 소프트웨어 교육 영역 _ 언플러그드 활동(컴퓨팅 사고력 중심)
- 수업 주제 _ 로봇 컵 쌓기로 프로그래밍 체험하기
- 수업 전 준비 _ 컵타용 컵 또는 종이컵, 명령어 활동지
- 소요 시간 _ 40분

　초등학교에서 배워야 할 가장 기본적인 프로그래밍의 원리는 무엇일까? 2015 개정 교육과정의 성취기준을 살펴보면 '문제를 해결하는 프로그램을 만드는 과정에서 순차, 선택, 반복 등의 구조를 이해한다'고 되어 있다. 또한 '순차'는 명령문을 위에서 아래로 하나씩 순차적으로 수행하는 과정으로, '선택'은 주어진 조건에 따라 명령문을 선택적으로 수행하는 과정, '반복'은 명령문을 특정 횟수만큼 반복하거나 주어진 조건이 만족할 때까지 반복하는 과정임을 명시하고 있다. 일상의 문제를 해결하는 프로그램을 만드는 기초 과정을 통해 이 세 가지 프로그램의 구조를 이해할 수 있도록 하고 있는 것이다.

　실제로 문제를 해결하는 과정에서 프로그램을 만들 때 이 세 가지 프로그래밍의 원리는 빠질 수 없는 기본 개념이다. 이를 언플러그드 활동으로 먼저 배운 후에 프로그램을 만든다면, 훨씬 쉽게 자신이 배운 개념을 적용하여 문제를 해결해 나갈 수 있지 않을까? 그렇다면 어떻게 순차, 선택, 반복을 언플러그드 활동으로 배울 수 있을지 하나씩 살펴보도록 하겠다. 반드시 배워야 할 개념인 만큼 관련한 언플러그드 활

동도 많이 있다.

그중에서 저학년, 고학년 모두 적용 가능하고, 아이들이 흥미를 가지고 할 수 있는 활동 몇 가지를 소개하고자 한다. 첫 번째 가능한 활동은 '로봇 컵 쌓기' 활동이다. 종이컵으로도 가능하고, 학교에서 컵타용으로 많이 쓰는 컵을 활용해도 좋다. 최소한 2인 1조가 되어야 하는데 그 이유는 한 명은 프로그래머가 되고, 또 한 명은 컴퓨터 또는 로봇이되어 프로그래머의 명령에 따라 실행해야 하기 때문이다. 방법은 간단하다. 프로그래머가 컵을 쌓는 방법을 몇 가지 규칙에 따라 명령을 내리면, 컴퓨터 또는 로봇 역할을 맡은 친구가 이 명령에 따라 컵을 하나씩 쌓아 가면 된다.

프로그래머가 내리는 약속된 명령은 다음과 같다. ↑(위쪽 화살표)는 컵을 들라는 의미이며, 반대로 ↓(아래쪽 화살표)는 컵을 내리라는 뜻이다. →(오른쪽 화살표)는 오른쪽으로 '반 칸' 이동하라는 의미다. 컵 위에 컵을 쌓아야 하기 때문에 반 칸씩 이동해야만 엇갈리는 형태로 쌓아갈수 있다. ←(왼쪽 화살표)는 반대로 왼쪽으로 '반 칸' 이동하라는 의미이며, ⤸(오른쪽 돌기 화살표)는 컵을 오른쪽으로 90도, ⤹(왼쪽 돌기 화살표)는 왼쪽으로 90도 돌리라는 뜻이다. 이렇게 약속된 명령에 따라 프로그래머는 로봇이 컵을 쌓아갈 수 있도록 명령을 내리면 된다.

명령어 작성이 모두 완료되면 로봇은 명령어를 살펴보고 그대로 수행하는데 명령을 얼마나 정확하게 완료하는지가 중요하다. 3명 이상이활동해야 한다면 1명은 프로그래머가 되고 2명은 로봇이 되어 누가 먼저 명령대로 컵 쌓기를 완성하는지 대결 게임 형태로 진행해도 좋다.

명령어 약속하기

↑	컵을 듭니다.
↓	컵을 내려놓습니다.
→	반 칸 오른쪽으로 갑니다.
←	반 칸 왼쪽으로 갑니다.
↷	컵을 오른쪽으로 90도 회전합니다.
↶	컵을 왼쪽으로 90도 회전합니다.

명령어를 사용하는 방법만 익히면 어렵지 않게 컵 쌓기 로봇 프로그래밍을 재미있게 수행하는 아이들의 모습을 볼 수 있다. 놀이를 즐기는 것도 중요하지만, 그 다음이 더욱 중요하다. 충분히 즐겁게 놀았다면 이 놀이 속에 숨어 있는 프로그래밍의 원리를 아이들과 함께 찾아봐야 한다. 선생님이 직접적으로 그 원리나 개념을 설명해 줄 수도 있지만 아이들이 직접 생각하여 알아냈을 때 진정한 배움의 즐거움을 만끽할 수 있으리라.

이 놀이 속에 숨은 프로그래밍의 개념을 찾기 위한 첫 번째 질문을 해보자.

"만약 로봇이 명령을 순서대로 따르지 않는다면 어떻게 될까? 또는 프로그래머가 컵을 쌓기 위한 명령을 내릴 때 순서를 정확하게 지키지 않는다면 어떻게 될까?"

"컵을 제대로 쌓을 수 없어요, 컵이 무너져요."

놀이를 통해 충분히 체험했기 때문에 대답에 막힘이 없다.

로봇 컵 쌓기 활동으로 배우는 프로그래밍의 원리

"로봇이나 컴퓨터가 명령을 제대로 수행하려면 어떻게 해야 할까?"

"로봇이나 컴퓨터가 명령을 순서대로 따라야 해요!"

"프로그래머가 명령을 내릴 때 수행할 동작을 차례대로 명령을 내리는 것이 중요해요."

이와 같은 반응을 보인다면 제대로 수업이 이루어진 것이다.

아이들의 생각이 여기까지 이르렀다면 여기서 찾은 프로그래밍의 중요한 원리가 바로 '순차'임을 이야기해준다.

컵 쌓기 로봇 프로그래밍을 통해 '순차'뿐 아니라 '반복' 역시 학습이 가능하다. 프로그래머가 화살표로 명령을 내리다 보면 일정한 패턴으로 화살표가 반복되는 부분이 나온다. 그러면 그 부분을 묶어서 곱하기 몇 번으로 반복 표시를 해주도록 한다. 역시 말로 설명하기란 어렵다. 예를 들어 살펴보자.

아래 그림에서 제일 왼쪽에 있는 컵을 오른쪽 끝에 놓았다가 다시 원래 위치로 가져다 놓기 위해서는 다음과 같은 명령어 화살표가 필요하다.

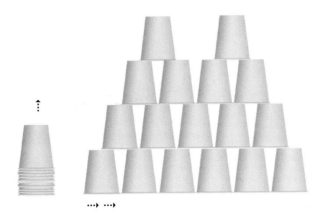

컵을 들어 올린다.
엇갈려 쌓아야 하므로 반 칸씩 12회 오른쪽으로 이동한다.
로봇은 다른 컵을 운반하기 위해 다시 원래의 위치로 돌아와야 한다.

↑→→→→→→→→→→→ ↓←←←←←←←←←←←←←

컵 하나를 쌓는데……, 너무 길다. 어려운 것이 아니라 길어서 지치고 헷갈린다. 효율이 떨어지는 것이다. 반복 구조를 사용한다면 이를 어떻게 표현할 수 있을까?

$$↑ → (12) \quad ↓ ← (12)$$

오른쪽으로 반 칸 이동하라는 명령문인 화살표 12개를 ( ) 속에 묶어서 반복됨을 표현하였다. 마찬가지로 왼쪽으로 반 칸 이동하는 화살표 역시 반복 구조를 활용해 간단하게 명령을 내려준 것이다. 아이들과 이렇게 반복되는 부분을 묶어서 명령을 내리는 방법, 반복 구문을 사용했을 때의 편리함 등에 대해 충분히 이야기해 보면 도움이 된다. 위의 예시처럼 일정한 횟수를 반복하도록 명령을 내릴 수도 있지만, 일정한 조건이 만족할 때까지 반복하도록 명령을 내릴 수도 있다.

간단한 예를 들어 보면, 청소 로봇에게 거실을 청소하라고 할 때 '방을 돌면서 청소하는 것을 10번 반복하라'고 명령할 수도 있지만, '방에 쓰레기가 하나도 없을 때까지 청소를 반복하라'고 명령할 수 있는 것이다. 어느 방법이 더 효과적인지는 문제의 성격이나 상황에 따라 아이들이 판단하고 결정할 사항이다. 교사는 다만 그 길을 함께 찾고, 아이들이 스스로 찾은 길을 잘 따라갈 수 있도록 주위를 밝혀 주기만 하면 된다.

생활 속 문제를 알고리즘으로 해결하기

- 소프트웨어 교육 영역 _ 언플러그드 활동(컴퓨팅 사고력 중심)
- 수업 주제 _ 강낭콩 심기 알고리즘 설계하기
- 수업 전 준비 _ 그림 카드, 화분, 흙, 강낭콩 씨앗, 삽, 테이프, 나무젓가락 등
- 소요 시간 _ 40분

처음 소프트웨어 교육을 시작하는 선생님들로부터 가장 많이 받는 질문 중 하나가 소프트웨어 수업을 할 때 제일 중요한 게 무엇이냐는 것이다. 즉 포커스를 어디에 두고 수업을 해야 할지 모르겠다는 말씀이시다. 해야 할 것이 너무 많다는 하소연도 하신다. 단 하나의 정답이 있는 질문은 아니지만 나의 대답은 간단하다. 언플러그드 활동이 중심이 되는 수업이든, EPL로 프로그램을 만들어내는 수업이든, 피지컬 컴퓨팅 수업이든 제일 중요한 것은 모든 수업 활동 속에 알고리즘을 설계하고 문제를 해결해 가는 과정이 있어야 한다는 것이다.

언플러그드 활동이 놀이를 통한 수업이지만 놀이를 하는 과정 속에도 문제 또는 미션을 해결하기 위한 알고리즘이나 문제 해결 과정이 있다. 이를 간과하고 그냥 놀이 자체에만 몰두한다면 소프트웨어 수업이 아닌 그냥 놀이 수업이 되어 버리고 만다. 마찬가지로 EPL을 활용해 프로그램을 만들 때에도 알고리즘을 설계하는 과정이 빠진다면 컴퓨팅 사고력을 키우는 소프트웨어 수업이 아니라 단순한 코딩 수업으로 흐르기 쉽다. 피지컬 컴퓨팅 수업은 더욱 조심해야 한다. 알고리즘 설계

나 문제 해결 과정이 없는 피지컬 컴퓨팅은 그냥 로봇 수업 또는 하드
웨어 수업이 되기 쉽다.

알고리즘이란 어떤 문제를 해결하기 위한 절차나 방법을 의미한다.
쉽게 말해서 당장 어떤 문제를 해결해야 하는데 그 문제를 해결하기 위
한 방법을 떠올려 순서대로 나열한 것이다. 알고리즘이라는 용어를 수
학이나 컴퓨터과학 등과 같은 전문적 학문에서만 사용하는 것이라 생
각하다 보니 어렵게 느껴지지만 조금만 주위를 둘러보아도 알고리즘은
우리 생활 곳곳에서 찾아볼 수 있다. 예를 들어 A은행의 ATM기에서 B
은행으로 돈을 이체하는 과정을 생각해 보자.

A은행의 ATM기에서 B은행으로 돈을 이체하기 위한 알고리즘

① 은행 ATM기 창구로 간다.
↓
② ATM기에 통장 또는 카드를 넣는다.
↓
③ 화면에서 '계좌이체'를 누른다.
↓
④ 비밀번호를 누른다.
↓
⑤ 입금할 다른 은행명을 누른다.
↓
⑥ 계좌번호를 누른다.
↓
⑦ 이체할 금액을 누른다.
↓
⑧ 수수료를 확인한다.
↓
⑨ 명세표 출력을 확인한다.

ATM기를 처음 사용하는 사람에게는 다른 은행으로 돈을 이체하기 위해 위와 같은 알고리즘이 필요하다. 다만 우리는 위와 같은 행동 양식을 여러 번의 경험을 통해 거의 반사적으로 익숙하게 처리해 내기 때문에 인식하지 못할 뿐이다.

이렇게 어떤 일을 하고자 할 때나 문제를 해결하기 전에 알고리즘을 생각해 보는 습관을 어릴 때부터 가지면 얼마나 좋을까? 이런 호기심으로 일곱 살이던 큰 아들을 데리고 알고리즘 수업을 집에서 해본 적이 있다. 강낭콩을 화분에 심을 때 그냥 무작정 심는 것이 아니라 알고리즘을 설계한 후에 직접 강낭콩을 자신이 설계한 알고리즘에 따라 심는 것이다.

먼저 충분한 동기유발을 위해 『용감한 잭과 콩 줄기』라는 동화책을 읽게 하였다. 하루아침에 쑥쑥 자라는 콩 줄기 이야기를 읽은 아이는 내가 먼저 묻지 않아도 자기도 콩을 심고 싶다며 즐거운 상상에 빠졌다.

그런 아이에게 강낭콩 심기 카드를 주었다. 강낭콩을 심는 과정이 단계별로 한 컷씩 담긴 카드와 강낭콩 심기와는 상관이 없는 카드를 섞어 필요한 카드를 골라 순서대로 나열해 보라고 하였다. 이 문제를 해결하기 위해서는 먼저 강낭콩 심기와 상관이 있는 카드와 상관이 없는 카드를 분류해낼 줄 알아야 한다. '강낭콩 심기'라는 주제에 맞는 특성을 추출해야 가능한 일이므로 일종의 추상화 사고과정이 필요하다. 이렇게 카드를 골라내고 나면 골라낸 카드를 순서대로 정리해야 한다. 이때는 '강낭콩 심기'라는 큰 문제를 더 작은 단위로 나눌 수 있는 사고가 필요하기 때문에 문제 분해는 물론 이를 순서대로 나열할 수 있는 절차적 사고, 즉 알고리즘적 사고가 필요하다. 이를 이렇게 세분화하여 표현할

강낭콩 심기 알고리즘 설계를 위한 동기유발

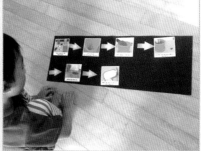

강낭콩 심기 알고리즘 설계 장면

강낭콩 심기 알고리즘 설계에 따른 문제 해결

수도 있지만, 이 모든 과정이 하나의 알고리즘을 설계하는 문제 해결 과정이라고 볼 수도 있겠다.

그림과 함께 간단한 설명이 적혀 있는 카드를 진지하게 읽어가며 강낭콩을 심는 방법을 하나씩 찾아가는 모습을 보면서 생활 속 문제를 해결하는 과정 속에서 알고리즘을 가르치는 수업이 미취학 아이들에게도 충분히 가능하다는 것을 확신할 수 있었다.

이제 스스로 만든 알고리즘을 토대로 실제로 문제를 해결해 보게 했다. 화분, 흙, 강낭콩 등 필요한 재료를 준비해 주었더니, 어떻게 해야 되는지 묻지도 않고 척척 강낭콩 심기를 시작한다. 앞의 과정이 없었다면 혼자 힘으로 화분에 강낭콩을 심기란 쉽지 않았을 것이다. 끊임없이 어떻게 해야 할지 묻거나 여러 번의 시행착오가 있었을 것이라 생각한다.

이 활동을 통해 교사나 부모의 도움 없이도 스스로의 생각만으로 생활 속에서 직면하는 문제를 해결하기 위한 방법을 찾아갈 수 있는 수업이 가능하다는 것을 알게 되었다. 물론 그 과정에서 틀릴 수도 있다. 어른의 작은 도움이 필요할 수도 있다. 하지만 이런 사고 과정을 경험하는 것만으로도 의미가 있다. 이런 경험의 횟수가 거듭될수록 아이의 사고는 더욱 발달하고, 이런 사고과정에 익숙해지게 된다.

마치 자전거에 타는 법을 몸이 기억해 좀처럼 잊어 버리지 않는 것처럼 나중에는 알고리즘에 입각한 사고도 자연스럽게 할 수 있지 않을까.

알고리즘으로 표현하기, 어렵지 않아요!

- 소프트웨어 교육 영역 _ 언플러그드 활동(컴퓨팅 사고력 중심)
- 수업 주제 _ 생활 속 문제를 알고리즘으로 표현하기
- 수업 전 준비 _ 알고리즘 표현 활동지
- 소요 시간 _ 40분

일반적으로 알고리즘이라 하면 순서도를 많이 떠올린다. 알고리즘을 표현하는 방법에는 여러 가지가 있는데, 대표적으로 자연어, 순서도, 의사코드를 생각할 수 있겠다. 앞서 소개한 강낭콩 심기 예시는 '자연어'에 해당한다. 자연어는 요리 레시피처럼 일상적인 언어로 표현하는 방법이다. 따라서 초등학생들도 쉽게 사용할 수 있다는 장점이 있지만, 다소 모호하게 표현하거나 같은 의미라도 서로 다르게 표현할 수 있어 다른 사람이 보았을 때 다르게 해석할 수 있다.

초등학교 고학년이라면 순서도를 활용한 알고리즘 작성도 가능하다. 초등학교 수준에서의 교육 활동에서는 순서도라고 해서 터미널 기호에서부터 입출력 기호, 처리 기호까지 모두 정밀하게 작성해야 할 필요는 없다고 본다. 전문 프로그래머들이 이 글을 본다면 발끈할지도 모르겠지만, 이 순서도라는 것이 결국은 사고의 과정, 처리 과정을 명확하게 나타내는 수단으로 사용된다고 볼 때, 아이들이 자신의 생각을 정확하게만 나타냈다면 조금 정밀함은 떨어지더라도 용인해 줄 수 있지 않을까. 정확한 순서도 작성에 할애할 시간에 자신의 생각을 좀 더 들여다

'순서도로 알고리즘 표현하기' 수업 장면

보는 시간과 기회를 주는 것이 초등 수준에서는 적합하다고 본다. 또한 초등학생들이 주로 사용하는 블록형 언어를 이 순서도로 표현하기에는 조금 어렵다는 점도 고려해야 한다.

마지막으로 의사코드의 '의사'는 한자로 '疑似'로서 '비슷한, 유사한' 의 의미를 가진다. 코드와 유사하다는 의미이니 대충 그 뜻을 짐작할 수 있을 것이다. 프로그래밍 언어에서 사용되는 문법 또는 규칙의 일부를 지키기 때문에 자연어에 비해 이 의사코드로 작성된 알고리즘을 보면 좀 더 쉽게 프로그래밍할 수 있다.

예를 들어 마트에 가서 장을 볼 때 어떻게 하면 효율적으로 장을 볼수 있는지 알고리즘을 설계해 보도록 한다. 그럼 아이들은 먼저 마트에 가서 무엇을 사야 할지를 결정해야 한다. 구매할 품목에 따라 마트 내에서의 동선이 달라지기 때문이다. 무엇을 사야 할지 항목을 정한 다음

장을 보기 위한 과정을 자연어로 알고리즘을 표현할 때 각 단계를 하나씩 살펴보면 다음과 같다.

먼저 문제를 더 작은 단위로 분해하는 단계이다.

■ 문제

마트에서 장보기 →

■ 문제 분해 단계

구매할 품목을 정한다.
물건을 선택한다.
카트에 담는다.
계산한다.
…

다음은 분해한 문제를 해야 할 순서대로 줄을 세우는 단계이다.

■ 문제 분해 단계

구매할 품목을 정한다.
물건을 선택한다.
카트에 담는다.
계산한다.
… →

■ 순서대로 나열

① 구매할 품목을 정한다.
② 구매할 품목이 있는 곳으로 이동한다.
③ 물건을 선택한다.
④ 카트에 담는다.
⑤ 다음으로 가까운 품목이 있는 곳으로 이동한다.
⑥ 물건을 선택한다.
⑦ 카트에 담는다.
…

만약 상황에 따라 다른 행동을 해야 한다면 조건을 제시해 준다.

■ 문제 분해 단계

구매할 품목을 정한다.
물건을 선택한다.
카트에 담는다.
계산한다.
… →

■ 순서대로 나열 + 조건 제시

① 구매할 품목을 정한다.
② 구매할 품목이 있는 곳으로 이동한다.
③ 물건을 선택한다.
④ 카트에 담는다.
⑤ 다음으로 가까운 품목이 있는 곳으로 이동한다.
⑥ 물건을 선택한다.
⑦ 카트에 담는다.
⑧ (만약 물건을 다 샀다면) 처음 위치로 간다.
…

마지막으로 반복되는 부분이 있다면 해당되는 부분을 묶어준다.

■ 문제 분해 단계

구매할 품목을 정한다.
물건을 선택한다.
카트에 담는다.
계산한다.
…

■ 순서대로 나열 + 조건 제시 + 반복 제시

① 구매할 품목을 정한다.
② 구매할 품목이 있는 곳으로 이동한다.
③ 물건을 선택한다.
④ 카트에 담는다.
⑤ (만약 물건을 다 사지 못했다면)
 ②~④을 계속 반복한다.
⑥ (만약 물건을 다 샀다면) 처음 위치로 가고 반복을 종료한다.

→

이를 의사코드로 표현하면 어떻게 나타낼 수 있을까. 블록형 언어를 사용하여 의사코드로 표현하면 아래와 같이 나타낼 수 있겠다.

■ 자연어로 표현한 알고리즘

① 구매할 품목을 정한다.
② 구매할 품목이 있는 곳으로 이동한다.
③ 물건을 선택한다.
④ 카트에 담는다.
⑤ (만약 물건을 다 사지 못했다면)
 ②~④을 계속 반복한다.
⑥ (만약 물건을 다 샀다면) 처음 위치로 가고 반복을 종료한다.

■ 의사코드로 표현한 알고리즘

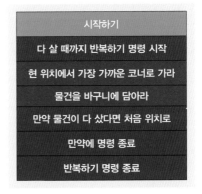

→

이런 의사코드를 순서도로 표현한다면 다음 사진과 같은 형태가 될 것이다. 실제로 아이들이 마트에 가서 장을 보는 알고리즘을 설계한 예시이다. 아이들이 작성한 알고리즘이기에 완전할 수는 없지만 마트에서 자신이 어떤 경로로 움직일지를 고려하여 만든 것이다. 자신의 사고 과정을 이렇게 알고리즘으로 표현해 보는 사고의 경험은 평소에 해보

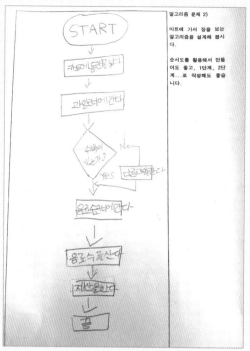

알고리즘 문제 2)

마트에 가서 장을 보는 알고리즘을 설계해 봅시다.

순서도를 활용해서 만들어도 좋고, 1단계, 2단계...로 작성해도 좋습니다.

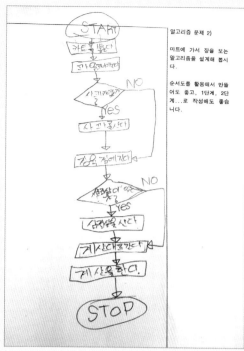

알고리즘 문제 2)

마트에 가서 장을 보는 알고리즘을 설계해 봅시다.

순서도를 활용해서 만들어도 좋고, 1단계, 2단계...로 작성해도 좋습니다.

'순서도로 알고리즘 표현하기' 학습지 학생 결과물

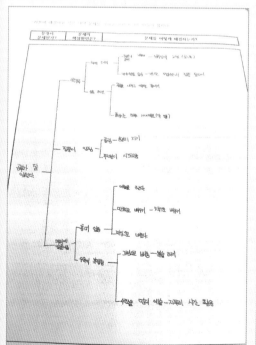

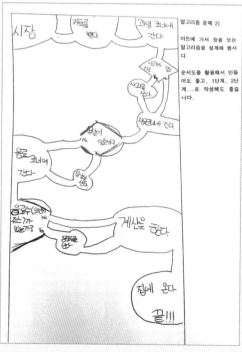

알고리즘 문제 2)

마트에 가서 장을 보는 알고리즘을 설계해 봅시다.

순서도를 활용해서 만들어도 좋고, 1단계, 2단계...로 작성해도 좋습니다.

아이들의 '알고리즘 표현하기' 학습지 결과물
알고리즘 속의 사고 과정만 명확히 표현되었다면 형태는 크게 중요하지 않다.

지 않았던 것이기에 처음에는 서툴 수밖에 없지만 이 역시 연습을 통해서 익숙해지게 된다.

나는 수업 시간에 로직트리의 형태든 순서도의 형태든 땅굴(?) 같은 미로도 같은 형태든 크게 제약을 두지 않는다. 아이들이 선호하는 형태이되 그 속에 아이들의 사고 과정만 명확하게 표현되었다면, 스스로의 생각으로 만든 것이라면 어떤 형태든 허용한다. 결국은 우리가 추구하고자 하는 게 아이들을 스스로 생각하는 사람으로 키우고자 하는 것 아닌가. 형식의 디테일함보다 사고의 과정이 정확하게 드러나는 것이 더 중요하다. 우리가 수업할 때, 또는 살아갈 때도 도구가 아닌 본질에 더 집중해야 바른 방향으로 나아갈 수 있는 것처럼, 내용을 담는 그릇은 크게 중요하지 않다. 물론 처음부터 아이들이 잘 표현할 수는 없는 노릇이다. 명확성이 떨어진다거나 실제로 실행 가능하지 않은 방법이나 절차가 들어간 경우 교사의 적절한 피드백이 필요하다. 이런 피드백이 여러 번 거듭될 때 우리 아이들의 알고리즘적 사고는 보다 정교해지고 정확해질 수 있다.

처음은 누구나 어렵다. 세상 일 가운데 그렇지 않은 일이 어디 있겠는가. 하지만 포기하지 않으면 어느 순간 수월함을 느끼게 되는 순간이 온다. 소프트웨어 교육에서 알고리즘을 설계하는 이 과정은 도구가 아닌 본질이다. 어떤 수업에서든 간과하지 말고, 어려워도 꼭 끌어안고 가야 할 숙제다. 이 본질을 지나칠 때, 이 과정을 빼먹고 갈 때 컴퓨팅 사고력을 키우기 위한 소프트웨어 교육은 어려워진다. 미래 사회에 부딪힐 수많은 문제들을 해결할 수 있는 역량을 가진 인재를 키우고자 하는 꿈은 멀어진다. 그 어느 때보다 본질에 집중해야 할 때인 것이다.

3

게임으로 배우는

알고리즘

게임으로 배우는 알고리즘 체험

　신나게 언플러그드 활동을 했다고 바로 프로그램을 만들 수 있을까? 그렇진 않다. 언플러그드 활동은 어디까지나 컴퓨터과학의 개념이나 프로그래밍의 원리 등을 좀 더 친근하고 재미있게 배움으로써 본격적인 소프트웨어 교육을 시작할 수 있는 디딤돌을 놓는 과정으로 볼 수 있다. 그렇다면 언플러그드 활동에서 배운 개념들을 하나씩 컴퓨터상에서 체험할 수 있도록 해줘야 하지 않을까. 즉, 언플러그드 활동과 프로그램 창작 활동 사이의 간극을 메워줄 무언가가 필요하다.

　놀이 활동만큼이나 아이들이 좋아하는 것이 게임이 아닐까 싶다. 특히 컴퓨터 게임은 부모님들이 눈에 불을 켜고 하지 못하도록 막는, 그래서 아이들에겐 너무나 하고 싶은 활동이다. 인간은 자신과 주변 세계를 통제하려는 강한 욕구를 가지고 있다. 때문에 외부에서 누군가가 통제하려 하면 이에 대한 강한 반발심이 생기게 되고, 자신의 통제감을 끌어올리고 싶어한다. 아이들 역시 예외일 수 없다. 부모가 하지 못하게 하면 할수록 아이들은 더욱 강한 심리적 유혹에 시달린다. 몰래 숨어서라도, 혹은 부모 모르게 감쪽같이 게임을 하고 시치미를 떼는 일이 벌어진다.

　게임을 말릴 수 없다면, 교육적으로 활용해 보는 것은 어떨까? 교사에게 에듀테인먼트로 잘 알려진 게임 기반 학습은 놀이를 통해 이루어지는 새로운 학습 패러다임 중 하나이다. 이는 지식 내용을 담고 있는 게임 콘텐츠와 이 콘텐츠를 이용해야 하는 문제 해결 상황을 제공하고 있어 지식과 기능이 구체적으로 활용되는 상황을 통해 학습이 이루어진다. 즉 상황에 기반한 학습에서 학습 효과가 더 높다는 이론을 기반으로 하며 게임의 요소를 학습에 도입한 것이다.

　게임 기반 학습은 게임이 가지는 재미와 흥미 요소를 통해 학습을 보다 재미있게 하고, 학생들의 자발적인 학습 동기와 참여를 이끌어낸다. 또 즉각적 피드백을 통해 학습이 지속적으로 이루어질 수 있도록 도울 뿐 아니라, 수준 높은 게임들은 특별한 인지 과정과 전략적인 기술 개발, 학습과 기억력 신장 등에도 도움이 된다. 즉, 성공적이고 효과적인 놀이 학습은 비판적 사고와 문제 해결 기술을 필요로 하기 때문에 학습자의 인지학습 전략을 향상시킬 수 있다.

　이렇게 게임을 통해 알고리즘이 무엇이고, 프로그램은 어떻게 만드는 것인지를 학습할 수 있게 해주는 온라인 학습 도구가 있다. 바로 코드닷오알지code.org, 라이트봇Lightbot.com, 엔트리playentry.org와 같은 온라인 학습 사이트 프로그램이다. 언플러그드 활동으로 컴퓨터과학의 개념과 프로그래밍의 원리를 조금 알게 된 우리 아이들이 직접 게임을 만드는 아이들로 거듭나기 위한 징검다리 코스인 셈이다. 직접 살펴보도록 하자.

소프트웨어 교육에서 널리 활용되는 게임 기반 학습 사이트

코드닷오알지	미국 학생에게 컴퓨터과학 학습을 독려하기 위해서 만들어진 비영리 조직에서 제공하는 서비스이며, 무료 코딩 수업과 코딩교육 관련 커리큘럼을 제공함 '겨울왕국'의 안나, 엘사 등과 함께 코딩하는 Hour of Code, 자신만의 플래피 버드 게임을 만들 수 있는 플래피 코드, 교실에서 Code Studio를 활용할 수 있는 교사용 서비스를 제공하고 있음	https://code.org/
라이트봇	퍼즐 방식의 프로그래밍 게임. 스테이지마다 다르게 배치되어 있는 특정 구역에 로봇을 이동시킨 후 라이트로 밝혀야 하는 미션을 해결해야 함 라이트 로봇이 움직일 수 있도록 다양한 제어문으로 직접 프로그램을 짠다는 것이 실제 로봇 프로그래밍과 흡사한 점이 많아 유용하나 유료버전과 무료버전으로 나누어져 있음	http://lightbot.com/
엔트리 학습모드	교육용 프로그래밍 언어인 엔트리 플랫폼에서 제공하는 알고리즘 학습용 게임 게임 형태의 미션을 해결해 가면서 순차, 반복, 조건, 함수와 같은 소프트웨어를 만드는 기본 원리를 배울 수 있음	https://playentry.org/tt#!/

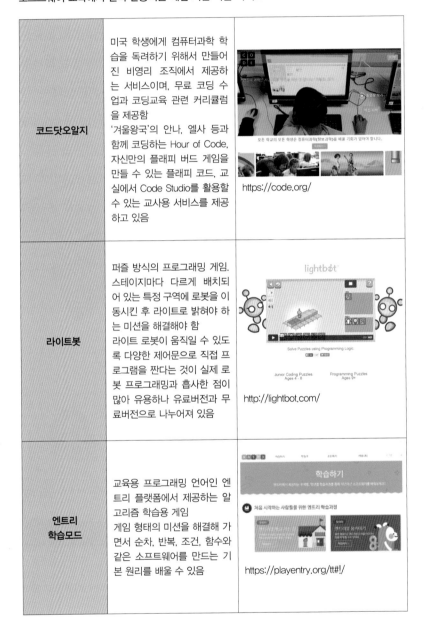

앵그리버드와 함께 배우는 블록 코딩, Code.org

- 소프트웨어 교육 영역 _ 온라인 학습사이트 활용 알고리즘
  체험활동
- 수업 주제 _ code.org 활용 알고리즘 체험하기
- 수업 전 준비 _ 알고리즘 체험 활동지
- 소요 시간 _ 40분

"선생님, 우리 게임하는 거예요?"

"정말 게임해도 돼요?"

처음 이 사이트를 접하는 아이들의 반응이다. 눈이 반짝인다. 이미 최고의 학습자가 될 마음의 준비는 끝난 것이다.

해외의 소프트웨어 교육 사례를 소개하면서 잠깐 이야기했던 코드닷오알지Code.org는 "모든 학교의 모든 학생은 컴퓨터과학을 배울 기회를 가져야 한다.(Every student in every school should have the opportunity to learn computer science.)"는 교육철학을 실천하기 위해 만들어진 비영리 단체이자 이 기관이 운영하는 온라인 학습 사이트다.

코드닷오알지에는 연령별로 컴퓨터과학의 기초를 배울 수 있는 코스가 마련되어 있을 뿐 아니라 교사들이 학생들의 프로그래밍 학습을 관리할 수 있도록 하는 LMS(Learning Management System) 기능도 제공하고 있다. 각 코스에는 언플러그드 활동까지 있어 처음 소프트웨어 수업을 준비하는 선생님에게는 언플러그드 활동부터 블록형 프로그래밍 수업의 기초를 다지는 데 활용도가 꽤 높은 사이트이다.

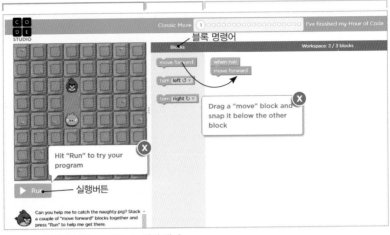

Code.org 사이트 내 Hour of Code 화면 캡처

각자의 수업 방식이나 키워주고 싶은 역량에 따라 선택은 달라지겠지만, 이 중에서 선생님과 아이들이 가장 선호하는 파트는 Hour of Code가 아닌가 싶다. 앵그리버드에서부터 마인크래프트, 여학생들이 좋아하는 〈겨울왕국〉의 엘사 등 아이들이 좋아하는 캐릭터들이 등장하며, 미션을 해결하는 과정 속에서 프로그래밍의 기본 원리는 물론 블록형 코딩을 하는 방법을 익힐 수 있으니, 소프트웨어를 만들 수 있는 기초를 다지기에 좋다.

예를 들어 Hour of Code의 Classic Maze에 들어가면 앵그리버드가 나쁜 돼지를 잡는 미션이 제시된다.

가운데 있는 블록 명령들 중 필요한 블록을 선택하여 오른쪽 작업 영역에서 명령 블록들을 연결한 후 실행 버튼을 누르면 왼쪽 실행 창에서 앵그리버드가 명령한 대로 움직이는 모습이 보인다. 1단계에서는 실행했을 때(when run) 블록 아래에 앞으로 움직이기(move forward) 블록을 2번 연결하기만 하면 앵그리버드가 돼지를 잡는 미션을 완료할 수 있

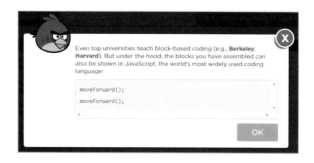

다. 아이들은 그저 블록을 연결하였을 뿐이지만 실제로 이 블록들을 연결했다는 것은 위의 그림과 같은 코드를 작성하였음을 의미한다.

아이들은 단계별로 제시된 미션을 해결하면서 블록형 프로그래밍 언어의 사용법을 자연스럽게 익힐 수 있다. 또한 그 미션을 해결하는 과정 속에 명령을 순서대로 내려야 하고(순차 구조), 같은 동작을 계속해야 하는 경우에 횟수를 반복하거나 조건을 만족할 때까지 반복하도록 명령을 내리는 것(반복 구조)이 편리함을 알게 된다.

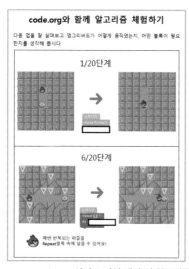

code.org 사이트 미션 해결 전 알고리즘 활동지 수업 장면

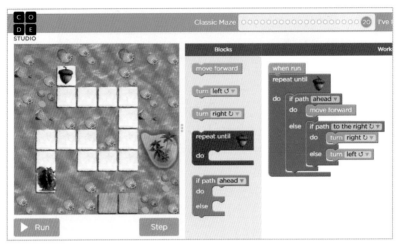

Code.org 사이트 내 Hour of Code 화면 캡쳐

　이 사이트를 활용한 미션 해결 전에 알고리즘 체험 활동지를 아이들에게 제시한다. 전체 미션 단계 중 핵심 개념이나 원리가 시작되는 미션 단계만을 뽑아 그 미션을 해결하기 위해 무엇을 생각해야 하는지 함께 알아본 뒤 이 미션들을 해결하는 궁극적인 목적을 알도록 하는 것이다. 이런 단계를 거친 후 사이트에서 직접 미션을 해결하도록 해야 아이들이 단순히 게임으로만 여기는 것이 아니라 이 속에 숨은 학습적 의미를 파악할 수 있다고 보기 때문이다.

　완벽하지는 않지만 한국어 지원도 되기 때문에 아이들이 미션을 해결해 가는데 큰 어려움은 없다. 단계가 올라갈수록 아이들에게 익숙한 애니메이션 속 다양한 캐릭터들이 등장하며 전 단계보다는 조금 더 어렵지만 프로그램의 구조를 보다 잘 익힐 수 있는 미션들이 등장한다.

　이렇게 아이들에게 미션을 해결하는 방법을 안내하고 나면 이제는 개별 지도에 들어가야 한다. 모든 교과 수업이 마찬가지지만 아이들의 수준에 따라 미션을 해결하는 속도도, 미션을 해결하는 가운데 생각해 내는 알고리즘도 다양하다. 첫 단계부터 마지막 단계까지 일사천리로 해결해 가는 아이들도 있지만, 생각보다 미션 해결에 어려움을 겪는 아이들도 보인다. 이때 교사의 개별 지도가 필요한 것이다.

근접발달영역이라는 개념을 제시한 비고츠키도 말했듯이, 처음에 아동은 다른 사람의 도움을 받아서 과제를 수행하지만 점차 혼자 힘으로 과제를 수행하게 되면서 능력이 확장된다. 즉, 실제 발달 수준과 잠재 발달 수준 사이의 영역을 근접발달영역이라 보고, 이 영역 속에 있는 과제를 수행할 때 많은 배움이 일어날 수 있다는 것이다. 근접발달영역 속의 과제는 혼자서는 해결하기 힘들다. 따라서 교사, 부모 또는 친구들의 도움이나 상호작용이 필요하다.

교육학 용어로 스캐폴딩(scaffolding, 건축 공사장에서 사용하는 임시 발판, 비계飛階)인 셈인데, 힌트를 준다거나 격려하고 시범을 보임으로써 아동이 점차 도움 없이 스스로 할 수 있도록 돕는 것이다. 이 스캐폴딩을 통해 아동은 근접발달영역에 속한 과제를 스스로의 힘으로 해결할 수 있게 된다. 좋은 수업은 아이들의 실제 발달 수준보다 약간 앞선 수준에서 이루어져 아이들의 배움 성장이 이루어질 수 있도록 해야 하는 것이다.

따라서 이 사이트의 미션을 해결하는 아이들에게 교사는 약간의 힌트 또는 격려, 시범 등을 통해 아이들이 점차 미션을 스스로의 힘으로 해결할 수 있게 도와주어야 한다. 즉, 아이들의 실제 발달 수준을 잠재 발달 수준으로 끌어올릴 수 있는 도와주고 지원해 주는 역할을 해야 하는 것이다. 하지만 이런 역할에 대해 제대로 인식하지 못하는 경우 자칫 이 사이트를 활용한 프로그래밍 수업은 엉뚱한 방향으로 흘러가기도 한다.

이른바 체육 수업에서의 '아나공' 수업이 이 수업에서도 적용될 우려가 있다. 교육학을 공부한 선생님들이라면 모를 리 없겠지만, "여기 공 있다"며 공만 던져주고 아이들끼리 놀게 하는 상황을 '아나공'으로 표현한 것으로 교사가 피해야 할, 아니 절대 해서는 안 될 수업의 한 유형이다.

이 코드닷오알지 사이트를 활용한 수업을 하고 나서 이 사이트가 너무 좋다며 자랑스럽게 추켜세우는 분들을 더러 보곤 한다. 이야기인 즉, 본인은 설명할 필요도 없고 편하게 한 시간 수업을 했다는(좀 거칠게 표현하자면 수업을 잘 때웠다는?) 말씀이셨다. 그러고는 이것이 학습자 중심 수업, 학생들이 스스로 학습하는 자기주도적 학습이 이루어지는 수업이라며 그럴듯한 이름으로 포장한다.

과연 그럴까? 학생 중심 수업은 학생 스스로 학습을 계획하고 실행하며 평가하는 형태의 교육으로 학습 주도권이 학생에게 있음을 의미한다. 당연히 개별화 수업을 지향하고, 학생에 대한 신뢰와 존중을 바탕으로 내용과 경험이 통합되는 것을 강조한다. 이것은 인간의 자연스러운 심리발달과정과 일치하는 교육으로서 그동안 행해졌던 교사 중심의 일방적인 교수, 즉 '교수'만 남고 '배움'은 일어나지 않는 수업에서 벗어나는 형태의 수업이다. 이 학생 중심 수업에서 교사는 단지 방관자에 불과한가? 그렇지 않다. 이 수업이 성공하기 위해서는 교사의 역할이 매우 중요하다. 학생이 해당 학습의 과정에서 자기주도적인 성장이 이루어질 수 있도록 풍부한 학습 환경을 설계하고, 이를 적재적소

다른 모든 수업처럼 아이들의 수준은 천차만별이다. 미션 해결의 속도도, 미션 해결을 위해 생각하는 방식도 다양하다. 교사가 개별지도를 해야 하는 이유다. ⓒ김마로

에서 제공해 주어야 한다. 즉, 위에서 이야기한 스캐폴딩을 마련해 줌으로써 잠재 발달 영역까지 성장이 이루어질 수 있도록 면밀한 사전 설계가 필요하다.

　단순히 이 사이트를 알려 주고 시켜보는 것으로 끝나는 것이 아니라 해당 미션을 해결해 가는 과정을 관찰하면서, 아이들에게 어떤 행동 및 인지 변화가 일어날 것인지를 살피고, 때로는 적절한 인지 자극을 통해 아이들의 사고 구조에 변화가 일어날 수 있도록 해야 한다. 이런 과정들이 쌓이고 쌓여 종국에는 아이들이 프로그램을 만들 때 스스로 계획하고 실행하며, 성찰하는 지식의 구성 과정에 참여할 수 있도록 해주어야 한다. 제아무리 좋은 사이트라도 이런 교사의 역할을 대신할 수 없다. "아나, 사이트" 수업에 빠지지 않는 것! 당연하지만, 당연한 것이 당연하지 않은 시대가 되어 버린 요즘 더욱 경계해야 할 부분이다.

로봇 친구와의 만남, lightbot.com

- **소프트웨어 교육 영역** _ 온라인 학습사이트 활용 알고리즘
  체험활동
- **수업 주제** _ lightbot.com 활용 알고리즘 체험하기
- **수업 전 준비** _ 알고리즘 체험 활동지
- **소요 시간** _ 40분

"우와~ 이건 또 뭐예요?"

역시나 예상했던 반응이다. 이미 코드닷오알지에서 '겨울왕국'의 엘사며, 마인크래프트의 알렉스 등 평소 좋아하는 캐릭터들을 많이 접했지만 이 라이트봇닷컴에서 만난 로봇은 아이들의 또 다른 상상력을 자극시키는 모양이다. 그럴 만도 한 것이, 보는 사람마다 취향은 다르겠지만, 라이트봇의 비주얼이 심플하면서도 깜찍하기 때문이다. 진짜 로봇 같은 느낌, 로봇과 친구가 될 수 있을 것 같은 정의적 자극은 아이들로 하여금 학습에 몰입하게 한다.

보기에는 달라 보이지만 라이트봇닷컴에서 아이들이 해결해야 하는 미션의 원리는 앞에서 소개한 코드닷오알지와 큰 차이가 없다. 여기서는 로봇이 진한 파란색의 타일까지 이동해 불을 밝히는 미션을 해결하면 된다. 앞으로 이동, 왼쪽으로 회전, 오른쪽으로 회전, 점프 등의 명령 퍼즐들을 로봇의 움직임 순서대로 메인 슬롯 속에 넣는 형태로 코드를 작성하는 것이다. 이때 단계가 올라가면 PROC 슬롯이 등장하는데 반복되는 명령 퍼즐들을 이 슬롯에 넣어 묶어서 P1 명령 퍼즐 하나로 사

Lightbot.com 사이트 화면 캡쳐

용할 수 있다. 이를 통해 함수로 정의하고, 이를 호출하여 코드를 작성하는 방법 역시 배울 수 있다.

　PC뿐 아니라 스마트폰(아이폰, 안드로이드폰) 및 태블릿에서도 이용이 가능하므로 다양한 학습 환경에서 편리하게 이용할 수 있다는 장점이 있지만, 유료 버전과 무료 버전이 있어 이용이 제한된다. 하지만, 교실에서 아이들과 기초적인 프로그래밍을 체험해 보는 수준으로 수업이 이루어진다면, 무료 버전에서 제공하는 단계의 학습만으로도 충분하다. 무료 버전은 크게 3단계로 이루어져 있는데 Basics 단계에 8개의 미션이, Procedures, Loops 단계에 각각 6개, 총 20개의 미션이 제시된다.

　코드닷오알지가 블록 명령어를 끌어다 붙이는, 즉 드래그 & 드롭 방식이라면, 라이트봇닷컴의 명령 퍼즐은 훨씬 더 직관적이다. 글이 아닌 이미지로 제시되기 때문에 글을 모르는 유아들도 학습이 가능하다고 말할 수 있겠다. 명령 퍼즐을 어떻게 사용하여 미션을 해결할 수 있는

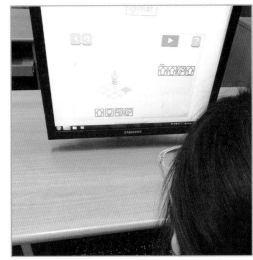

Lightbot.com 알고리즘 활동지 및 수업 장면

지 그 알고리즘을 간단한 활동지를 통해 알아본 후 본격적으로 실제 사이트에서 한 단계씩 문제를 풀어나간다.

아이들에게 새로운 도전은 언제나 즐겁다. 한때 우리나라에 '몰입 교육'이라는 용어가 유행했던 적이 있다. 당시는 교육학적 성찰보다는 정치적인 이슈로서 사용된 면이 없지 않았지만 몰입이라는 경험 자체는 우리 아이들에게 매우 필요한 것임에 틀림없다. '몰입'을 수십 년 동안 연구했던 칙센트미하이Mihaly Csikszentmihalyi 교수는 『몰입의 즐거움』이라는 책에서, 사람들은 몰입을 경험할 때 가장 행복하며 이 몰입이란 '어떤 활동이나 상황에 완전히 빠져들어 집중하고 있는 상태'라고 설명했다. 나는 어떤 일에 온전히 몰입해 본 적이 있는가? 우리 아이들을 몰입의 상태가 되도록 수업해 본 적이 있는가?

부모님들은 미션을 해결하기 위해 모니터에 빠져들 것처럼 몰입하는 우리 아이들을 보면서 우려스러운 눈으로 바라보신다. 아이들이 학습이 아닌 게임을 하는 것처럼 보이니 말이다. 하지만 지금 모니터에서 눈을 떼지 못하고 몰입하고 있는 우리 아이들은 미션을 해결하기 위한 알고리즘을 찾느라 끊임없는 사고의 과정을 거듭하고 있다. '무아지경無我之境', 정신이 한 곳에 온통 쏠려 스스로를 잊고 있는 경지에 이르는 중이다.

〈세상을 바꾸는 시간, 15분〉에 출연한 황농문 교수는 '공부하는 힘, 몰입'이란 주제의 강연에서 다음과 같이 말했다. "문제를 해결하는 연습을 꾸준히 해두면, 이를 다른 분야에도 곧 적용할 수 있게 됩니다. 지적 재능은 선천적으로 타고나는 것이 아니라 올바른 교육 방법으로 얼마든지 발전시킬 수 있습니다."

핵심은 바로 이것이었다. 알고리즘을 찾기 위해, 문제를 해결하기 위해 이렇게 몰입해 본 아이들이라면 다른 분야에서도 그 힘을 발휘할 수 있다.

'엔트리'로 배우는 알고리즘

앞에서 소개한 사이트들이 다른 나라에서 운영하는 프로그래밍 학습 플랫폼이라면 지금 소개할 엔트리는 국내에서 개발된 소프트웨어 교육 플랫폼이다. 코드닷오알지나 라이트봇과 같이 기초적인 알고리즘을 미션 해결 방식을 통해 학습할 수 있을 뿐 아니라 소프트웨어를 창작할 수 있다. 또한 여러 가지 하드웨어와 연결할 수 있어 피지컬 컴퓨팅 학습까지 가능하다. 그리고 무엇보다 LMS 기능을 제공하고 있어 교사가 학생들의 프로그래밍 학습을 직접 관리하고 지원해줄 수 있다.

한마디로 기초 알고리즘 학습에서부터 소프트웨어 창작, 피지컬 컴퓨팅까지 소프트웨어 교육의 전반적인 활동이 이 플랫폼을 통해 가능하다. 여기서는 엔트리 학습 모드를 활용한 수업을 통해 어떻게 우리 아이들과 기초적인 알고리즘 학습, 즉 순차, 반복, 선택 구조와 같은 프로그래밍의 원리를 익힐 수 있는지 살펴보고자 한다.

기본적인 수업의 형태는 앞에서 소개한 사이트들과 큰 차이는 없다. 또한 여러 사이트들을 모두 다 수업에 적용하기란 현실적으로 불가능하므로 대개는 이 중에서 선택하여 한 사이트를 집중적으로 활용해 수

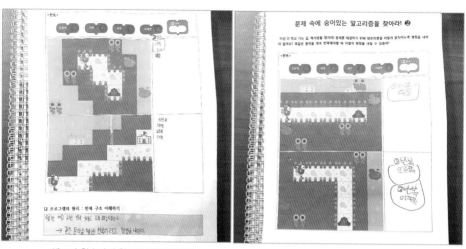

엔트리 학습하기 활동지 학생 결과물

업한다. 나는 아이들에게 모든 미션을 다 해결하게 하는 것이 아니라 일부만 선택하여 가볍게 체험하고 흥미를 불러일으키는 동기 측면에서 코드닷오알지와 라이트봇을 활용하고, 본격적인 기초 알고리즘 체험은 엔트리 학습하기를 통해 실시한다. STEP1의 경우 엔트리봇을 학교에 데려다주는 미션을 해결하는 것이다. 사이트에 있는 미션 페이지를 바로 활용해도 되지만, 앞에서 소개한 두 사이트와 마찬가지로 미션을 해결하는 과정에서 기초 알고리즘을 익히는 것이 목표이기 때문에 직접 고안한 알고리즘 활동지를 아이들에게 먼저 제시한다. 여러 경험을 통해 이 엔트리 학습하기의 미션 정도는 자세한 설명 없이도 잘 해결할 수 있지만, 알고리즘적인 사고에 대한 경험은 많으면 많을수록 아이들에게 도움이 될 것이므로 여기서도 그냥 지나갈 순 없다.

활동지의 구성은 간단하다. 실제 미션 화면을 캡쳐하여 엔트리봇이 학교 가는 길에 책가방을 챙길 수 있도록 제시된 블록을 적절하게 조합

엔트리 학습하기 활용 수업 장면

하여 명령을 내리면 된다. 그 과정에서 순차, 반복 등을 경험하고, 마지막에 이 미션을 통해 어떻게 명령을 내려야 하는지 정리하도록 한다. 이렇게 활동지를 먼저 작성한 다음에 사이트를 통해 미션 페이지에 제시된 15단계의 문제를 모두 해결하면 자신이 수행한 행동이 프로그래밍에서 어떤 의미를 가지는지 명확하게 인식하게 된다. 순서는 뒤바뀌어도 좋다. 미션 페이지를 먼저 해결한 다음 본인들이 했던 활동의 의미를 정리하는 것이다. 중요한 것은 본인이 하고 있는 일련의 활동이 무엇인지를 인지하도록 하는 것이기 때문이다.

다만 경험 상, 활동이 끝나면 아이들의 집중력이 다소 떨어질 뿐 아니라 아이들의 수준에 따라 끝나는 시간이 달라 수업의 마무리가 흐지부지되기 쉽다. 따라서 활동지로 먼저 알고리즘을 설계하는 과정을 체험하고 나서 사이트의 미션을 해결하는 것이 더 좋겠다.

엔트리 학습하기는 기본 미션과 응용 미션으로 이루어져 있었는데 개편 후 STEP1, STEP2로 나누어졌다. STEP1에서는 방금 본 것처럼 엔트리봇이 학교를 갈 수 있도록 도와주는 미션 15단계로 이루어져 있고, STEP2에서는 실제로 소프트웨어를 만드는 창작 페이지에서 엔트리봇을 움직여 보는 미션을 제시하였다. 또한 주제별 학습 과정이 따로 마련되어 있는데 여기에 개편 전 학습 모드에서 해결해야 했던 로봇 공장 미션이라든지 우주여행 미션 등이 남아 있다. 아이들의 수준에 따라 선택적으로 활동하도록 하면 되겠다.

이렇게 게임 기반 학습이 게임의 요소를 활용해 학습이 이루어지도록 하는 것이라면 이제는 한 발 더 나아가 소프트웨어 교육답게 게임을 직접 만들어 보도록 하자.

Tip 집에서도 가능한 소프트웨어 교육

　주로 선생님들을 대상으로 하는 소프트웨어 교육 연수를 많이 다니지만 더러 학부모를 대상으로 소프트웨어 교육 연수 요청을 받는다. 한 선도학교의 학부모 대상 연수를 다녀왔는데, 강의가 끝나고 내려오는 날 붙잡고 질문을 쏟아내는 어머님들 때문에 30분이 넘도록 집에 갈 수 없었다. 학부모님들을 대상으로 연수를 할 때는 주로 왜 소프트웨어 교육을 해야만 하는지, 이 시대가 어떻게 변하고 있는지 이야기한다.

　시대의 변화와는 무관하게 스펙 쌓기만 강요하는 부모님은 아닌지, 사라질지도 모르는 직업만을 강조하고 강요하고 있지는 않은지, 아이의 행복을 제대로 바라보고 있는지 이야기하다 보면, 많은 부모님들이 심각한 표정으로 물어오신다. 지금 뭘 어떻게 해야 하는지 알려달라고.

　사실 지금 현재 연구학교나 선도학교에 다니지 않는 아이들의 경우 소프트웨어 교육을 먼저 경험하기가 쉽지 않다. 정보영재라면 정보영재 학급을 운영하는 학교 또는 교육청에서 선경험이 가능하다. 정보영재도 아니고, 연구학교나 선도학교에 다니지 않는 대부분의 아이들은 대학이나 기업 등에서 산발적으로, 혹은 정기적으로 운영하는 SW캠프나 SW교실 등을 이용할 수 있지만, 부모의 빠른 정보력이나 주말에 아이를 직접 데리고 다닐 여유가 없다면 이마저도 불가능하다.

당장 어떻게 하면 좋은지 묻는 학부모님들에게 어떤 시원한 답을 해줄 수 있을까. 내가 권하는 방법은 두 가지다. 먼저 CODE.ORG나 엔트리 학습하기, LIGHT.COM과 같은 사이트를 소개해 주는 것이다. 이 사이트에서 경험할 수 있는 미션들은 크게 어려운 수준이 아니다. 선생님처럼 든든한 조력자가 있어서 조금 더 치밀하게 도와줄 수 있으면 좋겠지만, 없다고 학습을 아예 하지 못할 수준은 아니라는 것이다.

그리고 두 번째가 바로 책이다. 이 학습 사이트들을 통해 프로그래밍에 대한 맛보기를 했다면 다음 단계로 넘어갈 수 있도록 관련 서적들을 자녀에게 사주시라고 말씀 드린다. 예전에 비해 소프트웨어 교육과 관련된 서적이 굉장히 많이 늘었다. 어떤 책이 좋다, 나쁘다고 말할 수는 없지만, 저마다 다양한 방법으로 이야기를 풀어냈기 때문에 그중에서 자녀에게 보다 적합하다고 판단되는 책을 사주시면 된다. 아이들을 대상으로 집필된 책들은 대부분 쉽게 설명하기 위해 노력했기 때문에 아이가 재미만 붙인다면 충분히 자기주도적 학습이 가능하게 구성되어 있다.

이도저도 힘들다 하시면 내 블로그http://blog.naver.com/hjyyhw1221를 소개해 드린다. 올해 들어서 활동을 많이 못했지만 작년부터 운영한 블로그 속에는 집에서 아이들과 실시한 소프트웨어 교육의 모습이 담겨 있다. 큰 아들, 작은 아들을 데리고 함께 놀면서 했던 소프트웨어 교육의 모습을 보면 집에서 할 수 있는 소프트웨어 교육에 대한 조금의 힌트를 얻을 수 있을 것이라고 말이다. 소프트웨어 교육을 하고 있는 교사의 사례이니 일반 학부모가 할 수 있는 수준은 아니지 않느냐고 반문할지도 모르겠지만 우리 아들들이 아직 어려 할 수 있는 소프트웨어 교육이 많지 않았다. 아이들 수준에서 가장 많이 접근했던 언플러그드 활동이나 아주 초보적인 프로그래밍 교육이었기에 관심 있는 부모라면 충분히 비슷한 활동을 할 수 있을 것이라 생각한다.

예를 들어 비봇BEEBOT이라는 로봇을 가지고 버튼을 활용한 프로그래밍 교육이 가능하다. 비봇은 전, 후, 좌, 우, 실행의 5개 버튼을 가지고 있는데, 가고자 하는 목적지까지 버튼을 순서대로 하나씩 누른 후 실행 버튼을 누르면 된다. 만약 앞으로 2칸, 오른쪽으로 방향을 돌리고 앞으로 1칸을 갔을 때 목적지가 있다면 전(↑), 전(↑), 우(➡), 전(↑) 버튼을 순서대로 누른 뒤 실행 버튼(▶)을 누르면 되는 것이다.

방법이 숙지되면 중간중간 장애물을 놓아 이를 피하여 목적지에 도착하도록 버튼을 이용해 프로그래밍 하도록 한다. 아이들은 이 과정에서 순차뿐 아니라 반복, 선택과 같은 기본적인 프로그램의 구조에 대해 쉽게 익힐 수 있다. 로봇이라는 흥미 요소, 컴퓨터가 없어도 버튼을 이용한 프로그래밍이 가능하다는 점, 다양한 맵을 만들어 난이도를 조정하고 다양한 문제 상황을 연출할 수 있다는 점 등 장점이 많아 집에서도 얼마든지 알고리즘에 대해 배울 수 있다.

비용 대신 정성만 있다면

로봇이 없다면? 로봇을 사기가 부담스럽다면? 그래도 걱정할 필요가 없다. 로봇 없이도 조금의 시간과 정성만 들이면 유사한 활동을 충분히 할 수 있다. 아래 그림과 같이 보물찾기 말판을 직접 만든다. 네모칸 칸 열어볼 수 있도록 만들어진 순차 보물찾기 말판 아래에는 랜덤으로 아이들이 좋아하는 간식 쿠폰(보물?)을 숨겨놓는다. 그리고 집에 있는 공룡 미니어처나 자동차 등을 말로 삼아 한 사람이 프로그래머가 되어 보물이 있는 곳까지 명령을 내려 말이 보물을 찾을 수 있도록 하는 것이다. 비봇과 같은 버튼 프로그래밍은 아니지만 목적지까지 도착하기 위해 순서대로 명령을 내리고, 이 명령에 따라 차례대로 움직이는 보물찾기 놀이를 통해 프로그래밍의 기초 원리를 깨달을 수 있는 것이다.

강아지 집 찾아주기 놀이도 있다. 길을 잃은 강아지를 집에 데려다 줘야 하는 문제를 해결해 가는 놀이이다. 단, 조건이 있다. 주어진 방향 화살표를 사용하되, 반복될 수 있도록 해주어야 한다. 예를 들어 앞으로 가는 방향 화살표가 7번이고, 북서쪽으로 45도 방향의 화살표가 0번이라면 0과 7의 화살표를 4번 반복, 즉 (0, 7), (0, 7), (0, 7)… 이렇게 표현하여 문제를 해결해 가야 하는 것이다. 이를 통해 반복의 개념을 명확하게 이해할 수 있다.

두 아들과 함께한 소프트웨어 교육. 비봇을 활용한 놀이(좌)와 보물찾기(우)

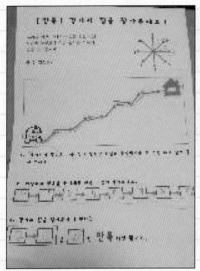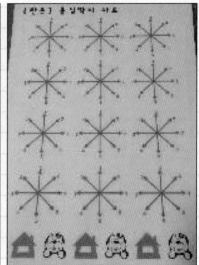

'강아지 집 찾기' 활동지와 라벨지로 만든 붙임딱지

이 놀이를 할 때가 초등학교를 들어가기 전이어서 반복 놀이 활동지 자료에 붙임딱지처럼 화살표를 붙여가며 해결할 수 있도록 라벨지를 이용해 출력해 주었다. 직접 활동지를 만들어 가정에서 활용해도 좋고, 만들기가 어렵다면 내 블로그에서 얼마든지 다운받아 사용할 수 있다. 초등컴퓨팅교사협회 홈페이지에도 자료가 탑재되어 있는데, 교사가 아니라면 이용에 다소 제한이 있을 수 있긴 하지만 공개된 자료에 한해서는 얼마든지 다운받아 활용할 수 있다.

학부모 연수가 끝나고 한 어머님이 다가와 물었다. 손에 든 수첩에는 내가 두 시간 동안 한 강의한 내용이 빼곡하게 적혀 있었고, 자신은 컴퓨터에 대해 잘 모른다며 굉장히 수줍어했지만 조심스레 물었다. 강의 중 "엔트리 등의 교육용 프로그래밍 언어를 집에서 자녀와 함께 체험하려면 크롬 브라우저에서 사이트를 열어야 호환이 잘 된다."고 이야기한 부분이 있었는데, 크롬 브라우저가 무엇인지 궁금하셨던 모양이다.

젊은 세대의 문화와 빠른 정보기술의 발달에 잘 적응하는 부모님들도 있지만 이런저런 사정으로 부모님들이 여러 차원에서 진행되는 사회의 변화에 모두 민첩하게 대응하기는 어려울 것이다. 하지만 자녀에 대한 사랑 하나로 모르는 것은 묻고, 중요하다고 생각되는 것은 빼곡하게 메모도 하신다. 조금 모르면 어떠한가. 조금 느리면 또 어떠한가. 미래 사회를 잘 살아갈 수 있도록 아이들을 기꺼이 도와주고자 하는 학부모님들의 열정과 노력이면 충분하다.

부모님이 이제 막 수학 공부를 시작한 자녀 옆에 앉아 함께 지켜봐주고, 필요할 때 도와주는 일이 자연스러운 모습이듯, 가정에서의 소프트웨어 교육 역시 그렇게 되길 기대해 본다.

4

교육용 프로그래밍 언어, EPL

(Educational Programming Language)

EPL, 프로그래밍의 첫걸음

- 소프트웨어 교육 영역 _ EPL을 활용한 프로그래밍 활동
- 수업 주제 _ 나의 첫 프로그램 만들기
- 수업 전 준비 _ 포스트잇, 필기구
- 소요 시간 _ 80분

프로그래밍 교육이나 코딩교육을 시작할 때 가장 고민인 부분이 바로 '따라하기식' 수업이다. 처음 코딩을 접하는 아이들에게 바로 프로그램을 만들라고 하기 어렵다 보니 따라하기식 수업이 많이 이루어지기 때문이다. 교사도 부담이 덜하고, 학생들도 하나씩 따라하면서 코딩 방법을 익히기 때문에 손쉽게 접근할 수 있다는 측면에서 보면 무조건 나쁘다고 할 수는 없다. 하지만 아무런 방향성이 없을 경우 따라하기식 수업은 학생들에게 '이것을 왜 하고 있나' 하는 지루함과 동시에 소프트웨어 교육에 대한 흥미 자체를 떨어트릴 수 있다.

플라톤에 의하면 교육에서 적극적이고 능동적인 역할을 하는 존재는 학습자여야 한다. 그는 진정한 교육을 자기 학습으로 보고, 교육과정에서 학습자의 주체적인 노력이 절대적으로 필요하다고 보았다. 소프트웨어 교육을 완전 자기 학습의 형태로 진행할 수는 없겠지만, 학생들이 주인공이 되는 수업을 실천하기 위해서는 따라하기식 수업은 되도록 지양되어야 한다.

어떻게 하면 아이들의 첫 프로그램 창작 수업이 즐겁고 의미 있는 경

험이 될 수 있을까?

빌 게이츠는 레이크사이드 사립 초등학교 시절에 GEGeneral Electric 사의 컴퓨터로 미국식 오목인 틱택토Tic-Tac-Toe 게임을 처음 만들었다. 틱택토 게임은 컴퓨터를 상대로 빙고 게임처럼 가로와 세로, 대각선 방향으로 세 칸 한 줄을 같은 모양 또는 색으로 채우면 이기는 게임이다. 오늘날 우리도 스마트폰에서 다운받아 즐길 수 있는 그런 게임을 그는 어린 나이에 개발했다. 드롭박스의 설립자로 잘 알려진 드류 하우스턴Drew Houston 역시 어린 시절 좋아하는 색깔을 묻는 단순한 게임을 만들었다. 이런 어린 시절의 프로그래밍 경험은 그들을 글로벌 기업을 이끄는 기업가로 성장시켰다.

빌 게이츠나 드류 하우스턴이 어린 시절 경험했던 프로그래밍 과정을 다른 말로 '문제 해결 과정'이라고 볼 수 있다. 일반적으로 말하는 문제 해결 과정은 주어진 상황에서 어떤 목표에 도달하기 위해 행하는 과정을 뜻한다. 문제를 발견 · 인식하고, 해결 가능한 방법을 찾고, 찾아낸 방법을 적용하여 문제를 해결하고, 반성하는 일련의 과정으로 이루어진다. 오스본Alex Faickney Osborn은 이러한 과정을 사실 발견 단계, 아이디어 발견 단계, 해결안 발견 단계로 구분하여 설명하였고, 시드니 판즈Sidney J. Parnes는 사실 발견, 문제 발견, 아이디어 발견, 해결안 발견, 수용안 발견으로 세분화하였다.

이에 반해 소프트웨어 교육에서 문제 해결 과정은 일반적인 문제 해결 과정과 마찬가지로 문제의 이해에서 출발하지만, 해결하는 과정에서 '컴퓨팅 사고의 원리'를 적용하게 된다. 예를 들어 사실 발견 또는 문제 발견 단계에서 컴퓨팅 사고력 학습 요소인 자료 수집이나 자료 분

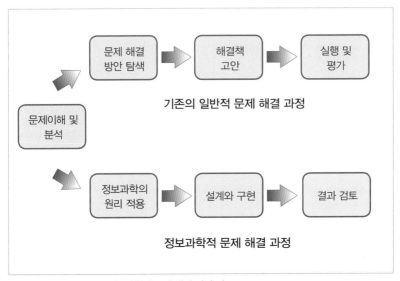

일반적 문제 해결 과정과 정보과학적 문제 해결 과정 비교
출처_한국컴퓨터교육학회, 2014, computational thinking & 창의적 문제 해결 방법론

석, 자료 제시 등의 단계가 적용되는 것이다. 즉 생활 주변이나 교과 상황에서 문제와 관련된 정보를 수집, 분석하여, 추상화를 통해 해당 문제를 이해한다. 그리고 이를 해결할 수 있는 아이디어를 구상하고 구조화시켜 간단한 알고리즘을 만든 후 만들어진 알고리즘을 바탕으로 문제 해결을 자동화할 수 있는 프로그램을 완성하는 것이다.

이렇게 완성된 프로그램을 다시 한 번 검토하고, 디버깅(컴퓨터 프로그램에서 잘못된 곳을 찾아내어 고치는 작업)하는 과정을 거치는 가운데 아이들은 문제 해결 과정을 체험할 수 있다. 이것이 바로 소프트웨어 교육의 문제 해결 과정이며, 이런 경험을 통해 아이들의 컴퓨팅 사고력 및 문제 해결력 향상을 이룰 수 있다.

모든 아이들을 프로그래머로 키울 것이냐는 반론이 있다. 당연히 그럴 필요는 없다. 다만, 소프트웨어가 사회의 변화와 혁신을 이끄는 힘으로 인간의 삶에 막대한 영향을 미치게 되는 사회가 된다면, 그 속에 살아갈 우리 아이들이 어릴 때부터 소프트웨어가 가진 의미와 가치를 이해하며 이를 자신의 삶 속에서 어떻게 활용할지, 어떻게 대처해갈지 생각할 수 있는 최소한의 능력은 키워주어야 한다. 간단한 프로그램이라도 직접 만들어 보는 체험, 그 속에서 가능한 컴퓨팅 사고를 해보는 경험, 그런 체험과 경험 속에서 자기만의 생각, 아이디어를 만들고 이를 구체화시킬 수 있는 능력을 갖추게 된다면, 제2의 빌 게이츠나 스티브 잡스까지는 아니더라도 사회 혁신과 변화의 주인공이 될 수 있을 것이다.

자, 그럼 이런 문제 해결 과정을 경험할 수 있는 첫 번째 창작 수업의 모습은 어떨까? 첫 수업은 아이들과 교사 모두에게 항상 특별하다. 어렵지 않으면서도 아이들에게 즐거움과 성취감을 안겨주어야 한다.

알고 보면 매우 간단한 프로그램일지라도 스스로 만들었다는 기쁨을 맛보게 해주기 위해서 먼저 어떤 프로그램을 만들고 싶은지 아이들과 충분히 이야기를 나눈다. 특정한 문제 상황을 주고, 이를 해결하도록 하는 것이 문제 해결 과정의 일반적인 흐름이지만, 첫 시간에는 어떤 조건을 주기보다 '첫 번째 소프트웨어 만들기' 그 자체를 목표로 제시하는 것이 좋다.

하지만, '첫 번째 소프트웨어 만들기'라는 문제는 아이들에게 너무 추상적으로 다가올 수 있다.

만들고 싶은 작품에 대한 아이디어를 끄집어내기 전에 엔트리의 공유 게시판에 있는 '작품 공유하기'에서 다양한 작품을 살펴보는 것부터 시작해 보자. 다른 이의 프로그램을 살펴봄으로써 아이디어도 얻고, 작품의 아이디어를 구체화시키는 것이다. 아이들은 참 흥미롭다. 똑같은 예시 작품을 보고도 전혀 다른 아이디어를 생각해낸다.

아이디어 구상이 마무리되면 해당 아이디어를 구체화하기 위한 방법들을 하나씩 적고, 이를 순서대로 나열해본다. 바로 알고리즘 작업이다. 구조화된 활동지를 제시해도 좋고, 포스트잇에 해결 방법을 적은 뒤에 순서를 다시 재구조화해도 좋다. 중요한 것은 이 단계를 꼭 거쳐야 한다는 것이다.

하지만 종종 수업을 하다보면 이 단계를 소홀히 한 채 아이디어 구상 후 바로 작품의 구현에 뛰어드는 친구들이 있다. 알고리즘으로 정리되지 않은 아이디어를 프로그램으로 실현하기란 만만치 않은 일이며, 수많은 시행착오를 거쳐야 한다. 시행착오만 거치다가 의도했던 작품을 만드는데 실패하거나 전혀 엉뚱한 방향으로 빠지기도 한다. 따라서 교사는 아이들이 자신의 아이디어를 실제로 문제를 해결할 수 있는 방향으로 정리하면서 절차화하는 알고리즘 설계 작업으로 이끌어야 한다.

알고리즘 설계까지 모두 마쳤다면, 이를 토대로 실제로 자신이 만들고자 했던 작품 만들기에 들어간다. 아무리 알고리즘을 잘 작성했다 하더라도 이를 구현하는 과정에서 수정을 해야 할 때가 있다. 알고리즘 자체가 잘못되었다면 알고리즘을 다시 작성해야 하고, 이를 구현한 코드에 실수가 있었다면 디버깅 작업을 해야 한다. 이미 아이들은 엔트리 학습을 통해 블록 코딩의 방법은 충분히 익혔다. 또한 온전한 자기 작품을 만들기 전에 몇 작품을 따라 만들어 본 경험이 있으므로 자주 사

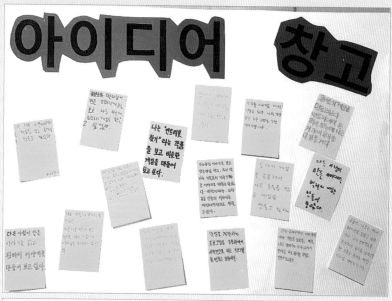

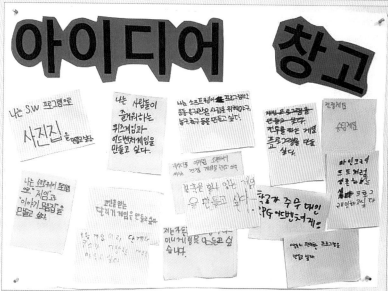

문제 해결을 위한 아이디어 만들기 수업 결과물

내가 만든 첫 소프트웨어 발표하기 수업 장면

용하는 블록들은 제법 능숙하게 사용한다.

하지만 학습을 통해 배우고 따라 만들기를 통해 익힌 것과 달리, 창작이란 엄연히 다른 차원의 활동이다. 따라서 말 그대로 '버벅 거리며' 자신의 작품을 하나씩 만들어간다. 이렇게 좌충우돌하며 만들어낸 첫 번째 작품에 대해서 아이들은 각자 하고 싶은 이야기가 많기 마련이다. 그렇기에 반드시 발표 시간을 가져야 한다. 스스로의 힘으로 처음 만든 자신만의 작품이기에 아이들에게 이 작품은 잘 만들어졌든 그렇지 않든 별로 중요하지 않다. 작품을 완성함으로서 성취감을 얻고, 친구들 앞에서 발표함으로써 자아 존중감을 높일 수 있는 기회를 주어야 한다.

첫 프로그램 만들기의 성과는 그것이면 충분하다.

처음이라는 것은 누구에게는 설레고, 또 누구에게는 두렵다. 아이디어를 내는 것도, 아이디어를 구현하기 위한 방법을 찾아 설계하는 것도, 이를 실제로 프로그래밍하는 것도 모두 서툴다. 우리 아이들도 마찬가지다. 그러므로 기다려야 한다. 아이들이 이 과정에 익숙해질 때까지 도와주고 기다려 주어야 한다. 하지만 몇 번 이러한 과정을 거치고 나면 어느 사이에 쑥 성장한 아이들의 모습을 발견하곤 한다. 그것이 바로 포기하지 않고 끝까지 매달린 배움이 우리에게 주는 선물이 아닐까.

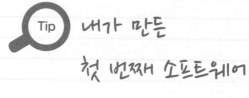

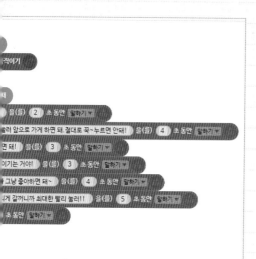

위는 '내가 만든 첫 소프트웨어' 수업 시간에 아이들이 작성한 것이고, 아래는 어느 정도 익숙해진 다음 다시 만들어 본 것이다. 한 눈에 보기에도 차이가 보인다. 대화를 구성하기 위한 조건이 다채롭게 적용되어 있다. 하지만 둘 다 상상을 뛰어 넘는 재미있는 내용에 저절로 미소를 짓게 된다.

칠판에 붙이면서 배우는 블록 명령어

- 소프트웨어 교육 영역 _ EPL을 활용한 프로그래밍 활동
- 수업 주제 _ 블록 명령어 탐구하기
- 수업 전 준비 _ 포스트잇, 필기구
- 소요 시간 _ 40분

스크래치든 엔트리든 자신이 만들고자 하는 프로그램을 잘 구현하기 위해서는 어떤 블록이 있는지, 해당 블록은 어떤 역할을 하는지를 알고 있어야 한다. 그래야 적재적소에 알맞은 블록을 사용할 수 있고, 효율적인 알고리즘을 설계하는 데 도움이 된다. 아직 스크래치나 엔트리 사용 경험이 많지 않다면 블록 명령어 탐구 시간을 가져 아이들이 보다 빠르게 블록 명령어 사용에 익숙해지도록 할 수 있다.

블록 명령어 탐구 시간의 운영은 간단하다. 첫 번째 미션은 칠판 가득 블록 명령어 모형을 무작위로 붙여놓고 아이들이 원하는 대로 블록을 쌓도록 하는 것이다. 그리고 그 조합이 어떤 명령을 뜻하는지 앉아 있는 친구들이 맞혀본다. 즉 즉석에서 코드를 짜고 완성된 코드의 의미를 해석하는 활동인 것이다.

두 번째 미션은 반대로 진행된다. 앉아 있는 친구가 말로 어떤 명령을 내리면 해당 명령을 수행하는 친구가 나와 블록 명령어를 쌓아 완성해보는 것이다. 그리고 명령을 내린 친구가 뜻한 바를 제대로 코드로 작성했는지를 확인한다. 이 과정에서 디버깅이 필요하거나 명령대로 작

언플러그드 활동으로 배우는 블록 명령어

성되지 않은 코드는 다른 친구가 수정해 주는 시간을 가진다.

세 번째 미션은 경쟁 요소가 들어가기 때문에 해도 좋고 하지 않아도 좋다. 선생님이 제시하는 명령을 두 친구가 동시에 블록 명령어로 코드를 작성하는데 빠른 시간 안에 더 효율적인 코드를 만들어낸 친구가 이기는 게임 형식의 미션이다. 경쟁 요소가 들어가기 때문에 재미는 있지만, 자칫 이기는 데만 몰두하는 경우도 있기 때문에 블록 명령어를 익히고자 하는 목표를 충분히 달성했다면 생략하는 것이 좋다.

블록 명령어를 모니터 화면을 보면서 선생님의 설명에 따라 익힐 수도 있지만, 이렇게 직접 출력해 만든 실물 블록 명령어 모형을 가지고 언플러그드 활동 형태로 진행하면 아이들이 더욱 재미있어 한다. 블록형 프로그래밍에 익숙해질 수 있는 좋은 언플러그드 활동이다.

어떤 아이들은 만들어 본 작품의 수가 늘어나는데도 사용하는 블록의 범위는 넓어지지 않고 익숙한 블록만 가지고 비슷한 유형의 작품만 만들어내는 경우가 있다. 다른 블록을 사용함으로써 보다 효과적인 알고리즘 설계가 가능한데도 이전 단계에서 벗어나지 못하는 것이다. 이

럴 때 의도적으로 다양한 블록을 소개하여 아이들이 이 블록들에 익숙
해질 수 있도록 도와줄 필요가 있다. 그때 이런 언플러그드 블록 놀이
를 통해 손쉽게 접근해 보면 효과가 좋다.

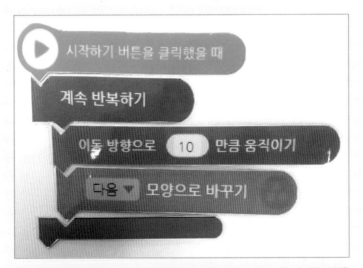

실물 블록 명령어 모형은 모니터 속 블록처럼 늘이거나 줄일 수 없기 때문에 다른 블록을
감싸는 형태로 표현할 경우 이를 감안해야 한다. 예를 들어 반복 블록 속에 많은 명령이
들어가게 되면 자리가 부족해지니, 이를 감안하여 블록을 연결해야 하는 것이다.
따라서 반복 블록처럼 다른 블록을 감싸야 하는 블록 모형의 경우 분리할 수 있는 형태
로 만드는 것이 편리하다.

소프트웨어 수업과 교과 연계하기

　지금부터는 본격적으로 교과와 연계한 소프트웨어 수업 이야기를 해 보자.

　소프트웨어 교육이 독립된 교과로서 존재한다면 이런 고민은 덜하겠지만, 2015년 개정 교육과정의 초등학교 소프트웨어 교육은 실과의 한 영역으로서 존재한다. 수많은 단원 중 하나이기에 주어진 수업 시수만으로 사고력을 향상시키는 수준까지 도달하기가 쉽지 않다. 그렇기 때문에 교과와 연계된 소프트웨어 교육이 필요하다. 다른 교과의 학습 요소를 충족시키면서 소프트웨어 교육을 통한 사고력 신장까지 이룰 수 있다면, 그래서 그 시간이 아이들에게는 지적인 희열을 줄 수 있다면 이보다 좋은 수업이 따로 있을까 싶다.

　각 교과마다 전매특허처럼 그 교과의 성격을 잘 반영한 특화된 교수학습 모형이 있다. 예를 들어 도덕과의 가치갈등 수업 모형이나 국어과의 반응중심 수업 모형 등이 그렇다. 그렇다면 소프트웨어 교육에서도 적용 가능한 수업 모형이 있을까?

　소프트웨어 수업에서 가장 많이 활용하는 수업 모형은 문제 해결 학습 모형이 아닐까 싶다. 문제 해결 학습 모형은 학습자 참여 중심 수업이 가능하고, 학생들 간의 협업과 사고력 향상을 꾀하는 수업을 설계할

소프트웨어 교육을 위해 적용 가능한 수업 모형

연구자(연도)	수업 모형	수업절차	설명
함성진 외	CT-STEAM 수업 모형	문제 상황 제시	학습 동기 유발, 실생활/첨단 과학 속 문제 상황 제시
		자료 수집 및 분석	관련 정보 제공, 자료 수집 alcc 분석을 통한 탐구 및 지식 생성
		창의적 융합 설계	문제의 복잡도를 줄이기 위해 기본 개념 정의, 문제 해결 과정을 순서적, 단계적으로 표현
		제작 및 시뮬레이션	STEAM적 방법과 CT를 융합한 아이디어의 제작
		감성적 체험 및 평가	감성적 체험, 결과물 발표, 동료/교사 평가
한국교육개발원, 한국교육학술정보원	시연 중심 (DMM)모델	시연	교사의 설명과 시범, 표준 모델 제시
		모방	학생 모방하기, 질문과 대답
		제작	단계적, 독립적 연습, 반복 활동을 통한 기능습득
	재구성 중심 (LMC)모델	놀이	학습자 체험활동, 관찰과 탐색
		수정	교사가 의도적으로 모듈, 알고리즘을 변형하여 제시
		재구성	놀이와 수정 활동을 확장하여 자신만의 프로그램을 설계/제작
	개발 중심 (DDD)모델	탐구	탐색과 발견을 통한 지식 구성
		설계	알고리즘의 계획 및 설계
		개발	프로그래밍 언어로 구현 및 피드백
	디자인 중심 (NIDS)모델	요구 분석	주어진 문제에 대한 고찰과 사용자 중심의 요구분석
		디자인	분해와 패턴찾기, 알고리즘의 설계
		구현	프로그래밍과 피지컬 컴퓨팅으로 산출물 구현
		공유	산출물 공유와 피드백을 통한 자기 성찰
	CT요소중심 (DPAA)모델	분해	컴퓨터가 해결 가능한 단위로 문제 분해
		패턴 인식	반복되는 일정한 경향 및 규칙의 탐색
		추상화	문제 단순화, 패턴인식으로 발견한 원리 공식화
		알고리즘	추상화된 핵심 원리를 절차적으로 구성
		프로그래밍	컴퓨터가 이해할 수 있는 언어로 구현/실행
전용주 외	컴퓨팅 사고력 기반 창의적 문제 해결 (CT-CPS) 수업 모형	문제 인식 및 분석	문제의 발견, 관련 자료 수집 및 분석을 통한 문제화
		아이디어 구상	문제 해결 방법의 구상, 추상화
		설계	추상화된 아이디어의 시각적 설계, 논리적 알고리즘 설계
		구현 및 평가	설계된 아이디어를 프로그램으로 구현 및 코딩하기
			결과물의 공유/발표 및 비교 분석, 동료/교사 평가
이철현 외	CT-PS 모형	언플러그드 과정	문제 해결의 핵심 아이디어 찾기, 문제 해결 절차 탐색하기, 반복되는 패턴 찾기, 추상화하기, 알고리즘 구성하기
		자동화 과정	오브젝트 추가, 코딩, 테스트, 디버깅
		심화 과정	문제요소 추가, 언플러그드 과정, 자동화 과정

때 유용하기 때문에 어느 교과에서나 두루두루 사용할 수 있는 범용적인 교수학습 모형이다.

소프트웨어 교육에 대한 연구가 본격적으로 시작된 지 얼마 되지 않아 대표적인 수업 모형이 무엇이다 말하기 어렵지만 현재까지 연구된 소프트웨어 교육 관련 교수학습 모형이나 모델을 소개하면 왼쪽 표와 같다. 선생님들이 소프트웨어 수업을 설계할 때 참고하면 도움이 되겠다.

수학과 연계 – '시각 읽기'

수포자, '수학을 포기한 사람'이라는 신조어가 어느새 익숙해진 용어가 됐다. 특히 고등학교에서는 수학을 포기한 채 수능을 준비하는 학생이 40%가 넘는다고 하는데 초등학교 고학년에서도 비슷한 모습이 관찰된다.

타 교과에 비해 수학 교과는 계열성이 뚜렷하다. 앞서 배워야 할 것을 제대로 배우지 못하면 그 다음 내용을 배우기 어렵다. 서로 위계를 이루고 있는 내용 중 어느 부분의 학습 부진이 누적되기 시작하면 이를 보완해 주지 않는 이상 계속해서 학습 부진이 누적된다.

지난 2015년 한 사교육 업체에서 초등학생 2만 2,088명을 대상으로 실시한 설문조사 결과가 여러 언론에 소개된 바 있는데, 초등 저학년, 고학년 모두 수학을 가장 어려워하는 과목으로 꼽고 있다.

저학년(1~2학년, 2601명)과 고학년(3~6학년, 1만 9487명) 모두 10명

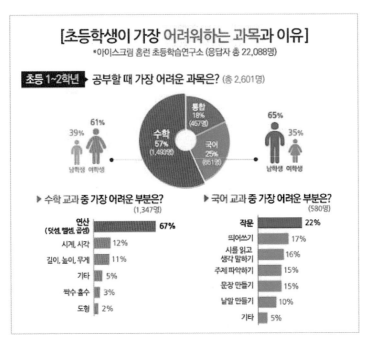

초등사교육업체 아이스크림 홈런의 연구소에서 발표한 조사결과

중에 6명은 수학이 가장 어렵다고 응답했다고 한다. 수학이 어렵다고 응답한 1~2학년의 경우 연산(67%), 시계와 시각(12%), 길이 · 높이 · 무게 측정(11%)을 이유로 들었고, 3~6학년은 연산(32%), 약수와 배수(24%)를 지목해, 전반적으로 연산에 대해 부담을 느끼는 것으로 나타났다.

2009 개정 교육과정에서는 창의적인 인재를 미래 사회에 필요한 인재상으로 보고 전인적 성장을 위해 창의적 체험활동을 강화했다. 이어 2015 개정 교육과정에서는 창의융합형 인재 양성을 목표로 모든 학생이 인문 · 사회 · 과학기술에 대한 기초 소양을 함양해야 한다고 보고, 학습량 적정화, 교수학습 및 평가방법 개선을 통해 핵심 역량을 키워주

고자 했다. 이렇듯 우리 교육에서 추구하는 최대의 목표는 창의성, 창의적 사고력을 키워주는 것이라 볼 수 있다.

이에 많은 수학자들은 창의성을 키울 수 있는 최고의 학문으로 수학을 이야기한다. 수학적 창의력은 창의적인 문제 해결 과정을 통해 수학 문제를 해결하는 능력이다. 그것은 이미 알고 있는 지식, 개념, 원리, 문제 해결 방법을 새롭게 관련짓거나 자신이 새롭게 문제 해결 방안을 만들어 수학 문제를 해결하는 능력으로서 수학적 창의력은 가장 고차적인 사고 능력이다.

하지만 앞서 소개한 조사결과에서도 볼 수 있듯이 우리 아이들은 수학적으로 사고하는 것을 어려워한다. 선생님이 수학 문제를 어떻게 풀어야 할지 한 단계 한 단계 문제에 접근해 가는 사고 과정을 설명하려 하자, 공식만 가르쳐 달라고 아우성쳤다는 아이들의 이야기가 생각난다. 왜 그렇게 되는가 하는 과정에 대한 고민보다 어떻게 하면 문제를 빨리 풀고 높은 점수를 받을 수 있는가에 대한 관심만 있다.

왜 그런 것일까? 여러 가지 이유가 있겠지만, 첫째는 어릴 때부터 길들여진 사교육의 교육 방식 때문이다. 드라마틱한 성적 향상으로 학부모들을 현혹시키기 위해서 사교육은 정도보다는 지름길을 택할 수밖에 없다. 그릇된 성적제일주의 역시 한몫한다. 학교에서의 체벌은 용납할 수 없지만, 내 아이의 성적을 올리기 위해 학원에서 행해지는 체벌에는 관대하다. 과정보다는 결과로서 모든 것이 평가되는 교육 체제와 이를 묵인하는 학부모. 그 결과 아이들은 오로지 공식 외우기에서 벗어나지 못하는 것이다.

둘째는 공교육이 제 역할을 하지 못하기 때문이다. 제아무리 학원에서 선행학습을 하고 온 아이들이 있다고 하더라도 우리는 정도를 걸어야 한다. '왜 그렇게 되는가?'라는 호기심을 가지고 문제를 바라볼 수 있도록, 지식의 구조에 다가갈 수 있는 수업을 설계해야 한다. 교육심리학자인 브루너Jerome S. Bruner는 해당 학문의 폭넓은 기본 구조와 관련이 없는 특수한 사실이나 기술을 가르치는 것은 비경제적인 학습 방법이라고 이야기하였다. 왜냐하면 이런 특수한 사실이나 기술은 또 다른 문제, 혹은 당면할 사태에 적용하기 어려우며, 원리를 파악할 수 없는 학습에서는 지적인 희열을 느끼기가 쉽지 않다고 보았기 때문이다. 한편으로 학습에서 얻은 일련의 지식들이 서로 얽히는 구조가 없을 때, 즉 단절된 일련의 사실들은 우리 아이들의 머릿속에 오래 남지 못하고 사라져 버리고 만다. 그렇다면 우리 아이들이 수학을 즐거운 학문으로, 그 원리를 탐구함으로써 지적인 희열을 맛볼 수 있으려면 어떻게 해야 할까? 소프트웨어 교육과 수학이 만나 이런 시너지 효과를 극대화시킬 수 있는 방법은 없을까?

초등학교 2학년 과정에는 '시각과 시간'이라는 단원이 나온다. 디지털 세상이 되면서 우리 아이들이 생각보다 아날로그시계의 시각을 제대로 읽지 못하는 모습을 종종 본다. '설마 시계 하나 못 볼까?'라고 생각했다간 오산이다. 디지털 네이티브Digital Native라 불리는 우리 아이들은 말도 채 배우기 전에 손에 핸드폰이 쥐어졌다. 아날로그시계보다 디지털시계에 훨씬 익숙한 아이들이 굳이 아날로그시계를 읽을 필요성을 느끼지 못하고 자라온 것이다. 이런 사실을 알게 된 것이 나도 불과 2년 전이다. 언젠가 4학년 담임을 했을 때 점심시간에 마주앉은 한 아이와 이야기를 나누던 중 시각을 제대로 읽지 못하는 모습을 보고 나로선 적잖게 충격을 받았었다.

다시 본론으로 들어가서 그럼 시각 읽는 방법을 어떻게 소프트웨어 교육과 연계할 수 있을까? 여기서는 소프트웨어 교육을 위한 몇 가지 교수학습 모델을 적용한 수업을 소개하고자 한다. 이 교수학습 모델은 한국교육개발원과 한국교육학술정보원(KERIS)에서 2015년 교육정책 네트워크 교육현장지원연구 사업의 하나로 실시한 '소프트웨어 교육 교수학습 모형 개발 연구' 보고서에 소개된 것으로 당시 수업을 설계할 때 이를 기반으로 하여 응용해 보았다.

먼저 NDIS 모형이다. NDIS는 Needs-Design-Implement-Share의 약자로서, Needs는 요구분석, Design은 디자인, Implement은 구현, Share는 공유를 뜻한다. 주어진 문제에 대한 고찰과 사용자 중심의 요구분석 단계를 거쳐, 분해와 패턴 찾기, 알고리즘 설계가 이루어지는 디자인 단계, 프로그래밍과 피지컬 컴퓨팅으로 산출물을 구현하는 단계, 산출물 공유와 피드백을 통한 자기 성찰이 이루어지는 공유 단계까지 총 4단계로 수업이 이루어지는 것이다.

수학과 연계 소프트웨어 교육의 학습 개요

교과	수학		시간	80분
주제	4단원. 시각과 시간 (2/11) 02. 시각을 읽을 수 있어요.		대상	4~6학년
성취기준	• [수23031] 1시간은 60분임을 알고 시간을 '시간', '분'으로 표현할 수 있다. • [2015 개정 실과] 6실04-08. 절차적 사고에 의한 문제 해결의 순서를 생각하고 적용한다.			
CT 관련 학습목표	• 시각을 알려 주는 프로그램을 설계할 수 있다. • 반복과 수리연산을 확인하여 아날로그시계를 만들 수 있다. • 만든 프로그램을 활용하여 현재 시각을 읽을 수 있다.			
CT의 적용	자료 수집	• 시계를 만들기 위해 자료 수집하기		
	자료 분석	• 시침, 분침, 초침을 만들기 위해 수집한 자료 살펴보기		
	추상화	• 시침, 분침, 초침을 만들어 화면 구상하기		
	알고리즘과 절차	• 시계를 만들기 위한 절차 정리하기		
	자동화	• 시계가 움직이는 알고리즘 연습하기 • 현재 시각을 반영하여 실행 시 현재의 시각을 알려 주는 프로그램 만들기		
	시뮬레이션	• 만든 프로그램 실행하여 시각 읽기		
학습의 흐름	활동 1. 문제 상황 확인 및 실생활 속 시계 찾아보기 활동 2. 시계의 작동과 구성 원리에 따라 프로그램 알고리즘 설계하기 활동 3. 단계별 프로그래밍 구현 및 작품 발표하기			
SW 및 HW 활용	• play-entry.com (크롬 브라우저 권장)			
관련자료	커리큘럼 링크	http://bit.ly/1U8CUm4		
	예시작품 링크	http://goo.gl/8k8KZp		

학습모델	NDIS모델 (Needs-Design-Implement-Share)	F.L.O.W 요소	흥미	논리	창의	협업
			○	○	○	

학습자료	일반	• 아날로그시계 모형, 활동지(시계 디자인), 컴퓨터, 마우스 등
	SW	• 엔트리(http://www.play-entry.com/)

Needs - 요구분석 단계

이야기나 만화 등의 형태로 주어진 문제 상황을 보고 문제의 발생 원인과 해결 방법을 찾아보게 하는 단계이다. 본 차시에서는 친구와 3시 30분에 학교 앞 문구점 앞에서 만나기로 한 엔트리봇이 시계를 읽지 못해 약속을 지키지 못하게 된 상황을 문제 상황으로 제시하였다. 시계가 무엇으로 이루어져 있는지, 시각을 어떻게 읽는지 직접 시계 프로그램을 만들어봄으로써 시각을 읽는 방법을 탐구하여 문제를 해결할 수 있도록 한 것이다.

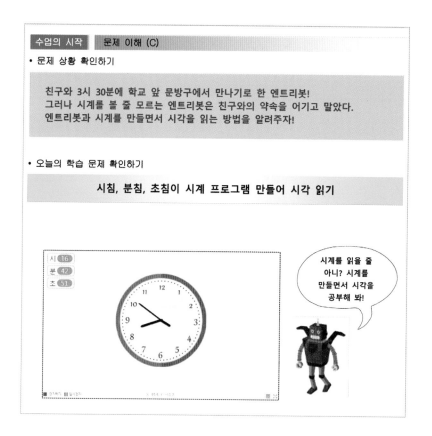

Design - 디자인 단계

분해와 패턴 찾기, 알고리즘 설계로 이어지는 디자인 단계이다. 시계의 모양만 디자인하는 것으로 오해하지 말자. 시침, 분침, 초침으로 이루어진 시계를 어떻게 구성할지 시계 모양을 디자인해 보고, 시침, 분침, 초침으로 각각 나누어서 이들이 움직이는 패턴 속에서 원리를 찾아 시계 프로그램의 알고리즘을 설계해 보는 단계라 할 수 있다.

시계의 모양을 디자인하기 위해서는 시계가 어떻게 구성되어 있는지를 살펴보아야 한다. 아날로그시계와 디지털시계를 비교한 읽을거리 자료를 제시하여 아이들의 학습 동기를 높이는 한편, 시계가 어떻게 구성되어 있는지 생각해 보게 한다. 이는 문제 분해를 위해서도 필요하다. 그리고 자기만의 시계를 디자인해 보도록 함으로써 문제 해결에 한발 다가간다.

아이들의 성향에 따라 다양한 모양의 시계 디자인이 나오기 마련인데, 사전에 엔트리에 있는 시계와 관련된 오브젝트를 보여줘서 디자인 단계에서 구현 단계로 넘어갈 때 어려움을 줄여 주어도 좋다. 그렇지 않다면, '모양' 탭에서 원하는 오브젝트를 직접 그린 다음, 저장하여 불러서 사용하는 방법을 함께 알려준다. 라이브러리에 많은 오브젝트들이 있지만, 정작 아이들이 구현하기를 원하는 오브젝트가 없는 경우가 종종 있으므로 본인이 원하는 오브젝트를 직접 그려서 작품을 완성하는 것도 보다 능동적인 문제 해결 과정에 참여하기 위한 좋은 방법이다.

이렇게 시계 모양을 디자인하는 작업까지 끝났다면 자신이 만들고 싶은 시계를 화면에 어떻게 구현할 것인지 알고리즘을 설계해야 한다. 자연어나 의사코드, 순서도 등 어떤 형식이든 상관없다. 아이들에게도

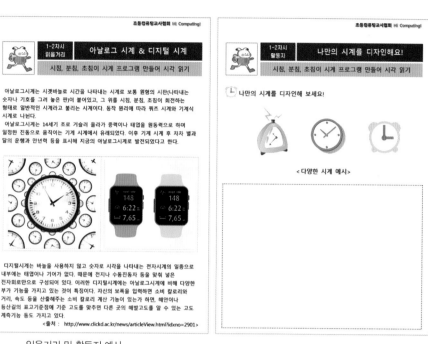

읽을거리 및 활동지 예시

자신에게 맞는 편안한 방법을 선택하라고 한다. 대개는 자연어를 선호하는 편이나 더러 순서도로 자신의 생각을 표현하는 아이들도 있다.

다음 단계에서 할 일은 해결할 수 있는 단위로 문제를 나누는 과정, 즉 시침, 분침, 초침으로 나누어 오브젝트를 추가한 뒤 각각의 오브젝트가 어떻게 움직여야 하는지 생각하는 과정이다. 이 생각하는 과정이 이번 차시의 핵심이라 할 수 있겠다. 시침, 분침, 초침이 어떻게 움직여서 시간을 나타내는지 알아내는 것. 알고리즘을 설계하면서 이 문제를 해결할 수 있는 핵심적인 방법을 알아내고, 이를 바탕으로 문제를 해결해야 하는 것이다.

시계에서 시침을 읽을 때 1에서 12까지로 나누어 생각해 볼 수 있

다. 즉 한 바퀴(360도)를 12로 나누었을 때 1시간에 30도씩 움직이므로 현재 시각(시)에 30을 곱한 값만큼 움직이도록 해야 한다. 분침의 경우 1시간(360도)에 60분이므로, 1분에 6도씩 움직이기 때문에 현재 시각(분)에 6을 곱한 값만큼 움직이도록 한다. 마찬가지로 초침은 1분에 60초이므로 1초에 6도씩 움직인다. 따라서 현재 시각(초)에 6을 곱한 값만큼 움직이도록 한다. 즉 시침, 분침, 초침으로 나누어 각각의 움직임이 가지는 패턴을 발견하고 이를 알고리즘으로 설계하는 것이다.

변수란 어떤 데이터를 저장하는 공간 또는 그 속에 들어가는 변하는 값을 뜻한다. 저장, 삭제, 수정이 가능하지만, 다른 값이 저장되면 이전 값은 사라진다. 이 프로그램에서 시각은 변수라 할 수 있다. 시간은 매 순간 변하기 때문이다. 따라서 변하는 시간을 화면에 나타내기 위해서는 변수가 필요하다. 실시간 변하는 시간 값이 시침 변수 공간, 분침 변수 공간, 초침 변수 공간에 저장되었다 사라졌다를 반복해야 한다는 의미이다. 따라서 시침, 분침, 초침의 각 변수를 만들어 현재의 시각이 변수 속에 각각 저장되도록 한다.

- 시계의 구성과 작동원리에 따라 프로그램의 알고리즘 설계하기

1단계) 오브젝트 추가로 화면 구성하기

2단계) 시침, 분침, 초침이 움직이도록 블록 연결하기

① 시침이 1시간에 30°를 움직이므로 현재 시각에 30을 곱한 값만큼의 방향으로 바라보게 하기

② 분침은 1분에 6°만큼 움직이므로 현재 시각(분)에 6을 곱한 값만큼의 방향으로 바라보게 하기

③ 초침은 1초에 6°를 움직이므로 현재 시각(초)에 6을 곱한 값만큼의 방향으로 바라보게 하기

3단계) 화면에 몇 시, 몇 분, 몇 초가 보이도록 변수 만들기

① 속성에서 변수를 만들고 시, 분, 초를 현재 시각으로 각각 정하기

② 변수 시, 분, 초 보이기

4단계) 초침의 움직임에 따라 시계 소리 들리게 하기

① 소리 추가하기(시계 침 소리와 유사한 소리로 선택)

② 현재의 초 값이 변수 초 값과 다를 때 소리 재생하기

그리고 초침이 움직일 때마다 시계 소리가 들려 진짜 시계의 느낌을 살릴 수 있도록 소리 추가까지 계획에 넣는다면 어느 정도 완성도 있는 알고리즘 설계가 끝난다고 볼 수 있겠다.

Implement - 구현 단계

알고리즘 설계까지 마쳤다면 이제 프로그래밍에 들어간다. 엔트리와 같은 교육용 프로그래밍 언어EPL를 활용하여 직접 프로그램을 만들어야 한다. 블록 코딩 방식이기 때문에 필요한 명령블록을 끌어와 연결하기만 하면 프로그램을 손쉽게 만들 수 있다.

예를 들어 아래 블록 코드 예시를 살펴보자. 앞에서 분침의 움직임을 표현할 때 1시간은 60분으로 이루어져 있고, 따라서 분침이 한 바

퀴(360도) 돌기 위해서는 1분에 6도씩 움직여야 한다고 하였다. 즉 분침 오브젝트의 방향을 현재 시각에서 6도를 곱한 값으로 정하는 블록을 연결함으로써 알고리즘으로 설계했던 방법을 프로그래밍으로 구현할 수 있다.

사실 이 블록 명령어 뒤에 숨은 진짜 코드를 살펴보면 다음과 같다. 여전히 블록 안에 표현되어 있지만 텍스트형 프로그래밍 언어라 할 수 있다. 전공자가 아니라면 어떤 의미인지 알기 어렵다. 더욱이 초등학생이라면 우리말이 아닌 영어로 코딩을 해야 한다는 사실에 좌절할

블록명령어에 숨겨진 텍스트형 코드

지도 모르겠다. 하지만 엔트리나 스크래치에서 제공되는 블록 코딩 방식은 이런 어려움을 극복할 수 있게 도와준다. 만약 블록이 아닌 또 다른 직관성을 가진 형태의 교육용 프로그래밍 언어가 나온다면 이 또한 우리가 활용할 수 있다.

어떤 이들은 블록 코딩 방식은 진짜 프로그램을 짜는 것이 아니라며 텍스트 코딩 방식을 고집하기도 한다. 나아가 블록 코딩 방식이든 텍스트 코딩 방식이든 교육용 프로그래밍 언어 자체에 부정적이기까지 하다. 교육용 프로그래밍 언어 방식은 교육적인 시뮬레이션과 절차적 사고를 확인하는 과정에서 대부분 끝나기 때문에 실제로 소프트웨어를 개발하려면 일반 프로그래밍 언어를 다시 배워야 한다는 생각 때문이다.

그런 이야기를 하는 사람들의 견해가 완전히 틀렸다고 할 수 없지만, 초등학교에서의 프로그래밍 교육은 단순히 언어를 잘 다루기 위한, 즉 코딩 기술을 습득하기 위한 교육, 프로그래머를 양성하는 교육이 아니다. 알고리즘을 설계하고 이를 구현하는 가운데 생각하는 힘, 나아가 컴퓨팅 사고력을 키우기 위한 교육이다. 초등학교 교육 현장에서 소프트웨어 교육이 추구해야 할 궁극적인 지향점은 바로 이것이다. 따라서 어떤 도구를 사용하는가는 크게 중요하지 않다고 본다. 어떤 도구이든 그것이 아이들이 스스로 생각하고 그것을 표현하는 데 도움이 된다면, 그것으로 충분하다.

블록 방식의 코딩을 통해 우리 아이들이 자신의 머릿속에 있는 아이디어를 화면상에 혹은 현실 세계에 멋지게 구현할 수 있다면 그것으로 충분하지 않을까.

Share - 공유 단계

　자신이 만든 시계 프로그램을 발표하고 공유하는 단계이다. 서로의 작품을 보고 자신의 것과 어떻게 다른지를 살펴보고, 좋은 점 또는 개선할 점에 대해 의견을 나누는 것이 좋다. 학급 친구들 또는 동아리 친구들과 공유하거나 엔트리 공유하기 페이지에서 자신의 작품을 공개로 설정하여 다른 이들과 작품을 나누는 경험을 해보아도 좋다. 실제로 엔트리 공유하기 페이지나 스크래치의 공유 페이지에는 많은 학생들이 스스로의 힘으로 혹은 다른 이의 작품을 참고하여 만든 작품들을 공유하고 있다. 자기 작품을 탑재할 때 간단한 소개글을 작성하고, 다른 이의 댓글 등을 통해 자기 성찰의 기회를 가짐으로서 한 단계 높은 수준의 배움을 경험할 수 있다.

　처음 이 '시각' 프로그램은 4학년임에도 시계를 읽기 힘들어하던 한 여학생 때문에 시작되었다. 학습부진 대상자였던 그 친구에게 손목시계를 선물하며 시계를 읽는 방법을 알려 주었는데, 시계는 좋아했지만 시각을 읽는 것에는 큰 관심을 보이지 않았다. 그 아이에게 어떻게 하면 재미있게 시각을 읽는 법을 알려줄 수 있을까 고민하다가 소프트웨어 교육 시간을 활용해야겠다는 생각을 했다.

　학습부진을 보이는 학생들은 대부분 집중력이 떨어진다. 필요한 자극에 주의를 집중하는 데 결함이 있으며, 한 가지 일에 충분히 주의를 집중하지 못하고 산만한 행동을 보이곤 한다. 또한 학습 성공 경험이 거의 없기 때문에 성취동기 역시 낮다. 그러다 보니 학습에서도 즉각적인 효과를 기대하고, 그것이 마음대로 되지 않을 때 쉽게 좌절해 버린다.

　이런 특성을 가진 이 친구에게 소프트웨어 교육은 새로운 학습 성공의 경험을 안겨줌으로써 성취동기를 높일 수 있는 좋은 기회가 될 수 있다. 거듭 강조하지만 소프트웨어 교육은 고난도의 코딩 기술을 익히기 위한 교육이 아니다. 문제를 해결하기 위한 자신의 아이디어를 만들고, 그 아이디어를 구현하는 과정 속에 '사고'의 경험이 이루어지는 것에 초점을 두어야 한다.

시계 보는 것조차 힘들어하던 이 친구는 다행히 소프트웨어 교육 시간에 상당한 흥미를 보였다. 일단 학생에게 상당한 부담이 되는 교과서가 없다. 또한 기본적인 블록 코딩 방법만 익히면 간단한 이야기 프로그램은 손쉽게 만들 수 있다. 이것이 시작이다. 작은 성공 경험! 실행 버튼만 누르면 즉각적으로 확인할 수 있고, 완성하기만 하면 친구들 앞에서 자신의 작품을 발표할 수도 있다. 다른 수업 시간에는 학습부진아일지 몰라도 이 소프트웨어 교육 시간에만은 학습부진의 꼬리표를 뗄 수 있다.

물론 일반화할 수 있는 사례는 아니다. 또 다른 학습부진 학생에게는 전혀 통하지 않을지도 모른다. 하지만 그동안 소프트웨어 교육을 영재교육으로만 바라보는 관점이 있었다. 그런 관점에서 본다면 소프트웨어 교육은 이런 학습부진 학생들과는 전혀 상관없는 교육이 되어 버린다. 하지만 소프트웨어 교육은 영재아들만 대상으로 하는 영재교육이 아니다. 2015 개정 교육과정에서 실시되는 소프트웨어 교육은 일반 학생을 대상으로 하는 의무교육이다. 일반 학생들, 아니 학습부진아라고 이름 붙여진 아이들에게도 충분히 가능한 교육임을 이야기하고 싶다.

사회과 연계 – '특산물 지도'

앞에서 우리는 아무런 방향성 없는 따라하기식 수업은 학생들에게 '이것을 왜 하고 있나' 하는 지루함과 동시에 소프트웨어 교육에 대한 흥미를 떨어트릴 수 있다고 하였다. 교사의 일방적인 코드 제시와 이를 똑같이 따라하여 완성하는 수업에서는 창의성을 발휘하기도, 재미를 찾기도 어렵다는 의미이다. 하지만 학습 주제나 상황에 따라 교사가 시범을 보이고 이를 따라하여 익히는 활동이 필요하거나 효율적인 경우도 있다.

시연 중심 모델이 바로 이런 경우에 활용될 수 있는 교수법이다. 첫 번째 단계는 시연(Demonstration)으로 교사의 설명과 시범이 주가 된다. 가르치고자 하는 핵심 전략이나 기능을 교사가 직접 설명하거나 시범, 시연, 표준 모델 제시를 통해 학생들에게 소개하는 단계이다. 직접 교수법으로 볼 수 있는데 주로 설명이나 예시를 통한 시범 보이기를 통해 이루어진다.

두 번째는 모방(Modeling)으로 학생의 모방과 이에 따른 질문과 대답이 이루어지는 단계이다. 즉 앞 단계에서 보여준 교사의 시연 내용을 학생들이 그대로 따라 실습하는 것이다. 실습 과정에서 궁금한 점은 질문하고, 이에 교사가 답함으로써 모방을 통해 학습이 일어나는 것이다.

세 번째는 제작(Making)이다. 단계적이고 독립적인 연습이 필요한 단계이며 반복 활동을 통한 기능 습득이 주를 이룬다. 즉 시연과 모방의 단계에서 배운 내용을 바탕으로 학생이 직접 만들어 보는 활동이 이루어진다. 반복적으로 진행하되 단계적이고 전체적인 활동은 학습자들이 이끌어간다.

2015년에 경기도 사이버학습 '다높이'의 모바일 버전을 제작하는 사업에 집필진으로 참여한 적이 있다. 모바일 버전이었으므로 PC 버전과는 성격이 다소 다른 면도 있었고, 상호작용형 콘텐츠를 제작하는 것이 목표였기 때문에 원고를 쓸 때 이런 부분에 더 신경을 써야 했다. 내가 맡은 과목은 사회과였는데 삼국시대의 성장 배경에 관한 차시에서 고구려 지도가 나오면 터치를 통해 고구려의 성장 과정이 이야기식으로 흘러나오도록 하는 형태로 제작되었다.

또 지도 속에 있는 고구려 시대의 유물을 클릭하면 해당 부분이 클로즈업 되면서 해당 유물에 대한 설명이 나오거나 애니메이션이 재생된다. 상호작용형 콘텐츠의 범주를 어디까지로 봐야 하는가 하는 문제가 있지만 일방적으로 학습이 전개되는 형태보다는 학습자의 호흡에 따른 터치나 드래그 & 드롭 형식 등을 통해 전개된다는 면에서는 나름의 효과를 기대해 볼 수 있는 콘텐츠가 아닐까 생각한다.

이렇게 사회과 수업에서는 지도나 연대표, 그래프와 같은 도식이나 그림을 이해하거나 해석해야 하는 경우가 많다. 단순히 '어느 지역에 무엇이 있다'는 식의 암기가 아니라 어떤 인과관계에 의해 해당 지역에 그러한 결과가 발생하였는지를 이해하는 것이 중요하다. 듣는 것보다는 눈으로 직접 보는 것이, 눈으로 보고 마는 것보다는 직접 체험하는 학습이 더 효과적이다. 지도 학습을 할 때 직접 만들어 본다면 아이들의 사회과 학습 목표 달성에도 도움이 될 것이다.

5학년 사회과 국토 단원에는 해당 지역의 특산물이 무엇인지 알아보는 학습 내용이 나온다. 요즘에는 암기식 수업을 지양하기 때문에 교과

사회과 연계 소프트웨어 교육의 학습 개요

교과	사회			시간	80분
주제	1단원. 살기 좋은 우리 국토-01. 우리나라 기후의 특징과 계절에 따른 생활 모습의 변화 알기 (6-7/11)			대상	5~6학년
성취기준	• [사6012] 우리나라 사람들의 생활모습을 통해 우리나라의 자연적 특성 (기후, 지형)과 그 변화를 말할 수 있다. • [2015 개정실과] 6실04-09. 프로그래밍 도구를 사용하여 기초적인 프로그래밍 과정을 체험한다.				
CT 관련 학습목표	• 특산물 지도 프로그램을 설계할 수 있다. • 판단블록을 활용하여 특산물 지도 맞추기 프로그램을 만들 수 있다. • 만든 프로그램을 활용하여 우리나라 각 지역별 특산물에 대해 알 수 있다.				
CT의 적용	자료 수집	• 지역의 특산물 관련 자료 수집하기			
	자료 분석	• 알고리즘 구상을 위해 수집한 자료 살펴보기			
	추상화	• 지역 특산물 맞추기 프로그램을 구상하여 화면구성하기			
	알고리즘과 절차	• 프로그램을 만들기 위한 절차 정리하기			
	자동화	• 특산물을 해당 지역으로 옮겨서 맞히는 지역과 특산물을 잘 연결했는지 확인해 주는 프로그램 만들기			
	시뮬레이션	• 만든 프로그램 실행하여 특산물 지도 표현하기			
학습의 흐름	활동 1. 문제 상황 확인 및 우리나라 특산물 자료 찾아보기 활동 2. 특산물과 지도를 연결하는 원리에 따라 프로그램 알고리즘 설계하기 활동 3. 단계별 프로그래밍 구현 및 작품 발표하기				
SW 및 HW활용	• play-entry.com (크롬 브라우저 권장)				
관련자료	커리큘럼 링크	http://bit.ly/1U8CUm4			
	예시작품 링크	http://goo.gl/VqV6sD			

학습모델	DMM모델 (Demonstration-Modeling-Making)	F.L.O.W 요소	흥미	논리	창의	협업
			○	○	○	

학습자료	일반	• 활동지, 필기구, 컴퓨터 또는 노트북, 마우스 등
	SW	• 엔트리(http://www.play-entry.com/)

서나 교사용 지도서에도 간단하게 언급될 뿐 자세하게 나오지는 않지만, 여전히 우리 아이들은 시험을 위해 이런 부분을 달달 외우면서 공부하는 경우가 많다. 이 특산물 지도를 선생님과 함께 직접 만들어 봄으로써, 해당 지역의 특성에 따른 특산물이 무엇인지를 알아보는 사회과 수업도 하고 프로그램도 만들어 보는 소프트웨어 수업을 연계해 보면 어떨까. 시연 중심 모델의 절차에 따라 수업 속으로 들어가 보자.

Demonstration - 시연 단계

먼저 교사의 설명과 시범이 주가 되는 시연 단계이다. 이번 시간에 만들고자 하는 특산물 지도의 샘플을 먼저 보여 주어야 한다. 예시 작품을 직접 아이들에게 보여 주고, 이 지도 프로그램을 만들기 위한 기능을 하나씩 설명해 주는 것이다. 이때 문제를 해결하기 위해 작은 단위로 나누어 설계된 각각의 알고리즘을 중심으로 설명이 이루어져야 한다.

이 특산물 지도는 지도 주변에 놓여 있는 지역 특산물 오브젝트를 해당 지역으로 끌어다 놓아서 맞히는 퍼즐 형식의 프로그램이다. 예를 들어 우리나라 최남단에 위치한 해남 지역의 특산물은 배추다. 배추 오브젝트를 클릭했을 때 어느 지역의 특산물인지 힌트가 나온다. 힌트를 보고 해당 지역으로 배추 오브젝트를 드래그 & 드롭 방식으로 움직이면서 지역별 특산물을 알아보는 지도 프로그램인 것이다.

그렇다면 이 지도 프로그램의 핵심적인 알고리즘은 크게 두 가지로 나누어 생각해 볼 수 있겠다. 첫 번째가 각 오브젝트를 클릭했을 때 해당 특산물이 어디서 생산되었는지에 대한 힌트를 제공하는 부분이며, 두 번째는 힌트를 읽고 나서 특산물 오브젝트를 클릭하여 해당 지역으

예시 작품 보기 : http://goo.gl/VqV6sD

로 끌어다 놓을 수 있어야 한다는 것이다.

첫 번째 기능을 구현하기 위해서 필요한 알고리즘을 해당 코드를 보여 주면서 설명해줄 수도 있고 아이들에게 시범을 보여 주면서 어떤 블록이 필요할지 생각해 보게 한 다음 알려줄 수도 있다. 예를 들어 배추 오브젝트를 클릭했을 때 힌트가 나오도록 하려면 '생김새 블록' 영역의 〈~을 ~초 동안 말하기〉 블록을 사용하면 된다. 9개의 오브젝트 전부를 보여줄 필요 없이 한두 개만 시범적으로 블록을 쌓아가는 모습을 보여 주면서 다음 단계에서 아이들이 직접 따라할 수 있도록 하는 것이다.

두 번째 기능 역시 마찬가지 접근법으로 시범을 보이고 설명해 줄 수 있다. 배추 오브젝트를 클릭했을 때 마우스를 클릭하는 동안 오브젝트가 마우스를 따라 이동할 수 있게 하려면 〈~인 동안 반복하기〉 블록의 판단 영역에는 '마우스를 클릭했는가?'를 선택하고, 반복 블록 속에는

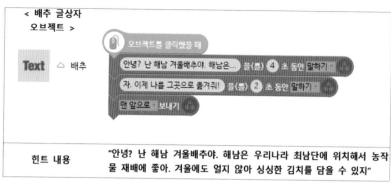

힌트 내용	"안녕? 난 해남 겨울배추야. 해남은 우리나라 최남단에 위치해서 농작물 재배에 좋아. 겨울에도 얼지 않아 싱싱한 김치를 담을 수 있지"

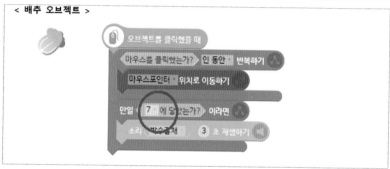

〈마우스 포인터 위치로 이동하기〉 블록을 선택해서 넣어준다. 마찬가지로 해당 지역을 잘 찾아 넣었을 때 박수갈채 소리가 들리도록, 해남이 있는 7번 지역에 잘 닿았다면 〈박수갈채 소리를 3초 동안 재생하기〉 블록을 넣어 마무리한다. 소리를 추가하는 과정이나 블록을 조립하는 과정 등을 모두 아이들에게 시범으로 보임으로써 아이들의 2단계 모방하기를 잘 따라할 수 있도록 도와주는 것이다.

Modeling - 모방 단계

이렇게 교사의 시연이 모두 종료되면 다음은 학생의 모방과 질문, 대답이 이어지는 Modeling 단계이다. 아이들은 앞 단계에서 교사가 보여 주었던 시범을 떠올리며 해당 기능을 구현하기 위해 사용한 블록을 연결해 보며 알고리즘을 이해한다. 코드를 작성하다가 잘 되지 않거나 모르는 부분은 교사에게 질문할 수 있다. 예를 들어 여기서는 〈~인 동안 반복하기〉 블록을 사용하여 문제를 해결하는 알고리즘이나 소리를 추가하는 방법 등을 익힐 수 있겠다.

Making - 제작 단계

마지막은 직접 제작하는 단계이다. 앞에서 지도 프로그램을 만들기 위해 필요한 기능을 구현하는 방법을 익혔으므로 지역 특산물 9개 오브젝트와 지역 지도 오브젝트를 추가하고, 각각의 코드를 작성하면 된다. 9개의 특산물 오브젝트는 모두 같은 알고리즘에 의해 코드를 작성하면 되므로 단계적이고 독립적인 연습을 반복해서 할 수 있다. 이렇게 직접 지도 프로그램을 완성함으로써 앞에서 배운 기능이나 전략, 알고리즘을 학습하는 것이다.

해당 차시에서 변수나 리스트, 함수와 같이 명확하게 배워야 할 개념이 있다면 2단계에서는 변수나 리스트, 함수를 만드는 방법을 모방을 통해 익히고 3단계에서 이 방법들을 활용해 직접 프로그램을 제작하는 형태로 2단계와 3단계의 구분이 명확하게 이루어질 수 있다. 하지만 두 번째 단계와 세 번째 단계가 명확하게 구분되지 않는 경우도 있다. 간단한 프로그램의 경우 교사의 시연을 보고 방법을 익혀 바로 프로그램 제작에 들어가기도 한다. 2단계와 3단계가 명확하게 구분되지 않거나 2단계가 생략될 수도 있다는 의미이다.

교수학습 모델은 어디까지나 모델일 뿐이다. 학습 주제의 성격에 따라, 수업 상황이나 학생 변인에 따라 달라질 수 있다. 교수학습 모델에서 제시하는 학습 단계에 지나치게 얽매이다 보면 오히려 수업이 어색해질 수 있다. 교사의 전문성에 따른 판단에 따라 적절한 응용과 변형의 미가 필요한 순간이라 할 수 있다.

과학과 연계 – '배추흰나비의 한살이'

3학년 과학 교과에는 동물의 한살이 단원이 실려 있다. 아이들이 동물을 얼마나 좋아하는지는 말하지 않아도 짐작이 될 것이다. 이 단원에 배추흰나비의 한살이가 나오는데 과학 교과인 만큼 실제로 배추흰나비가 알에서 부화하여 애벌레가 되었다가 번데기를 거쳐 나비가 되기까지의 과정을 직접 배추흰나비를 사육하여 관찰을 통해 확인한다. 눈에 보이지 않을 만큼 작은 알이 나비가 될 때까지 아이들의 관심은 이 배추흰나비 사육 화분으로 온통 가 있다고 해도 과언이 아니다.

알에서 애벌레로, 애벌레에서 번데기, 번데기에서 나비가 되기까지의 과정을 애니메이션으로 만들어 보면 어떨까? 교과와 연계한 수업으로서 손색이 없을 것 같다. 수업 모형은 DDD 모형이다. DDD 모형은 Discovery(탐구) – Design(설계)-Development(개발)의 머리글자를 딴 것이다. Discovery 단계는 탐색과 발견을 통해 지식을 구성하는 단계이다. 다음으로 Design 단

과학과 연계 소프트웨어 교육의 학습 개요

교과	과학		시간	80분
주제	3. 동물의 한살이 (1/11)		대상	4~6학년
성취기준	• [과학] 동물의 한살이 중 배추흰나비의 한살이를 알 수 있다. • [2015 개정 실과] 6실04-08. 절차적 사고에 의한 문제 해결의 순서를 생각하고 적용한다.			
CT 관련 학습목표	• 알에서 배추흰나비까지의 성장 과정에 따라 알고리즘을 만들 수 있다. • 알고리즘을 통해 배추흰나비의 성장 과정을 보여 주는 프로그래밍을 할 수 있다.			
CT의 적용	자료 수집	• 배추흰나비의 성장 과정 찾기		
	자료 분석	• 배추흰나비의 성장 과정 한살이를 순차적으로 정리하기		
	추상화	• 배추흰나비의 한살이 순서 간단히 하기		
	알고리즘과 절차	• 배추흰나비 한살이 순서 정리하기		
	시뮬레이션	• 프로그램을 실행하여 배추흰나비의 성장 과정 익히기		
학습의 흐름	활동 1. 배추흰나비의 한살이 조사하기 활동 2. 배추흰나비의 한살이 순서대로 배열하고 조직한 프로그래밍 만들기 활동 3. 단계별 프로그래밍 구현 및 작품 발표하기			
SW 및 HW활용	• play-entry.com (크롬 브라우저 권장)			
관련자료	커리큘럼 링크	http://bit.ly/1U8CUm4		
	예시작품 링크	http://goo.gl/18wuCr		

학습모델	DDD모델 (Discovery - Design-Development)	F.L.O.W 요소	흥미	논리	창의	협업
			○	○		○

학습자료	일반	• 활동지, 필기구, 컴퓨터 또는 노트북, 마우스 등
	SW	• 엔트리(http://www.play-entry.com/)

계에서는 알고리즘을 계획하고 설계하며, 마지막 Development 단계에서 프로그래밍 언어로 구현하고 피드백을 받는다. 본 차시 수업 활동이나 내용의 성격에 따라 모형의 일부는 변형하여 사용하였음을 미리 밝혀둔다.

Discovery - 탐구 단계

아이들과 먼저 문제 상황을 확인한다.

문제 상황 확인하기

- 배추흰나비는 어떻게 태어날까? 그리고 어떤 성장과정을 거칠까?
- 나비는 태어날 때부터 아름다운 모습일까?
- 배추 흰나비의 한살이를 알아보자.

이 문제를 해결하기 위해서는 배추흰나비의 한살이 과정을 알아야 한다. 관련 지식은 과학 시간과 연계하여 실제로 교실에서 배추흰나비를 키우고 있으므로 어렵지 않다. 그동안 자신이 관찰한 결과를 보고서로 정리하며 자신이 알고 있는, 알게 된 지식을 정리한다. 이 과정에서 아이들은 추상화 사고를 경험할 수 있다. 배추흰나비가 되는 연속적인 과정 중에서 가장 중요한 특징이라고 생각되는 애벌레, 번데기, 성충이라는 단계를 추출하는 것이다. 컴퓨팅 사고력의 구성 요소라고 해서 꼭 컴퓨팅 단계에서만 발현되는 것이 아니라 일상의 상황이나 문제 속에서도 우리는 추상화 사고를 경험할 수 있다. 그렇게 추상화 사고를 거쳐 배추흰나비가 애벌레에서 번데기로, 번데기에서 성충으로 성장함을 발견한다. 이 탐색과 발견의 단계가 있어야 각 단계에 대한 구체적인 알고리즘 설계가 가능하게 되는 것이다.

Design - 설계 단계

배추흰나비의 한살이 과정을 모두 정리했다면 이를 어떻게 애니메이션으로 나타낼 것인지 방법을 찾고 알고리즘을 설계해야 한다. 바로 알고리즘 설계로 넘어가기가 어렵다면 앞에서 찾아낸 성장 과정의 각 장면을 나누어 먼저 이야기로 구성해 보도록 한다. 즉 전체를 한 번에 해결하기 어렵다면 이를 해결 가능한 단위로 쪼개어 생각해 보는 문제 분해 단계인 것이다. 그렇게 잘게 쪼갠 각 장면의 이야기를 이제는 알고리즘으로 옮기는 작업이 필요하다.

주요 활동 1 | **Discovery (탐구)**

• 배추흰나비의 한 살이 조사하기

자료수집   자료분석   자료표현   **추상화**

- (사전 과제) 모둠별로 조사해온 배추흰나비의 특성 살펴보기 (전 차시 연계)

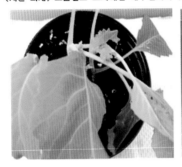 

- 조사 자료를 통해 배추흰나비의 한 살이 나타내 보기
- 배추 흰 나비의 한 살이를 순서대로 표현하기 : 배추 흰 나비 한 살이 책을 완성하여 알에서부터 배추 흰 나비가 되기까지의 과정 확인하기
- 배추 흰 나비가 자라는 과정 중 핵심적인 모습 추출하여 정리하기 (추상화)

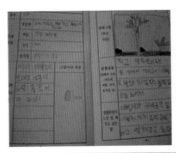 

먼저 각 장면에서 어떤 오브젝트가 필요한지를 생각한다. 그리고 애벌레, 번데기, 배추흰나비가 된 각각의 모습을 장면에서 장면으로 이어지도록 구상한 뒤 각 오브젝트가 어떻게 자신을 소개하며 움직일 것인지를 생각해야 한다. 최종적으로 성충이 된 배추흰나비가 화면상에서 자유롭게 날아다닐 수 있도록 무작위 수를 어느 범위에서 정할 것인지를 생각한다. 이와 같이 문제를 어떻게 해결할 것인지 단계별로 정리하는 알고리즘 설계 단계는 문제 해결의 핵심 과정이라 할 수 있다.

주요 활동 2 | **설계 (D)**

• 배추흰나비의 한 살이 순서대로 배열하고 조직한 프로그래밍 설계하기

1단계) 애벌레 오브젝트 만들기
　① 애벌레와 같은 모양이 없을 경우 [모양 추가][새로만들기] 활용하여 만들기
2단계) 낙엽, 번데기, 나비 오브젝트 추가하기
　① 애벌레, 낙엽, 번데기, 나비 순서로 등장하는 것을 생각하기
　② 애벌레와 낙엽이 나온 뒤 번데기가 나오고 그 뒤 나비가 나오도록 설계하기
3단계) 키보드 숫자키를 활용하여 장면 전환 효과 설계하기
　① 연속적인 상황을 숫자키를 활용하여 순서에 맞게 배추흰나비 한 살이 표현하기
4단계) 각 오브젝트를 위치 블록과 말하기 블록으로 제어하기
　① 어느 위치에서 등장하여 어느 위치로 움직일지 위치 블록 설정하기
　② 배추흰나비 한 살이에 맞게 말하기 블록 사용 현재 상황 설명하기
　③ 차례차례 등장하고, 숨기기 블록과 나타나기 블록을 사용하기
5단계) 마지막 배추흰나비가 된 후 날아다니는 모습 표현하기
　① 3학년 수준에서 난수의 개념이 어려울 경우 이를 무작위 발표자 뽑기로 이해를 구한다. (너무 어려워하는 경우 생략 가능)
　② 몇초 동안 이동하기 블록에 좌표를 난수로 넣어 날아다니는 모습 표현하기

Development - 개발 단계

알고리즘 설계까지 끝났다면 이제 프로그래밍만 남았다. 즉 프로그래밍 언어로 구현하고 이를 친구들 앞에 발표하는 일만 남았다는 뜻이다. 그렇다면 위에서 설계한 알고리즘대로 따라가 보자. 예를 들어 애벌레 오브젝트의 경우 라이브러리에 없는 오브젝트이므로 직접 그려야 한다. 모양 탭으로 가면 새로운 오브젝트를 그려서 추가할 수 있는 그림판이 나오는데 새 그림을 선택한 후 원하는 형태의 애벌레를 그린다. 기존에 있는 오브젝트를 활용할 수도 있고, 완전히 새로운 오브젝트를 직접 그릴 수도 있다.

이렇게 완성된 애벌레 오브젝트에 애벌레의 움직임대로 코드를 작성해 준다. 1번 키를 눌렀을 때 애벌레가 움직이면서 특정한 위치로 이동한 후 인사하는 장면을 표현하고 싶다면, 오른쪽 그림처럼 시작 블록 영역의 [~키를 눌렀을 때]를 선택하고 움직임 블록 영역에서 [~초 동안 x : ( ) y : ( ) 위치로 이동하기]를 끌어와 연결해 주면 된다. 어떤 키를 누를 것인지, 얼마만큼의 시간 동안 어디까지 이동시킬 것인

애벌레 오브젝트 그리기 및 코드 예시

지는 각자 원하는 값만큼 입력하면 되겠다.

이렇게 애벌레, 낙엽, 번데기, 나비 등의 오브젝트에 코드를 작성해 작품을 완성할 때 입력 값이나 오브젝트가 하는 말, 동작, 애니메이션의 전체 구성이나 흐름 등은 각기 다른 아이디어를 추가함에 따라 달라진다. 교사가 특정한 예시를 제시하기보다 각자가 설계한 알고리즘을 바탕으로 애니메이션을 만들어가기 때문에 '배추흰나비의 한살이'라는 주제는 같지만 이를 표현하고 담아내는 능력은 아이들 각자 천차만별이다. 따라서 자신이 만든 작품을 친구들 앞에서 발표하고, 친구의 작품이 나의 작품과 어떤 점에서 다른지 알아보고, 서로가 서로에게 피드백을 해줄 수 있도록 한다. 즉 '공유'를 통해 서로의 생각과 경험을 나누는 기회를 제공하는 것이다. 이때 단순히 작품에 대한 감상평으로 끝나는 피드백이 아니라 나라면 이 작품을 어떻게 보완할 것인지를 직접 그 사람에게 가서 전달하는, 즉 또래 교수의 형태로 피드백을 주도록 한다.

아이들은 어른들이 생각하는 것보다 훨씬 더 많은 것을 또래 친구들에게서 배운다. 인지이론에 따르면 사람은 다른 사람을 가르칠 때 머릿속에 들어온 지식과 내면에 있던 여러 가지 정보들을 구조화하여 자기만의 언어로 표현한다고 한다. 어떤 설명을 듣기만 했을 때는 하루가 지나 10%밖에 기억하지 못하지만 누군가를 가르치게 되면 하루가 지나도 90% 이상 기억한다고 하니, 번갈아가며 친구들을 직접 가르쳐보는 경험을 피드백으로 해보아도 좋겠다.

도덕과 연계 - '덕목 퀴즈'

초등 교사는 중등 교사와 달리 모든 과목을 가르쳐야 한다. 이 말은 모든 교과에서 전문가가 되어야 한다는 뜻이다. 사람마다 좋아하는 것과 싫어하는 것이 있고, 잘할 수 있는 것과 그렇지 못한 것이 있다. 크게 노력하지 않아도 잘 되는 것이 있고, 많은 노력을 쏟아도 잘 되지 않는 것이 있다. 교사도 마찬가지다. 만능 재주꾼에 모든 과목을 척척 다 소화한다면 참 좋겠지만 그렇지 못하다. 특히 모든 과목을 소화해야 하는 초등 교사에게 스스로 취약하다고 생각되는 교과는 반드시 해결해야 할 자신만의 숙제다. 그래서 수업 연구가 필요한 것이고, 매년 연수를 거르지 않아야 하며, 개인적으로 연구도 하면서 내용과 방법의 전문

가로서 역량을 키워나간다.

　나에게 숙제와 같은 교과가 바로 도덕이다. 도덕과 수업은 쉬우면서도 어렵다. 좋게 말하면 생활지도인 셈이지만 자칫 평소에 다른 교과에서는 하지 못하는 잔소리 아닌 잔소리만 늘어놓게 된다. 아이들의 시각에서 보는 도덕 시간 역시 요즘말로 꼰대(?)들의 잔소리를 들어야 하는 고리타분한 시간이기에 그저 적당히 귀는 닫고 딴 생각하는 시간이 되어 버리기 쉽다.

　도덕과 교육과정에서는 도덕 교과에 대한 성격을 다음과 같이 규정하고 있다.

　　도덕과는 학생들로 하여금 다양한 도덕 문제에 대한 성찰과 탐구를 통해 올바른 판단능력과 도덕적 덕성 및 바람직한 가치관을 확립하여 각자 자율적이고 통합적인 인격을 형성하도록 교육하는데 역점을 둔다 ……(중략)…… 또한 오늘날 인성교육을 위한 학교의 역할과 사명을 고려할 때, 도덕과는 인성교육의 핵심 교과이며 주관 교과가 된다. 도덕과는 공동체 구성원이 공유해야 할 '행위의 표준' 혹은 '도덕적 가치의 공통 기반'을 제공할 뿐만 아니라, 어느 특정 사회의 가치 체계를 초월하는 보편적 기준의 토대 위에서 도덕적 탐구와 성찰 기회를 부여하여 학생들로 하여금 '사람다운 사람'으로 성장해 가는 데 공헌한다는 점에서 인성교육의 중핵 교과로서의 역할을 담당한다.

　인성교육에서 중핵 교과의 역할을 담당하는 도덕과 수업은 본래 어려울 수밖에 없다. 인성이라는 것은 하루아침에 이루어지는 것이 아니

도덕과 연계 소프트웨어 교육의 학습 개요

교과	도덕			시간	80분
주제	4-1-01. 최선을 다하는 생활 ㅡ근면 성실하고, 정직한 생활을 실천해요(4/4)			대상	4~6학년

성취기준	• [도413] 가정과 학교에서의 성실한 생활의 의미와 중요성을 종합적으로
	  이해하고, 성실한 생활을 실천하려는 적극적인 태도를 지닐 수 있다.
	• [2015 개정 실과] 6실04-08. 절차적 사고에 의한 문제 해결의 순서를 생각하고
	  적용한다.				

CT 관련 학습목표	• 퀴즈를 내는 프로그램을 설계할 수 있다. • 글상자와 묻고 대답하기를 활용하여 퀴즈 프로그램을 만들 수 있다. • 만든 프로그램을 활용하여 '정직', '자주', '성실' 등의 덕목에 대해 알 수 있다.				
CT의 적용	자료 수집	• 퀴즈를 내기 위한 덕목 관련 자료 수집하기			
	자료 분석	• 퀴즈를 내기 위해 수집한 자료 살펴보기			
	추상화	• 퀴즈를 내는 형태를 구상하여 화면 구상하기			
	알고리즘과 절차	• 퀴즈를 내고 맞히기 위한 절차 정리하기			
	자동화	• 퀴즈를 내고, 정답일 경우와 오답일 경우를 고려하여 각기 다른 형태로 진행되도록 프로그램 만들기			
	시뮬레이션	• 만든 프로그램 실행하여 덕목 퀴즈를 내고 맞히기			
학습의 흐름	활동 1. 문제 상황 확인 및 TV 퀴즈 프로그램 찾아보기 활동 2. 퀴즈를 내고 맞히는 구성 원리에 따라 프로그램 알고리즘 설계하기 활동 3. 단계별 프로그래밍 구현 및 작품 발표하기				
SW 및 HW활용	• play-entry.com (크롬 브라우저 권장)				
관련자료	커리큘럼 링크	http://bit.ly/1U8CUm4			
	예시작품 링크	http://goo.gl/8zqoKE			

학습모델	UMC모델 (Use-Modify-reCreate)	F.L.O.W 요소	흥미	논리	창의	협업
			○	○	○	

학습자료	일반	• 활동지, 필기구, 컴퓨터 또는 노트북, 마우스 등
	SW	• 엔트리(http://www.play-entry.com/)

라 살아온 총체적인 삶 속에서 형성되는 것이기 때문이다. 이렇게 어렵고 지겨운 도덕과 수업을 어떻게 하면 재미있게 할 수 있을까? 아이들이 두 눈 반짝이며 기다릴 수 있는 도덕과 수업을 할 수는 없을까? 내용을 바꾸기 어렵다면 방법을 바꿔야 한다. 고리타분한 잔소리를 늘어놓는 수업이 아니라 활동적인 놀이가 있는 도덕과 수업이라면 아이들도 교사도 신나지 않을까?

여러 가지 대안이 있겠지만 도덕과 수업에서 배운 덕목을 퀴즈로 만들어 보는 수업을 구상해 보았다. 구체적인 상황을 제시하고 어떻게 행동해야 하는지를 판단하거나, 설명하는 해당 덕목이 무엇인지 찾아보게 하는 퀴즈 문제를 만들어 제시하면 아이들이 덜 지루해 하지 않을까 하는 아이디어를 바탕으로 도덕과 연계 소프트웨어 수업을 기획한 것이다. 적용한 수업 모형은 UMC 모델이다. 이 역시 수업 활동이나 내용의 성격에 따라 일부는 변형하여 사용했다.

UMC 수업 모형은 Use(놀이)-Modify(수정)-reCreate(재구성)의 머리글자를 딴 것이다. Use 단계에서는 말 그대로 학습자가 놀이를 통한 체험 활동을 한다. 이 과정에서 관찰이나 탐색이 이루어진다. 다음은 Modify 단계로 교사가 의도적으로 모듈 및 알고리즘을 변형하여 제시한다. 이렇게 변형된 모듈 및 알고리즘을 접한 학습자는 다음 단계인 recreate 단계에서 놀이와 수정 활동을 확장해 자신만의 프로그램을 설계, 제작하는 것이다. 따라서 본 수업 모형을 따라 우선 아이들과 해당 차시 덕목과 관련된 퀴즈 문제를 풀고, 이를 살짝 변형한 형태로 제시한 후에 아이들이 이를 재구성하는 과정에서 자신만의 덕목 퀴즈 프로그램을 만들 수 있도록 하면 되겠다.

Use - 놀이 단계

먼저 아이들과 체험할 활동을 살펴본다. 제시할 체험 놀이는 엔트리에 공유된 다양한 게임 작품들이다. 덕목 퀴즈 프로그램을 포함한 많은 퀴즈 게임 작품 중에서 자신이 원하는 퀴즈 게임을 선택하여 풀어보도록 하면 아이들은 상당히 몰입하는 모습을 보인다. 몰입하는 것도 중요하지만, 해당 놀이 활동이 어떤 의미가 있는지를 알고 체험하는 것이 더 중요하다.

아이들은 체험을 하는 와중에 오브젝트들이 어떻게 퀴즈 문제를 내고 어떤 식으로 답을 제출하는지를 알게 된다. 이 과정에서 퀴즈 게임 프로그램을 만들기 위해서 필요한 요소를 추출해 볼 수 있다. 또 퀴즈가 시작되고 종료되는 방법, 오브젝트의 움직임이나 퀴즈를 내는 형태 등을 살펴보면서 일정한 패턴을 찾아낼 수도 있다. 즉, 엔트리를 활용해 퀴즈 문제를 내는 형태의 프로그램이 어떻게 구현되는지를 확인할 수 있는 것이다. 이런 문제 분해와 추상화 과정을 통해 아이들은 다음 단계에서 잘못된 부분을 찾아 수정할 수 있고, 나아가 어떤 부분을 재구성할지에 대한 아이디어를 얻게 된다.

Modify - 수정 단계

다음 Modify 단계에서는 교사가 직접 앞에서 살펴본 덕목 퀴즈 프로그램의 코드 중 일부를 수정하거나 삭제하여 제시한다. 즉 교사가 의도적으로 오류가 있는 프로그램을 아이들에게 제시하는 것이다. 이때 반드시 프로그램 내에서 가장 핵심이 되는 부분이나 배워야 할 개념이 반영된 부분을 변형하도록 한다. 아이들은 변형된 코드를 수정하거나 삭

제된 부분을 다시 완성하는 디버깅 과정을 거치게 되는데 이 과정에서 교사가 의도한 대로 가장 핵심적인 개념을 발견하고 학습할 수 있다.

이렇게 오류를 해결하는 과정에서 핵심적인 개념이나 원리를 발견하거나 새롭게 발생할 수 있는 문제를 예상하는 것도 일종의 추상화 사고 과정이라 할 수 있다. 이러한 추상화 사고를 통해 알게 된 사실을 적용하여 새롭게 구성할 덕목 퀴즈 프로그램에 대한 알고리즘을 설계할 수 있는 역량을 키울 수 있는 것이다. 예를 들어 퀴즈가 제시되는 방식을 난이도에 따라 재구성한다든지, 정답인 경우와 오답인 경우에 다른 효과를 주어 다음 단계로 넘어가거나 또는 넘어가지 못하도록 수정하는 등의 아이디어를 얻을 수 있다.

re-Create - 재구성 단계

앞 단계에서 얻은 아이디어를 바탕으로 프로그램 재구성을 위한 수정 요소를 추출하고 이를 구현하기 위한 알고리즘을 간단히 작성한 뒤 재구성된 알고리즘을 토대로 덕목 퀴즈 프로그램을 새롭게 만드는 단계이다. 즉, 이 단계에서는 학생 스스로 변경할 수 있는 요소가 무엇인지 파악하고 이를 적용하여 실제로 문제를 해결하는 것이다. 수정하고자 하는 요소를 추출하는 활동을 통해 문제 분해를, 이를 위한 핵심 코드를 찾는 과정에서 추상화 사고 등의 컴퓨팅 사고도 경험할 수 있는데, 이를 통해 우리는 컴퓨팅 사고력을 구성하는 각 하위 요소들이 어느 한 단계에서만 일어나거나 정해진 일련의 순서에 따라 절차적으로 나타나는 것이 아님을 알 수 있다. 즉, 인간의 컴퓨팅 사고는 문제를 해결하는 과정 중 어느 곳에서나 나타날 수 있으므로 특정 단계에서 특정 사고가

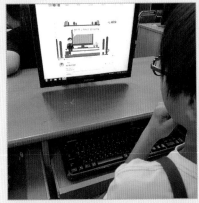

① 놀이 단계: 퀴즈를 풀어 보며 프로그램 작동 방식을 알아본다.

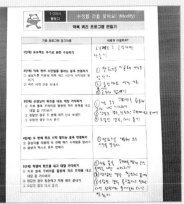

② 수정 단계: 선생님이 일부러 만들어 넣은 오류를 디버깅한다.

③ 재구성 단계: 새롭게 덕목 퀴즈 프로그램을 만든다.

일어난다는 식의 제한을 두고 접근해서는 안 된다.

'궁리(窮理)'란 단어를 좋아한다. 궁리의 사전적 의미는 '사물의 이치를 깊이 연구하는 것'이다. 그 깊은 뜻도 좋지만, 뭐라고 할까, 말로 설명하기는 어렵지만 단어의 어감이 주는 미묘한 맛이 있다. UMC 모델은 놀이를 하면서 수정할 부분을 찾아 재구성한다는 단순해 보이지만 단순하지 않은, '궁리'해야만 해결할 수 있는 수업 모델이라는 생각이 들었다. 어떤 현상이나 사물에서 수정할 요소를 찾는다는 것은 해당 현상이나 사물의 이치에 대한 깊은 사유 없이는 불가능한 작업이다. 마찬가지로 수정할 요소를 바탕으로 새로운 것을 만들어내는 것 또한 그렇다. 이 수업을 하면서 아이들이 골똘하게 '궁리'하는 모습을 목격할 수 있었다.

덕목 퀴즈를 만드는 활동 자체가 주는 유쾌함과 가벼움 이면에 '궁리'하게 만드는 깊이 있는 사고 과정이 있는 것이 참 마음에 든다. 더군다나 퀴즈 속에 들어가는 내용은 초등학생이라면 꼭 배워야 하는 10대 덕목이 아닌가. 겉모습은 가볍되 그 속은 결코 가볍지 않은 수업이어서 더욱 좋다. 아이들이 지겨워하지 않는 도덕과 수업이면서 깊이 있는 사고와 철학이 있는 수업. 더 연구해야겠다.

교육과정-수업-평가의 일체화

무엇을 어떻게 평가할 것인가

　지금 근무 중인 학교는 작은 시골 학교지만 변화하는 교육 패러다임을 발 빠르게 반영하여 재작년부터 학생들을 서열화하는 일제식 평가를 전혀 실시하지 않는다. 1학년부터 6학년까지 중간, 기말고사가 없는 것은 물론이고, 아이들을 줄 세우는 어떤 형태의 평가도 지양한다. 운동회 때 청팀, 백팀으로 나눠 점수를 매겨 승자를 결정하는 것조차 없앴다. 열심히 팀을 나눠 운동회를 즐기되, 경쟁보다는 협력과 협동하는 것이 목표인 학교. 정말 멋지지 않은가.

　아이들의 학력이 떨어질 것을 걱정하는 일부의 목소리도 있었고, 초등학교에서는 다소 여유로울 수 있지만, 이 아이들이 중학교에 진학해 치열한 입시 경쟁의 싸이클에 들어서게 되면 잘 적응할 수 있을 것인지 내심 우려가 없었던 것은 아니다. 평가 혁신을 실천하는 혁신학교는 아니지만 교장선생님의 확고한 교육 철학과 교사, 학부모들의 지지 속에서 이런 평가체제가 지금까지도 잘 유지되고 있다.

　하지만 아직도 많은 학교 현장에서 아이들을 서열화하는 평가에 목을 매고 있고, 그런 평가 속에서는 아이들의 사고 과정이나 사고력을 측정하는 평가보다는 얼마나 많은 지식을 암기하고 있는지를 평가하는 경우가 많다. 학습을 위한 기본적인 지식을 습득하는 것은 꼭 필요하다. 지식을 암기하는 것 자체가 문제는 아니다. 다만 단편적인 지식을 얼마나 암기하는지만이 평가의 대상이 되는 것이 문제다.

단적인 예로 지난 2013년 불거진 심각한 학교폭력 사건으로 인해 인성교육이 강화되자, '착하게 보이는 법'부터 '명작을 보는 법', '아이들과 어울리는 법'까지 각종 사교육이 등장하여 인성을 '글'로 배우고, 암기의 대상으로 평가의 잣대를 들이미는 모습을 볼 수 있었다. 심지어 몇몇 대입학원에서는 중·고등학생을 대상으로 한 인성면접 대비반이 생기고, 강남에서는 주 1회 수업에 70만 원가량의 수업료를 받는 학원도 생겼다고 한다. 도대체 어떤 사고 체계를 가지고 있기에 인성교육에 대한 접근을 저렇게 하는 것일까. '인성(人性)'이 담고 있는 철학적 가치와 의미까지는 아니더라도 그 개념에 대해 조금이라도 이해한다면 인성교육에 대한 접근을 이런 식으로 하지는 못할 것이다.

이런 평가에 대한 우려는 소프트웨어 교육이라고 해서 예외는 아니다. 얼마전 여러 신문에 코딩 조기교육 열풍으로 8백만 원짜리 '코딩 캠프'가 등장했다는 뉴스가 보도되었다. 세 살부터 다섯 살까지는 코딩에 필요한 영어를 배우고 여섯 살부터 실전에 들어간다고 한다. 수강료가 무려 월 2백만원. 미국에 다녀오는 일주일 코스의 코딩 캠프 참가비가 8백만원이란다. 공식 교육과정에 소프트웨어 교육이 들어온다고 하니 학부모들의 관심이 쏠리고, 이에 발 빠르게 움직이는 대한민국 사교육 시장의 모습이다. 방과후에, 아이들과 함께 SW동아리 수업을 운영하는 입장에서 쓸쓸한 현실이 아닐 수 없다.

심지어 코딩 자격증까지 생겨났다. 스크래치에 대한 자격증제도를 마련한 어떤 사교육 업체는 홍보 목적으로 각 학교에 우편으로 공문을 보내오기도 했다. 과목별 평가 항목을 살펴보니 스크래치를 사용해 변수, 리스트, 함수 등을 활용하는 능력, 반복문이나 조건문, 연산자 등을 활용하는 능력 등을 평가하도록 되어 있었다. 또는 멀티미디어를 제어하거나 애니메이션 효과를 주는 능력 등을 평가한단다. 이 시험이 얼마나 높은 수준의 프로그래밍 능력 혹은 컴퓨팅 사고력을 측정할 수 있을지는 모르겠지만, 자격증 시험이라는 것이 그 특성상 기출 문제가 돌고, 기출 문제를 해결하는 가운데 출제가 될 만한 문제들을 추출해 반복적으로 연습하고 또 연습하는 형태로 이루어지는 것 아니던가. 이런 자격증 시험에서 우리는 무엇을 기대할 수 있을까.

학교 현장에서도 평가에 대한 그릇된 인식으로 말미암아 교육과정과 수업, 그리고 평가가 유기적으로 연계되지 못하고 단절적, 단편적으로 운영되는 경우를 보곤 한다. 본디 교육과정에서 제시하는 성취기준에 따라 이를 달성하기 위한 수업을 실시하고, 수업 후에 이를 달성했는지를 확인하는 평가가 이루어져야 한다. 교육과정과 수업, 평가의 일체화란 바로 이런 것이다. 하지만 단편적인 지식을 묻는 평가가 주를 이루다 보니 수업 따로, 평가 따로인 상황이 벌어진다.

혁신학교 초기에 비판을 많이 받았던 부분도 이 대목이다. 열심히 교육과정을 재구성하고, 이를 바탕으로 학생들이 주인공이 되는 참여와 협력의 배움 중심 수업을 한다. 그런데 정작 평가는 줄 세우기식 일제 평가가 시행된다. 배움 중심 수업에 열렬히 호응하던 학부모들도 혹여 자녀들이 나쁜 성적이 받을까, 등위가 떨어지진 않을까, 좋은 대학에 가지 못할까 전전긍긍이다. 평가가 바뀌지 않으니 제아무리 교육과정을 재구성하고 수업 혁신을 이루어도 교육 현장에 부는 근본적인 변화의 물결이 커지지 않는다.

그래서 평가 혁신에 대한 목소리가 커졌고, 이제는 평가부터 바꾸자는 움직임이 등장했다. 교육과정, 수업, 평가의 일체화는 바로 이런 움직임의 하나다. 교육과정 설계 단계에서부터 평가를 앞에다 두고 생각하자는 것이다. 평가가 바뀌어야 교육과정도, 수업도 제대로 이루어질 수 있다고 보는 것이다. 이렇게 평가가 중요할진대 소프트웨어 교육에서는 어떻게 평가를 실천해야 할까.

2015 개정 교육과정에서 소프트웨어 교육 평가에 대한 부분을 살펴보면 다음과 같다.

〈기술 시스템 영역의 평가 방법 및 유의사항〉

- 개인 정보 보호와 지식 재산 보호에 대한 기본적인 기준과 절차에 대해 체크리스트를 구성하여 자신의 이해 여부와 노력 정도를 평가해 보도록 한다.
- 생활 속에서 로봇이 활용된 예를 찾아 어떻게 작동하는지를 분석하고, 다양한 로봇의 활용 분야에 대해 조사하여 작성한 연구 보고서를 대상으로 평가한다.

이걸로는 부족하다. 보다 자세한 기준이 궁금해진다. '기술시스템' 영역의 SW교육 관련된 영역별 성취수준, 국가수준 성취기준, 평가준거 성취기준 등을 살펴보면 다음 표와 같다

〈'기술시스템' 영역의 영역별 성취수준〉

성취수준	일반적 특징
A	식물 가꾸기, 동물 기르기 활동의 체험을 통해 투입-과정-산출-되먹임이라는 생산 기술 시스템의 과정을 이해하고 생산기술이 인류의 생활 속에서 다양한 자원을 활용하여 유용한 재화를 산출하고 있음을 설명할 수 있다. 다양한 재료를 활용한 수송 수단의 제작을 통해 수송 기술이 사람이나 사물의 공간 이동의 효율성을 높이고 있음을 이해하고 수송 기술로 인해 변화될 미래 사회의 모습을 예측할 수 있다. 블록기반의 소프트웨어 프로그램의 체험을 통해 정보를 생산, 가공하는 방법을 이해하고 다양한 수단과 장치를 통하여 자신이 생산한 정보를 공유할 수 있다.
B	식물 가꾸기, 동물 기르기 활동의 체험을 통해 투입-과정-산출-되먹임이라는 생산 기술 시스템의 과정을 이해할 수 있다. 다양한 재료를 활용한 수송 수단의 제작을 통해 수송 기술이 사람이나 사물의 공간 이동의 효율성을 높이고 있음을 이해하고 이를 통해 이루어진 현재 사회 모습을 설명할 수 있다. 블록기반의 소프트웨어 프로그램의 체험을 통해 정보를 생산, 가공하는 방법을 이해할 수 있다.
C	식물 가꾸기, 동물 기르기 활동의 체험할 수 있다. 다양한 재료를 활용한 수송 수단의 제작 활동을 체험할 수 있다. 블록기반의 소프트웨어 프로그램을 체험할 수 있다.

〈'기술시스템' 영역의 교육과정 성취기준, 평가준거 성취기준, 평가기준〉

교육과정 성취기준	평가준거 성취수준		평가기준
[6실04-07] 소프트웨어가 적용된 사례를 찾아보고 우리 생활에 미치는 영향을 이해한다.	[6실04-07-00] 소프트웨어가 적용된 사례를 찾아보고 우리 생활에 미치는 영향을 이해한다.	상	소프트웨어가 적용된 사례를 찾아보고 생활에 미치는 영향을 탐색하여 평가할 수 있다.
		중	소프트웨어가 적용된 사례를 찾아보고 생활에 미치는 영향을 설명할 수 있다.
		하	생활에서 소프트웨어가 사용되고 있는 사례를 말할 수 있다.
[6실04-08] 절차적 사고에 의한 문제 해결의 순서를 생각하고 적용한다.	[6실04-08-01] 절차적 사고가 무엇인지 이해하고 이를 우리 생활 속에서 적용한다.	상	절차적 사고의 의미와 중요성을 이해하고, 생활 속에서 발생되는 문제를 절차적 사고에 의해 해결할 수 있다.
		중	생활 속에서 절차적 사고의 의미와 중요성을 설명할 수 있다.
		하	절차적 사고의 의미를 말할 수 있다.

교육과정 성취기준	평가준거 성취수준		평가기준
[6실04-09] 프로그래밍 도구를 사용하여 기초적인 프로그래밍 과정을 체험한다.	[6실04-09-00] 프로그래밍 도구를 사용하여 기초적인 프로그래밍 과정을 체험한다.	상	프로그래밍 도구를 사용하여 간단한 프로그램을 창의적으로 만들 수 있다.
		중	프로그래밍 도구를 사용하여 제시된 프로그램 구성절차를 설명할 수 있다.
		하	프로그래밍 도구의 기초 기능을 말할 수 있다.
[6실04-10] 자료를 입력하고 필요한 처리를 수행한 후 결과를 출력하는 단순한 프로그램을 설계한다.	[6실04-10-00] 자료를 입력하고 필요한 처리를 수행한 후 결과를 출력하는 단순한 프로그램을 설계한다.	상	수치 값을 입력하여 덧셈이나 뺄셈의 결과물을 출력하고(and) 복수의 문자열을 입력하여 두 문자열을 서로 연결한 결과를 출력하는 프로그램을 설계할 수 있다.
		중	수치 값을 입력하여 덧셈이나 뺄셈의 결과물을 출력하거나(or) 복수의 문자열을 입력하여 두 문자열을 서로 연결한 결과를 출력하는 프로그램을 설계할 수 있다.
		하	자료를 입력하고 결과를 출력하는 프로그램 설계과정이 있음을 알 수 있다.
[6실04-11] 문제를 해결하는 프로그램을 만드는 과정에서 순차, 선택, 반복 등의 구조를 이해한다.	[6실04-11-01] 문제를 해결하는 프로그램을 만드는 과정에서 순차, 선택, 반복 등의 구조를 이해한다.	상	문제를 해결하는 프로그램에서 순차, 선택, 반복의 의미를 이해하고 순차, 선택, 반복 등의 구조가 모두 적용된 프로그램을 설계할 수 있다.
		중	문제를 해결하는 프로그램에서 순차, 선택, 반복의 의미를 이해하고 순차, 선택, 반복 중 한 두 가지를 선택하여 프로그램을 설명할 수 있다.
		하	문제를 해결하는 프로그램을 만드는 과정에서 순차, 선택, 반복이 있음을 알 수 있다.

　　이를 종합해 보면 결과적으로 성취 기준의 달성 여부를 확인하되 컴퓨팅 사고력의 향상 정도를 측정할 수 있는 평가여야 하며, 실제 수행 능력을 평가할 수 있는 다양한 평가 방법을 적용해야 한다. 그리고 교

육과정과 수업, 그리고 평가가 일체화되기 위해서는 수업계획 단계에서부터 평가를 고려하여 수업을 설계해야 한다. 하지만 아직까지 컴퓨팅 사고력에 대한 평가를 어떻게 해야 하는지에 대한 객관적인 평가 기준과 구체적인 평가 문항 등이 부족하다. 연구자들의 경우는 컴퓨팅 사고력을 직접 측정하기 어려운 경우 검증된 평가지가 있는 창의력이나 문제 해결력 등을 측정하여 간접적으로 사고력이 향상됨을 입증하는 방법을 사용하곤 한다. 하지만 학교 현장에서의 평가를 이렇게 접근하기는 어렵다.

아직 많진 않지만 일부 학자들을 중심으로 컴퓨팅 사고력을 측정하는 방법들을 연구하여 논문으로 발표한 경우가 있어 잠깐 소개하겠다. 세이터Linda Seiter와 포먼Brendan Foreman은 스크래치 프로그래밍을 통해 초등학생들의 컴퓨팅 사고 능력을 평가하기 위해 PECT 모형(the Progression of Early Computational Thinking Model)을 제안하였다. PECT 모형은 증거변수와 설계패턴변수를 포함하고 있는데 증거변수는 스크래치로 작성된 프로그램의 특성들인 형태(Looks), 소리(Sound), 동작(Motion), 변수(variables), 순차와 반복(sequence & looping), 연산(Operators), 이벤트(Event), 병렬화(Parallelization), 조건(Conditionals) 등으로 구성되어 있다.

설계패턴변수는 스크래치 프로그램의 맥락적 능숙도에 기초한 변수들인 생동감 있는 형태(Animate looks), 생동감 있는 동작(Animate motion), 사용자 상호작용(User interaction) 등으로 구성되었다. 학생들이 스크래치로 완성한 프로그램을 이 두 개의 변수로 이루어진 매트릭스에 배치해서 학생의 수준을 3단계(기초 Basic, 발전 Developing, 능숙 Pro

PECT 모형의 증거변수

	1 - Basic 기초	2 - Developing 발전	3 - Proficient 능숙
형태	Say, think. 말하기, 생각하기	다음 모양으로 바꾸기, 보이기, 숨기기	Switch to costume. 모양을 어떤 것으로 바꾸거나 정하기, 색깔/크기 등 바꾸기
소리	소리 재생하기 연주하기 등	재생하기, 끝까지 재생하기	
동작	움직이기, 스프라이트 위치로 이동하기, 방향보기, 돌기	X, Y로 이동하기 X, Y만큼 움직이기	정하기, X,Y를 바꾸기
변수	스크래치 변수 (스프라이트, 마우스포인터, 대답하기 등)	새로운 변수 (정하기, 바꾸기)	새로운 리스트
순차와 반복	순차	반복하기, 무한반복하기	만약 ~일 때 무한반복하기, ~까지 반복하기
불(boolean) 연산식	감지 연산자	⟨, =, ⟩, ~보다 작다, 같다, ~보다 크다	그리고, 또는, ~아니다. And, or, not.
연산	사칙연산 등	문자열과 무작위수	리스트
조건	만약 ~라면	만약 ~라면, 아니면	중첩 조건문/ 다중 조건문
사용자환경 이벤트	녹색 깃발을 클릭했을때	키를 눌렀을 때, 스프라이트를 눌렀을 때	묻고 기다리기
병렬화	2개의 스크립트가 동일한 이벤트에서 시작되기		
초기설정 위치	시작할 때 위치 등 속성 정하기		
초기설정 형태	시작할 때 모양 등 속성 정하기		

증거변수와 설계패턴변수를 교차시켜 만든 PECT 평가 모형

생동감 있는 형태	Basic 기초		Developing 발전	Proficient 능숙	
	형태 바꾸기		초기화 및 바꾸기	동기화된 상태	동기화된 이벤트
형태 초기화	0	0	1	1	1
순차와 반복	1	2	1	3	1
형태	2	2	3	3	3
조직화	1	0	1	0	2
병렬화	0	0	0	1	0

생동감 있는 동작 Animate Motion	Basic 기초		Developing 발전	Proficient 능숙
	위치 바꾸기		초기화 및 바꾸기	관련된 움직임
위치 초기화	0	0	1	1
순차와 반복	1	2	1	1
동작	1	1	2	3
조직화	1	0	1	0

상호작용	Basic 기초	Developing 발전	Proficient 능숙	
	독백	동기화된 대화 시간	동기화된 상태	동기화된 이벤트
순차와 반복	1	1	3	1
형태 또는 소리	1(looks/형태), 2(sound/소리)	1, 2	1, 2	1, 2
조직화	0	1	0	2
병렬화	0	1	1	0

ficient)로 나누어 평가하고자 한 것이다. 예를 들어 학생의 프로그램에서 형태와 관련된 기초적인 명령인 말하기와 생각하기 정도가 사용되었다면 기초단계로, '모양을 ~으로 바꾸기나 정하기', '색깔/크기 등 바꾸기'까지 사용되었다면 능숙 단계로 평가할 수 있겠다.

말이 어려운데 좀 더 쉬운 말로 풀어 보자면 아이들이 완성한 스크래치 프로그램을 보고, 스크래치의 특성들인 형태(Looks), 소리(Sound), 동작(Motion) 등이 잘 구현되어 있는지, 또한 구현된 프로그램이 실감나게 잘 작동하는지, 사용자와의 상호작용 요소를 포함하고 있는지 등을 상, 중, 하 3단계로 나누어 평가를 하겠다는 것이다.

예를 들어, 상호작용의 순차와 반복 영역에서 독백 수준에 머물렀을 때 기초단계의 점수만 획득할 수 있는 반면, 동기화된 이벤트 수준까지 이르렀다면 기초, 발전, 능숙 단계의 점수를 모두 획득할 수 있다. 즉 학생 산출물에서 컴퓨팅 사고 능력의 증거에 해당하는 부분을 찾아 분석하여 점수를 매기며 평가하는 형태라 생각하면 되겠다. 만약 우리가 학교에서 스크래치를 통해 프로그래밍 활동을 전개한다면 이 PECT 모형을 활용해 평가해 볼 수도 있겠다.

아직은 교육과정 상이나 평가 지침 등에 컴퓨팅 사고력을 평가할 수 있는 평가 루브릭이 명확하게 제시되지 않았기 때문에 현재의 상황에서는 성취기준과 학습 목표를 기준으로 이를 달성했는지를 확인함으로써 소프트웨어 교육 후 평가를 실천하는 방법이 최선인 것 같다. 그럼, 다음에 나오는 실제 언플러그드 활동 교수학습과정안을 통해 교육 계획에 따른 평가가 어떻게 이루어질 수 있는지 살펴보도록 하자.

언플러그드 활동 교수학습과정안의 세부 평가계획

교과	실과	대상	5~6학년	시간	40분
성취기준	6실04-11. 문제를 해결하는 프로그램을 만드는 과정에서 순차, 선택, 반복 등의 구조를 이해한다				
학습주제	강아지 집 찾기 놀이를 통해 반복 구조에 대해 알기				
학습목표	강아지 집 찾기 놀이를 통해 반복 구조에 대해 이해한다				
CT요소	□ 분해 □ 패턴인식 □ 추상화 ■ 알고리즘 □ 자동화				
학습자료	교사용	컴퓨터, 수업용 ppt			
	학생용	문제 해결 활동지			

학습활동	도입	전개			정리
	동기유발: 관련 경험 이야기하기	활동1: 문제 상황 이해하기	활동2: 문제 해결 방법 찾기	활동3: 문제 해결 하기	학습정리: 학습 내용 정리하기

평가계획	구분	평가관점	방법	시기
	지식	반복 구조를 이해했는가?	산출물(활동지)	수업 후
	기능	반복 구조를 활용하여 문제를 해결했는가?	관찰 (체크리스트)	수업 중
	태도	수업 활동에 적극적으로 참여했는가?	관찰 (체크리스트)	수업 중/후

　　해당 차시의 목표는 강아지 집 찾기 놀이를 통해 반복 구조에 대해 이해하는 것이다. 이를 지식과 기능, 태도로 나누어 각각의 평가 관점을 작성하고, 평가 관점에 따라 적절한 평가 방법인 산출물 평가와 관찰 평가를 각각 선정한다. 그리고 평가는 수업의 결과에서만 이루어지는 것이 아니라 전 과정을 걸쳐 이루어져야 하므로 수업 전, 중, 후 언제 실시할 것인지 여부도 결정한다. 해당 평가 계획을 토대로 마련한 세부

교수학습과정안은 다음과 같다.

교육학습과정안

학습과정	교수학습 활동	평가활동	유의점 및 자료
도입	• 동기유발(3') – 길을 잃은 동물을 본 적이 있는지 이야기하기 • 활동안내(2') 학습목표 : 강아지 집 찾기 놀이를 통해 반복 구조 알기 – 활동1 : 문제 상황 이해하기 – 활동2 : 문제 해결 방법 찾기 – 활동3 : 문제 해결하기	태도 (관찰)	• 강아지가 길을 잃고 울고 있는 모습의 그림 자료 *체크리스트(교사용/아동용)
전개	[활동1] 문제 상황 이해하기(10') –문제 상황 살펴보기 〈문제 상황 : 강아지가 길을 잃었어요〉 1. 강아지가 길을 잃었다. 2. 집까지 가려면 숫자가 적힌 화살표가 필요하다. 3. 일정한 방향을 나타내는 화살표를 반복 사용하여 집을 찾아야 한다. 4. 최소한의 화살표를 사용해서 집을 찾는다.	태도 (관찰)	• 문제 상황을 정확하게 이해하도록 지도한다 *체크리스트(교사용/아동용)

학습과정	교수학습 활동	평가활동	유의점 및 자료
전개	[활동2] 문제 해결 방법 찾기(10') -조건을 만족하면서 강아지 집을 찾아줄 수 있는 방법 모색하기 〈문제 해결 방법 예시〉 -0,7,0,7,0,7,0,7 → 이렇게 화살표를 사용 : 0와 7 화살표를 4번 반복하여 해결한다. -0,0,0,0,7,7,7,7 → 이렇게 화살표를 사용 : 0과 7 을 각각 4번씩 반복하여 해결한다. 등	태도 (관찰) 기능 (관찰)	• 다양한 방법을 찾아보도록 한다 *체크리스트 (교사용/아동용)
	[활동3] 문제 해결하기(10') -자신이 찾은 방법으로 문제 해결하기 -자신이 찾은 방법과 친구가 찾은 방법을 비교하여 누구의 방법이 더 효율적인지 생각해 보기 -어떻게 문제를 해결했는지 발표하기	태도 (관찰) 기능 (관찰)	• 붙임 딱지를 이용하거나 직접 그려서 해결하기 • 활동지 *체크리스트 (교사용/아동용)
정리	• 활동 내용 정리하기 -반복 구조 이해하기 명령문을 특정 횟수만큼 반복하거나 주어진 조건이 만족할 때까지 반복하는 과정을 (반복)구조라고 합니다.	태도 (관찰) 지식 (산출물)	• 활동지 (산출물) *체크리스트(교사용/아동용)

소프트웨어 교육의 평가 방법

평가는 크게 양적 평가와 질적 평가로 이루어질 수 있다. 소프트웨어 교육에서 이루어지는 양적 평가의 경우를 생각해 보면, 컴퓨터과학을 기반으로 하는 기초적인 개념이나 원리가 포함된 지식을 묻는 평가를 전통적인 지필평가 또는 실기평가로 실시하는 경우가 있겠다.

질적 평가의 경우 관찰을 통해 학습자의 능력을 평가하거나, 인터뷰를 통해 학습자의 인식과 문제 해결 과정에 대한 참여도 등을 평가할 수 있다. 이때 평가 전략으로 타인에 의한 관찰이나 인터뷰 분석법, 자기 평가 및 동료 평가를 활용할 수 있다. 자기 평가의 경우 본인의 작품 속에서 자신의 사고 과정을 반성적 사고를 통해 성찰해 봄으로써 메타인지를 발달시킬 수 있는 기회를 제공할 수 있다.

또한 동료 평가의 경우 다양한 방법으로 전개할 수 있는데, 소프트웨어 교육에서 가장 많이 활용하는 동료 평가는 온라인에서 공유된 친구의 작품을 살펴보고, 직접 피드백을 댓글로 남기거나 '좋아요'와 같은 버튼을 활용해 친구의 작품을 칭찬하는 것이다. 오프라인에서는 친구들의 작품이나 수업 참여도를 직접 살펴보고 칭찬 스티커나 칭찬 자석, 칭찬 별 등을 개인별 또는 모둠별로 서로 제공함으로써 동료 평가를 실시할 수 있다. 이와 같은 동료 평가는 학생들의 소프트웨어 교육에 대한 정적 강화正的强化를 제공할 수 있어 학생 개개인에 성취감은 물론 소프트웨어 교육에 대한 긍정적인 이미지와 동기를 불어넣는 효과가 있다.

그러면 우리보다 먼저 소프트웨어 교육을 시작한 다른 나라에서는 평가를 어떻게 하고 있을까? 여기서는 2014년 카렌 브레넌Karen Brennan이 MIT 창의컴퓨팅에서 제시한 평가 방법을 소개하고자 한다.

크게 6가지의 평가 방법을 제시하였는데 첫 번째가 프로젝트 기반의 산출물 평가이다. 이는 말 그대로 프로젝트의 결과물을 평가하는 것이기에 장기적인 관점에서 이루어지는 평가이다. 학기말 과제나 팀 프로젝트, 산출물 대회 등 최종 결과물을 평가하는 형태이긴 하나 점수보다는 인증제나 자격을 부여하는 방향을 지향함으로써 과정을 중시한다.

두 번째 방법은 포트폴리오 다면 분석 평가이다. 학생들이 온라인에 탑재한 프로젝트들을 모아놓은 포트폴리오를 컬러 검색 엔진으로 분석하는 것이다. 프로젝트를 통해 나온 학생들의 작품에는 하나의 정답만 있는 것이 아니다. 따라서 알고리즘의 적합성, 코딩의 효율성 등을 기준으로 평가해야 한다.

세 번째 방법은 디자인 시나리오 평가로 실제적으로 어떤 프로젝트를 개발하는 것이 아니라 개발된 작품을 학생에게 주고 개발 시나리오와 프로그래밍 기법, 알고리즘 등에 대해 설명하도록 한다. 또는 의도적으로 오류가 포함된 문제를 제시하고, 이 오류를 바로 잡을 수 있는 해결 방안을 설명하도록 함으로써 평가를 진행한다.

네 번째 방법은 산출 기반 인터뷰이다. 작품을 만든 학생들을 대상으로 인터뷰를 진행하여 문제 해결 과정에서 발휘된 역량이나 창의성 등을 평가하는 것이다. 이 과정에서 작품에 대한 학생의 의도나 목적, 기능 등에 대해 보다 자세하게 알 수 있다.

다섯 번째 방법은 학습자 문서 분석이다. 학생들이 문제 해결 과정에서 생산하는 아날로그 또는 디지털 문서를 분석하여 학생들의 발전 과정을 확인할 수 있다.

동료 평가의 다양한 방법. 오프라인에서는 칭찬스티커를, 온라인에서는 댓글 달기 등이 많이 활용된다.

　마지막으로 제시된 방법은 스스로의 참여도를 체크리스트로 알아보는 자기 평가나 산출물에 대한 동료 평가표를 통한 동료평가이다.

　앞에서도 언급했지만 아직 소프트웨어 교육 평가에 있어서는 명확한 기준이나 내용, 자료 등이 많이 부족한 상태다. 현재 제시된 2015년 개정 교육과정이나 소프트웨어 교육 운영지침에 나와 있는 평가에 대한 사항만으로는 학교 현장에서 평가 계획을 세우고 실행하기에 어려움이 있다. 현장에서 필요로 하는 것은 보다 체계적이고 구체적인 평가 루브릭이다. 평가 루브릭은 평가자들에게 평가 시 활용할 수 있도록 각각의 수행 수준의 특징에 대한 정보를 명세화하여 제공한다. 또한 학습자에게는 자신이 어느 수준에 도달해 있는지에 대해 분명한 피드백을 제공하여 향후 수행 능력 향상을 위하여 무엇이 필요한지도 분명하게 알 수 있게 해준다.

　반가운 소식은 조만간 교육부에서 소프트웨어 교육의 성취기준에 대한 구체적인 가이드라인을 발표한다는 것이다. 이렇게 개발된 평가 관련 자료는 현장에 보다 실제적인 도움을 줄 수 있다. 명확한 기준이나 표준으로서 제공되는 탑다운 방식의 자료들은 현장의 혼란과 불안을 잠재울 수 있다. 하지만 여기서 끝이 나서는 안 된다. 이런 자료들을 바탕으로 현장에서 직접 사용하는, 사용할 수 있는 현장 밀착형의 살아있는 다양한 평가 자료들도 현장 교사들에 의해 개발되어야 한다. 교육을 평가와 따로 떼어 생각할 수 없기에 평가에 대한 더 많은 고민과 연구로 개발된 자료들은 소프트웨어 교육의 현장 안착에 큰 도움이 될 것이다.

5

EPL, 레벨업

다양한 접근법

릴레이 이야기 만들기

　아이들과 영화를 볼 기회가 있을 때마다 함께 보는 영화가 한 편 있다. 픽사와 월트 디즈니에서 만든 애니메이션 월-E. 2008년 개봉작이니 제법 연차가 있는 영화건만 다시 봐도 재미가 있다. 표면적인 내용은 주인공으로 등장하는 월-E와 이브라는 로봇의 사랑 이야기이다. 내가 인상 깊게 보았던 부분은, 계속되는 개발로 인해 환경이 파괴된 지구는 더 이상 인간이 살 수 없는 쓰레기장이 되고, 우주를 떠돌며 먹고 놀기만 하다 보니 중력이 약한 우주에서 뼈 밀도가 감소해 마치 아기와도 같이 고도비만형이 된 인간의 모습이었다.

　이 영화 속 인간들은 교통수단이자 통신수단인 의자에 앉아 진정한 소통이나 교류 없이 기계적인 삶을 살아간다. 인간이건만 인간답지 않은, 생각할 수 있으나 생각할 필요가 없고, 생각할 의욕조차 없는 인간의 모습을 보면서 우리 사회 역시 학교와 교실이라는 공간 속에서 우리 아이들을 그저 알려 주는 것만 알게 하고, 주는 것만 먹고, 옆 친구가 지금 무슨 생각을 하는지, 무슨 일이 있는지에는 조금도 관심이 없는 사람으로 키우고 있는 건 아닌지 쓸쓸한 생각이 들었다.

하루가 다르게 변화하고 있는 현대 사회에서 인류가 당면한 문제들은 한 분야의 지식이나 기능으로는 해결할 수 없는 성질의 것들이다. 과거에는 '나 홀로 학자형' 즉, 소수 엘리트들이 연구실에서 열심히 연구하면 그것이 사회에 도움이 되는 시대였고, 또 그것이 가능한 시대였다. 하지만 지금은 그렇지 않다. 제아무리 뛰어난 천재라 하더라도 복합적이고 융합적인 문제를 해결할 때는 다른 분야의 전문가와 함께 고민하고, 함께 연구해야 하는 '집단지성' 시대가 된 것이다.

집단지성은 하버드대학 교수인 윌리엄 모턴 휠러가 개미의 사회적 행동을 관찰하면서 처음 제시하였으며, 이후 사회학자 피에르 레비 Pierre Levy가 사이버 공간에서의 집단지성 개념을 정리한 바 있다. 피에르 레비는 『세계철학 World Philosophy』(2000년)에서 "과학 기술을 이용해 인류사회는 공동의 지적 능력과 자산을 서로 소통하면서 집단적 지성을 쌓아 왔으며, 이 집단지성을 통해 시공간의 제약을 극복한 인류의 진정한 통합으로 새로운 진화의 완성단계에 이를 수 있다"고 하였다.

말이 어렵다. 예를 들어 생각해 보자. 집단지성의 예로는 우리가 지금 사용하고 있는 위키피디아, 즉 위키백과가 있다. 여러 사람이 자유롭게 열람하고, 확실하지 않거나 잘못된 정보는 누구나 수정하고 삭제할 수 있는 형태의 인터넷 자료열람 사이트이다. 다양한 사람들의 종합적 지식이 한데 모아져 있어 매우 정확한 정보가 업로드 될 수 있는 시스템이다. 오픈 소스open source 역시 집단지성의 좋은 예이다. "오픈 소스는 소프트웨어 혹은 하드웨어의 제작자의 권리를 지키면서 원시 코드를 누구나 열람할 수 있도록 한 소프트웨어, 혹은 오픈 소스 라이선스에 준하는 모든 통칭을 일컫는다"고 정의되는 만큼 이용자들이 임의로 수정, 편집이 가능하고 토론이 가능하여 더 나은 발전을 낳게 한다. 집단지성의 핵심 키워드가 '공유'와 '협업'이라는 것을 알게 해주는 대목이다.

구글의 창업자 에릭 슈미트는 아이디어 창출의 가장 좋은 방법을 '논쟁', 즉 토론으로 보았다. 토론 수업은 서로의 생각을 공유하고 협업이 가능하도록 하는 교수법이다. 집단지성을 모으기 위한 토론 수업에서 아이들은 생각의 공유와 협업으로 더욱 성장하고 발전할 수 있다. 소프트웨어 수업, 아니 컴퓨터와 관계된 수업을 좋지 않게 보는 시선 중 하나가 모니터만 뚫어져라 쳐다보며 또래 상호작용이 적다고 보는 것, 즉 소통, 공유, 협업의 가치가 다른 수업에 비해 약하다는 것이다.

하지만 그것은 어느 교과나 마찬가지다. 이는 방법적 문제이기 때문에 어떤 수업이든 소통과 공유, 협업이 활발한 수업이 될 수도 있고, 그렇지 못할 수도 있다. 언플러그드 활동을 제외하고 컴퓨터라는 매체를 가지고 하는 소프트웨어 수업의 특성상 소통과 공유, 협업이 덜한 수업으로 흐를 가능성이 있기도 하다. 특히 프로그래밍 과정을 개인화하면 이런 문제는 더욱 심화된다.

어떻게 하면 프로그래밍도 함께 고민하고 소통하는 협업의 행태로 할 수 있을까 하는 생각으로 시작한 릴레이 이야기 만들기 활동. 간단하지만 함께하는 가치와 즐거움을 경험할 수 있는 협업 프로그래밍 활동이다.

먼저 모둠원이 모두 모여 함께 줄거리를 짠다. 전체적인 스토리 얼개가 완성되면 그 이야기를 4등분 한다. 일종의 문제 분해인 셈이다. 4등분된 이야기를 각자 맡아서 알고리즘을 설계하되 서로 돌아가며 알고리즘을 확인하고 수정하거나 의견을 제시한다. 이렇게 결정된 각 모둠의 이야기와 알고리즘을 만들기에 앞서 반드시 전체 친구들을 대상으로 어떤 이야기를 어떤 알고리즘으로 풀어갈 것인지 발표한다. 모둠 내에서도 공유와 소통이 이루어지지만 전체적으로도 공유와 소통을 한 번 더 실현하기 위해서이다. 따라서 이때도 반드시 궁금한 점이나 의견 등을 받도록 한다.

그렇게 이야기와 알고리즘에 대한 설계가 마무리되면 자신이 맡은 부분에 대한 프로그래밍을 시작한다. 이 과정에서 설계한 대로 구현이 잘 되지 않거나 오류가 발생하는 부분에 대해서는 모둠 친구들의 도움을 받을 수 있다. 이렇게 완성된 각 부분의 이야기는 엔트리 학급에 올려서 한 번에 볼 수 있도록 한다. 엔트리 플랫폼에는 프로그래밍 학습을 위한 일종의 사이버 학급을 개설할 수 있는데 교사가 개설한 학급에 반 아이들 또는 동아리 아이들이 들어와 프로그래밍 학습 상황을 확인하거나 지원할 수 있다. 또한 교사가 본인이 지도하는 사이버 학급의 학생들에게 맞춤형 프로그래밍 수업을 위한 강의도 제작하여 올릴 수 있다. 아이들은 이 학급 내에서 교사가 올린 콘텐츠를 학습하거나 프로그래밍을 할 때 도움을 받을 수 있고, 본인이 만든 작품을 탑재하여 반 친구들과 서로 공유하고 감상할 수 있다. 조만간 하나의 작품에 여러 친구들이 함께 작업할 수 있는 공유문서 개념의 서비스도 실시된다고 하니 협업을 위한 도구로서 손색이 없을 것 같다.

이처럼 함께하는 가치를 배울 수 있는 협업 프로그래밍 활동을 일종의 페어(Pair) 프로그래밍 기법으로 볼 수 있다. 페어 프로그래밍 기법은 말 그대로 짝과 함께 프로그래밍을 하는 것이다. 예를 들어 하나의 프로그램을 완성하는 과정에서 서로 블록을 하나씩 놓아가며 협력 작

일종의 협업 프로그래밍인 릴레이 이야기 만들기. 교사의 역할이 매우 중요하다.

업을 해나갈 수도 있고, 각자 맡은 블록 내에서 해당 블록이 필요한 경우에 서로 도와가며 프로그램을 완성할 수도 있다. 또는 시간을 정해놓고 번갈아가면서 하나의 프로그램을 만들 수도 있다.

함께 프로그래밍을 하기 때문에 작업에 대한 집중도가 높고 집중 시간도 길다. 전문성이나 경험의 공유를 바탕으로 작업이 이루어지기 때문에 상호 지도와 학습이 효율적으로 일어난다. 또한 작업 중 부딪히는 어려움 속에서도 상호 격려를 통해 좌절하지 않고 끝까지 문제를 해결해 나간다. 물론 장점만 있는 것은 아니다. 협력이 잘 되지 않을 경우 상호 견제나 의견 충돌이 일어날 수 있다. 보다 큰 문제는 잘하는 학생이 혼자 프로젝트를 수행하고 나머지 학생은 무임승차하는 일이 발생할 수 있다는 것이다. 또 문제가 해결되지 않았을 때 책임을 상대방에게 떠넘김으로써 갈등 상황이 발생할 수도 있다.

잘만 되면 협력의 가치는 물론 의사소통 및 대인관계 능력 등 21세기 학습자에게 요구되는 인성 역량까지 키울 수 있지만, 잘 되지 않을 경우에 서로에게 상처만 주고 컴퓨팅 사고는커녕 수업 목표도 달성하지 못하고 실패하는 학습 전략이 될 수도 있다. 따라서 이와 같은 페어 프로그래밍을 적용한 수업을 실시할 때는 그 어느 때보다 교사의 역할이 중요하다. 아이들이 서로에게 믿음을 가질 수 있도록 격려하고, 상대가 아니라 자신이 실수할 가능성에 대해서도 미리 알려줘야 한다. 한 사람에게 무게 중심이 쏠리지 않도록 자연스럽게 돌아가면서 프로그래밍을 할 수 있도록 분위기를 유도하는 것도 교사의 몫이다.

이런 전략들보다 좀 더 명쾌한 비법은 앞에서 제시된 릴레이 이야기처럼 아이들이 함께 프로그래밍 하는 가운데 스토리를 만들도록 하는 것이다. 이야기가 지닌 재미와 상상력이 우리 아이들을 좀 더 여유 있게 만들고 친해지도록 만드는 역할을 한다. 이런 작지만 소소한 학습 전략을 적재적소에 사용할 줄 아는 능력 역시 교사의 전문성이라고 생각한다. 함께 배우고 서로 협력하는 아이들로 키울 수 있는 교사야말로 이 시대에 진정으로 필요한 교사가 아닐까.

플립러닝으로 시간과 공간의 제약 넘기

머릿속에서 생각한 것을 프로그램으로 만들기까지는 짧다면 짧고 길다면 긴 시간이 필요하다. 2015 개정 교육과정이 학교 현장에 적용되어 소프트웨어 교육이 전국의 초등학교에서 실시된다면 5~6학년 실과 교과에서 17시간, 즉 1학기 주 1회 정도의 수업이 이루어지는 셈이다. 창의적 체험활동에서 소프트웨어 교육 시간을 확보한다 해도 언플러그드 활동에서부터 정보윤리교육, 알고리즘 체험, 프로그래밍까지 모두 제대로 소화하기란 쉽지 않다.

잘못하다간 소프트웨어 교육을 맛보기만 하다가 끝낼 수도 있고, 수박 겉핥기식 수업이 될 가능성도 있다. 특히 알고리즘 체험에서 프로그래밍까지의 수업에서는 개인별 수준 차이가 제법 난다. 각기 다른 수준의 아이들과 모자라는 시간 등을 놓고 보면, 17시간밖에 되지 않는 시간으로 어떻게 컴퓨팅 사고력을 높일 수 있느냐는 지적도 틀린 말은 아니다. 그렇다고 방법이 없는 것은 아니다. 앞에서 교과와 연계한 프로그래밍 교육 예시를 보여준 것처럼 각 교과에서 교육과정을 재구성함으로써 시수를 좀 더 확보하는 방법이 있다. 그것으로도 부족하다면 가정과 연계한 교육, 나아가 플립러닝도 방법이 될 수 있다.

플립러닝Flipped Learning은 우리나라에서는 '거꾸로 교실'로 잘 알려져 있다. 즉 학습해야 할 주제에 대해 가정에서 먼저 공부한 뒤 학교에서는 보다 심화된 활동으로 해당 주제를 학습하는 것이다. 가정에서 이루어지는 사전 학습에서는 학생 스스로 공부할 수 있게 도와주는 강의 동영상이 주로 제공된다. 그리고 교실에서 이루어지는 수업에서 아이들은 또래들과의 토론이나 교사의 도움을 통해 심화된 학습 활동을 수행한다. 가정에서 이루어지는 사전 학습을 위해 교사가 할 일은 기존 수업 중 어떤 부분을 온라인 학습에 배정할 것인지를 결정하는 것이다. 교실에서의 수업이 성공적으로 이루어지기 위해서는 이 사전 학습의 성공 여부가 매우 중요한 요소가 된다.

이런 플립러닝을 어떻게 소프트웨어 교육에 적용할 수 있을까. 예를 들어 엔트리 학습을 통한 기초적인 알고리즘을 체험하는 수업의 경우,

실제 해당 차시 수업을 사전 학습 없이 진행하면 잘 하는 아이와 그렇지 못한 아이들 사이에 꽤 큰 실력 차이가 나타난다. 예상되는 이러한 문제를 최소화하기 위해 아이들에게 엔트리 학습을 사전에 시켜 보는 것이다. 학생들은 저마다 가정에서 각 단계를 미리 접해봄으로써 학교에서보다 훨씬 더 여유 있게 알고리즘 체험 활동을 할 수 있다. 이렇게 절약된 시간은 해당 미션에 내재하는 알고리즘에 더 집중할 수 있게 함으로써 보다 심화된 내용 학습이 이루어질 수 있다.

마찬가지로 학교 수업 시간에 완성하지 못한 프로그램을 가정에서의 사후 학습을 통해 완성하는 가정 연계 학습도 이루어질 수 있다. 특히 사후 과제의 경우 엔트리에 개설된 사이버 학급을 통해 관리할 수 있다. 학생들에게 과제를 학급 게시판을 통해 제시할 수도 있고, 수업 시간에 미처 다 완성하지 못한 프로그램은 가정에서 완성한 뒤 온라인 학급에 탑재하여 친구들과 공유하도록 하는 것이다.

엔트리 사이버 학급에는 교사가 직접 강의를 묶어 올리는 강의/코스 기능이 있어 아이들과 함께 만들어 보고 싶은 프로젝트나 작품을 교사가 미리 올려놓고 집에서 가정학습을 해오도록 하거나, 학교에서 배웠던 내용을 토대로 좀 더 난이도가 높은 프로젝트를 올려놓고 심화학습으로 선택하여 학습하도록 할 수도 있다. 즉, 다양한 형태로 플립러닝 수업을 전개하여 수업 시간에는 컴퓨팅 사고의 신장에 보다 집중할 수 있는 소프트웨어 교육 활동을 전개하거나 수업의 보조 수단으로서 학습 사이트를 다양한 측면에서 활용할 수 있는 것이다. 이를 통해 교실이라는 공간과 한정된 시간적 제약을 극복하여 본질에 충실한 교육에 한 발 더 다가설 수 있다.

① 가정에서의 사전학습을 통해 알고리즘 활동을 체험한다.

② 학교에서는 해당 미션의 알고리즘에 대해 심화 학습을 한다.

③ 프로그램 완성은 집에 돌아가서 해도 된다.

④ 온라인 학급에 탑재하고 공유한다.

온라인 코딩파티

2015년 처음 열린 코딩파티가 2016년에도 열렸다. 온라인 코딩파티는 교육부와 미래창조과학부가 주최하고 한국과학창의재단과 엔트리교육연구소, 한국마이크로소프트사가 주관하며 정보통신산업진흥원과 커넥트재단이 후원하는 행사로서 누구나 소프트웨어를 쉽고 재미있게 배울 수 있도록 온라인상에서 다양한 수준의 코딩 미션을 해결해 보는 소프트웨어 축제이다.

2016 온라인 코딩파티는 엔트리의 블록형 코딩 미션을 해결하는 세션과 마이크로소프트사의 touch develop를 활용하여 코딩 미션을 해결하는 세션으로 이루어졌다. 엔트리는 앞에서도 여러 번 소개했으니 생략하자. touch develop는 웹 브라우저에서 터치를 통해 쉽고 간단하게 프로그램을 만들 수 있도록 고안된 교육용 프로그래밍 언어이다. 텍스트 기반의 교육용 프로그래밍 언어를 보다 재미있고 쉽게 습득할 수 있도록 구성되어 있는데 아무래도 엔트리 블록형 코딩 미션보다는 난이도가 있어 초등학생보다는 중학생들이 많이 이용하였다.

그래서 우리 아이들은 친숙한 엔트리 블록형 코딩 미션을 해결하며 축제를 즐겼다. 엔트리 블록형 코딩 미션은 크게 다섯 가지로 이루어져 있었는데 작품을 체험해 보는 '캐릭터 만들기', 초등학교 저학년 친

교실을 벗어나 외부 행사에 참여해 보는 경험은 아이들의 자신감을 키워준다.

구들을 위한 '엔트리 학교가기', 고학년 친구들을 위한 '로봇공장 부품 모으기'와 '전기자동차 운전하기', 중등학생들을 위한 '우주 여행하기' 등이다. 엔트리에 이미 익숙한 아이들이기에 미션 도전에 대한 두려움 보다는 설렘으로 가득한 모습을 볼 수 있었다. 마지막 단계인 우주 여행하기에서 미션을 해결하지 못하거나 조금 시간이 걸리는 모습이 보였지만 골똘히 미션을 해결하고자 모니터를 뚫어져라 바라보는 모습이 제법 진지하였다.

특히 마지막 우주 여행하기 미션을 빨리 해결한 친구들이 아직 해결 방법을 찾지 못하고 끙끙거리는 친구들에게 한두 마디의 팁을 주자 나머지 친구들도 금방 해결하는 모습을 볼 수 있었다. 아이들 사이에서 자신도 모르는 사이에 이루어지는 또래 코칭의 순간이다. 이렇게 하나둘 미션을 해결할 때마다 아이들은 인증서를 받았다. 모든 미션을 다 끝내

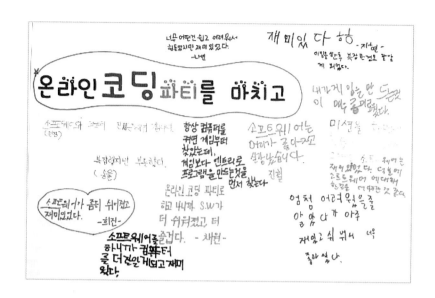

야만 받는 것이 아니라 해당 미션을 해결할 때마다 받다 보니 다음 미션에 또 도전해야겠다는 의지를 끌어올려 준다.

그렇게 온라인 코딩파티가 막바지로 다다랄 때쯤, 아이들에게 롤링페이퍼를 적어 보도록 하였다. 온라인 코딩파티에 참여한 소감을 적어보도록 말이다. 이 온라인 코딩파티를 통해서 소프트웨어가 더 쉽고 즐거워졌다는 아이, 머리가 좋아지는 것을 실감했다는 아이, 힘들기도 했지만 재미있었다는 아이, 복잡했지만 하고 나니 뿌듯했다는 아이. 이러한 반응을 일반화할 수는 없지만, 적어도 우리 아이들에게는 온라인 코딩파티의 기획 의도나 목표가 충분히 달성되지 않았나 생각한다.

요란하게 한 번 반짝이고 마는 이벤트식 행사는 교육에 있어서 지양해야 할 일이라 생각한다. 특히 교육과정과 연계되지 못하는 실적 위주의 전시성 행사는 대부분 교육적 목적을 달성하지 못할 뿐만 아니라 교사와 학생들에게 피로감만 안겨준다. 처음 온라인 코딩파티를 접했을 때 이 행사 역시 그런 전시성 행사가 아닐까 하는 의심을 했었다. 아이들이야 즐거운 마음으로 자발적으로 참여했지만, 나로서는 괜한 보여 주기식 행사에 우리가 동원되는 것은 아닌가 하는 우려를 했던 것이 사실이다.

하지만 실제로 행사에 참여하면서 그런 우려는 싹 사라졌다. 특히 2015년의 시행착오를 거쳐 2016년에는 더욱 체계화되고 발전된 모습을 보면서 이 행사가 추구하고자 하는 교육적 목적에 충분히 공감할 수 있었다. 그래서였을까? 2015년 약 12만 6천명의 학생이 참여한 데 이어, 2016년에는 무려 38만 2천명이 넘는 학생들이 참여했단다. 올 5월 말에도 2017 온라인 코딩파티 시즌1이 열렸고 나 역시 아이들과 참여했다. 즐거운 놀이가 된 교육, 그 속에서 성취감을 느끼고, 스스로의 힘으로 사고한다는 느낌을 스스로 인식한 교육, 이 정도면 이 행사는 학교 현장에서 이루어지는 수업을 넘어서 소프트웨어 교육의 저변 확대와 문화 조성에 상당히 이바지했다고 평가할 수 있다.

수업을 통해 아이들의 실력이 어느 정도 수준에 이르렀을 때 이런 행사에 참여해 자신의 역량을 확인해 보게 하는 것도 좋은 교육 방법이다.

빅데이터 시대의 정보윤리

얼마 전 타계한 미래학자 앨빈 토플러는 1980년 『제3의 물결』이라는 책에서 농업혁명, 산업혁명에 이어서 정보혁명시대가 도래할 것이라 예언하였고, 이는 적중했다. 정보혁명시대 또는 정보화사회란 기술집약적인 공업사회에서 지식집약적인 정보사회로의 전환, 즉 첨단통신기술이 변화와 혁신을 주도하는 사회를 말한다. 정보통신기술의 발달은 가치관을 다양화, 개방화시킬 뿐 아니라 정보의 원활한 유통으로 말미암아 사회생활 전 분야에서 정보 이용 및 정보시스템의 일반화가 이루어짐을 의미하는 것이다.

경제적으로 보자면 교육, 통신매체, 정보기기, 정보서비스, 기타 정보활동 등으로 정보산업군을 구분하고 이들이 전체 GNP에서 차지하는 비중이 매우 큰 사회를 의미한다. 즉 자원을 대량 소비하는 하드웨어형 경제구조를 거쳐 정보화, 지식집약화, 서비스화 등으로 요약되는 소프트웨어형 경제구조로의 전환을 의미한다고 볼 수 있다.

이러한 흐름은 최근 '빅데이터 시대'로 진화하면서 말 그대로 쏟아지는 정보의 홍수 속에서 우리는 어떤 정보가 어떻게 흘러와 어떻게 지나가는지조차 인식하지 못한 채 살아간다. 누군가는 그 많은 정보 속에서 자신에게 필요한 정보를 민감하게 수집하고, 이를 가공하여 막대한 부를 축척하는가 하면, 누군가는 수많은 정보 속에서 자신에게 필요한 것이 무엇인지 몰라 허둥대기도 하고, 또 누군가는 이러한 사실조차 인식하지 못하고 있다.

빅데이터란 생성되는 데이터의 양, 주기, 형식 등이 기존 데이터에 비해 너무 크기 때문에, 종래의 방법으로는 수집, 저장, 검색, 분석하기 어려운 방대한 데이터를 뜻한다. 인터넷에 떠도는 데이터량이 1조 기가바이트에 달하는 제타바이트시대에 도달했다고 한다. 도무지 어느 정도의 양인지 추산하기 어렵다면 미국 의회도서관 정보 저장량의 약 400만 배가 넘는 양이라 가늠해 보면 되겠다.

빅데이터가 활용된 예를 보자. 네이버는 사용자가 입력한 검색어를 분석하여 개인별로 다른 기사, 블로그, 이미지를 노출하거나 뮤직서비스에서 각자의 취향에 맞는 음악을 추천한다. 이는 개별 사용자가 검색한 정보 데이터를 수집하여 그 패턴을 분석하여 예측한 것이다.

스마트폰을 이용한 통신사들의 T맵과 같은 네비게이션 기능도 빅데이터를 활용한 서비스이다. 이동 경로, 속도 등의 정보를 5분 간격으로 수집하여 사용자들에게 맞춤형 교통정보를 제공한다. 즉, 이제는 정보가 사회를 움직이는 힘, 돈과 가치가 되는 시대가 된 것이다.

편리하게 살게 되었으니 그것으로 끝일까? 그렇지 않다. 이런 활용 사례의 이면을 잘 살펴보면 개인의 검색 기록은 물론, 현재의 위치 정보, 구매 내역 등 개인의 일거수일투족이 모두 기록되고 있고, 이를 분석하고 활용함으로써 개인의 프라이버시가 일상적으로 침해되고 있는 것을 알 수 있다. 통제와 감시가 일상화되는 사회, 나아가 개인의 생활이 제어당할 수도 있는 문제를 내포하고 있는 것이다.

꽤 오래전에 윌 스미스 주연의 〈에너미 오브 스테이트〉(1998)라는 영화를 본 적이 있다. 우연히 마주친 대학 동창이 살해 현장 영상이 담긴 비디오 디스켓을 주인공 몰래 옷에 넣으면서 사건이 전개되는 액션 영화다. 이 영화 이야기를 갑자기 꺼내는 이유는 살인 사건의 배후 조직인 국가정보기관이 스파이 위성을 동원하여 지상에서 뛰어가는 주인공의 모습을 감시하는 장면 때문이다. 거의 20년 전 영화이기에 당시 영화를 볼 때만 해도 그런 기술이 마냥 신기하고 멋있게만 보였던 것 같다. 그리고 상상 속에서만 가능하다고 여겼었다.

하지만 이 영화 속 이야기는 지금 이 시대에서는 상상이 아니라 현실이다. 국가정보기관뿐 아니라 일반 기업들도 마음만 먹으면 얼마든지 개인의 정보를 수집하여, 이를 악용할 수 있다. 한 블록을 건너기도 전에 곳곳에 설치된 CCTV, 차량마다 부착된 블랙박스, 스마트폰의 위치추적 기능 등은 범죄를 예방한다는 측면에서는 긍정적이지만 무분별하게 수집된 이 정보들을 누군가 마음먹고 악용하자면 막을 방법이 없는 것도 사실이다.

"구글 안경에 카메라와 녹화 기능이 있다는 것은 우리 주변에서 일어나는 모든 일이 인터넷에 올라갈 수 있다는 것을 의미한다. …… 구글 안경은 전체주의적이며, 우스꽝스럽고, 사람을 파괴하는 일"이라고 비판한 세계적인 석학 노암 촘스키Noam Chomsky 교수의 말에서 최첨단기술의 발전이 가져온 어두운 이면을 엿볼 수 있다.

어디 이뿐인가. 온라인의 익명성을 악용한 각종 루머와 악성 댓글의 생산은 단순히 장난이라고 치부하기에는 정도가 지나쳐 한 개인의 삶, 나아가 사회의 문화까지도 파괴하는 수준에 이르고 있다. 특히 연예인이나 유명 운동선수, 정치인과 같은 공인들은 누군가가 올린 정확하지 않은 루머가 팩트 확인도 없이 확대 재생산되면서 이른바 '마녀 사냥'의 대상이 되거나 공공의 적이 되기도 한다.

이런 현상은 아이들 사이에서 사이버 왕따 또는 사이버폭력으로 이어지기도 하는데, 사이버 왕따는 문자방에 친구를 초대해서는 대화에 포함시키지 않고 투명인간 취급하는 신종 학교폭력의 한 형태이다. 또 와이파이(핫스팟) 기능을 이용해 친구의 데이터를 뺏고 친구나 모르는 사람의 SNS에 욕설이나 악성 댓글을 다는 경우도 비일비재하다.

우리 아이들이 정보사회에서 보다 행복하고 주체적으로 살아가려면 어떻게 해야 할까? 획기적인 방법이 있으면 좋겠지만 이런 문제를 궁극적으로 해결하는 방법은 교육밖에 없다. 정보윤리교육이 필요한 이유가 이것이 아닐까. 미성숙하게 태어난 인간을 교육을 통해 성숙한 시민이 되도록 하듯이, 정보사회에서 살아가면서 미성숙한 인간이 저지를 수 있는 수많은 역기능을 예방하기 위한 정보윤리교육이 필요한 것이다.

그렇다면 아이들과 함께하는 소프트웨어 수업에서도 정보윤리교육이 필요할까? 아마도 많은 선생님들이 고개를 끄덕일 것이다. 프로젝트를 하나씩 완성해감에 따라 아이들의 실력이 커가는 모습을 지켜보면서도 아이들이 주고받는 이야기가 자극적인 소재로 흘러가는 경우를 종종 발견한다. 특히 이런 분위기는 처음에는 한두 명의 학생으로 시작하지만, 시의적절한 교육이 이루어지지 못할 경우 반 전체로 퍼지기도 한다. 때론 친구들의 작품을 공유하고 댓글을 달 때 친구의 작품을 비난하거나 우습게 여기는 악성 댓글을 남길 때도 있다. 이런 일들을 사

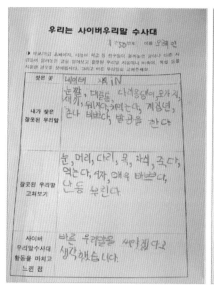
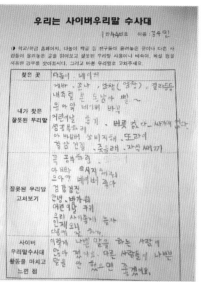

사이버 언어폭력 예방교육은 가장 보편적이면서도 필수적인 정보윤리교육이다.

전에 막기 위해 정보윤리교육은 소프트웨어 수업 전후를 막론하고 지속적으로 이루어져야 한다.

가장 보편적이면서 필수적인 정보윤리교육으로 사이버 언어폭력 예방교육을 들 수 있다. 우리 학급에서는 교실에서의 바른 언어 사용 운동과 연계하여 사이버 언어폭력 예방교육을 실천한다. 언어 사용 습관은 사람이 살아오는 동안 지속적으로 누적되는 것이기 때문에 온라인과 오프라인을 따로 떼어 생각할 수 없다. 대부분 오프라인에서 거친 언어 습관을 갖게 된 아이들이 온라인상에서도 거칠다. 물론 예외도 있다. 평소 교실에서는 수줍어서 말 한마디 잘 못하는 아이가 온라인상에서는 전혀 다른 사람이 되어 생각지도 못한 말과 행동을 하는 경우도 종종 있기 때문이다.

먼저 모둠별로 온라인상에서 찾아볼 수 있는 언어폭력의 예를 수집하게 한다. 학교 홈페이지를 비롯해 아이들이 자주 이용하는 각종 사이트에서 욕설이나 비방하는 말을 찾아 각자 기록한 후 모둠원들이 모여 어떤 상황에서 어떤 말이 사용되었는지를 파악하도록 하는 것이다. 그리고 이와 반대로 바른 말, 고운 말이나 다른 이를 칭찬하고 인정하는 말 역시 찾아보게 한 후 이들을 모두 하나의 발표 자료로 정리하여 발표하게 한다. 친구들이 찾은 바르고 고운 말과 욕설이나 비방하는 말을 서로 비교하는 가운데 우리의 생활 속에 얼마나 많은 언어폭력이 존재하는지를 체감하도록 하는 것이다.

활동을 마치고 소감문을 받아보면 알 수 있지만, 그동안 무심코 사용했던 언어폭력, 특히 온라인상에서 익명이라는 틀 아래 무심코 벌어지는 사이버 언어폭력의 무서움을 알게 된다. 아는 만큼 보이는 법이다. 특히 저학년일수록 아이들은 주위 어른들이 사용하는 언어 습관을 옳고 그른지에 대한 판단 없이 그대로 모방하기 마련이다. 이런 아이들에게 어떤 말을 사용해야 하는지 가르치는 것, 온라인상이든 오프라인이든 사람이 사람을 대할 때 기본적으로 갖추어야 할 소양이 무엇인지를 가르쳐 주어야 할 의무가 우리 어른들한테 있다.

그렇게 사이버 언어폭력이 나쁜 것임을 아이들이 알게 된 것으로 정보윤리교육이 끝난 것일까. 그렇지 않다. 아는 것과 실천하는 것은 또 별개의 이야기다. 아이들이 충분히 알고 느꼈다면 이를 실천하도록 하는 노력이 필요하다. 체크리스트를 만들어 아이들이 자신의 언어 사용을 기록하도록 함으로써 실천 의지를 다지도록 하는 것도 방법이다. 이와 더불어 좀 더 사회적인 책임감 속에서 이를 실천할 수 있도록 하기

비속어와 욕설의 사례를 수집하며 발표 자료를 만드는 과정에서
아이들은 사이버폭력의 심각성을 실감하게 된다.

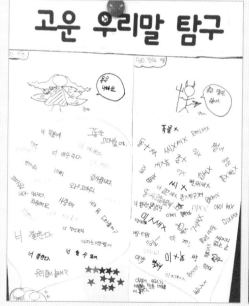
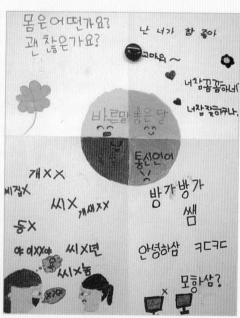

위해 언어폭력 예방을 위한 홍보 UCC를 제작하거나 캠페인 활동을 계획해 보도록 한다.

아이들 스스로 온라인, 오프라인에서 욕설이나 비방 대신 바른 말, 고운 말을 사용하자는 메시지를 담은 UCC를 제작하도록 하거나 캠페인 도구를 만들어 교내외에서 등하교 시간을 활용한 캠페인 운동을 전개하는 것이다. 이때 보다 폭넓게 학교폭력 예방교육과도 연계하여 진행할 수 있는데 (사이버)언어폭력, 신체폭력, 왕따 등을 모두 아우를 수 있도록 주제 선택의 폭을 넓게 해준다.

먼저 UCC를 제작하는 수업 활동의 경우 기획부터 촬영, 홍보까지 모두 아이들 스스로 할 수 있도록 한다. 어떤 장면을 찍을 것인지 모둠별 기획회의를 진행하되, 촬영에 필요한 장비나 물품 등은 교사에게 요청하거나 학교, 집 등에 있는 소품을 최대한 활용하는 것이 좋다. 요즘 한 모둠에 한두 명씩은 스마트폰을 가지고 있기 때문에 영상 촬영이 어렵지 않다. 마찬가지로 영상 편집 애플리케이션도 교사보다 잘 다루는 아이들이 많아 편집하는 데 특별한 교육이 필요 없을 정도다.

앞에서도 언급했지만 디지털 네이티브Digital Native 세대라 불리는 우리 아이들은 태어나면서부터 인터넷, 스마트폰, 컴퓨터 등과 같은 디지털 환경을 자연스럽게 접해 디지털 언어와 기기를 자연스럽게 사용한다. 이들은 성인이 되어서야 디지털 기술을 접한 디지털 이주민Digital Immigrant 세대보다 컴퓨터와 인터넷을 사용하고 활용하는 능력이 훨씬 뛰어나다.

모둠 구성원들이 머리를 맞대고 어떤 메시지를 어떻게 담을 것인지 논의하는 모습이 꽤 진지하다. 이렇게 모둠 내 협의와 역할 분담이 끝

UCC를 제작해 유튜브에 영상을 탑재해 본다.

나면 곧바로 촬영에 들어간다. 아이들이 주인공이자 촬영 스태프다. 어떤 모둠은 교실에서, 또 어떤 모둠은 운동장에서, 복도에서 촬영이 이루어진다. 이럴 땐 정말 분신술 내지는 텔레포트 능력이 없음이 안타깝다. 이 모둠 저 모둠 촬영 현장을 끊임없이 쫓아다니며 혹시 모를 안전사고에도 대비해야 하고, 촬영을 제대로 하고 있는지, 도와줄 것은 없는지 살펴봐야 한다.

그렇게 모든 촬영이 끝나고 다시 모둠별로 머리를 맞대 편집 작업까지 끝내고 나면 그 결과물은 교실에서 전체 아이들을 대상으로 공개하고, 아이들의 동의를 얻어 유튜브나 학교 또는 학급 홈페이지에 탑재한다. 공개를 원하지 않는 모둠은 공개하지 않는다. 개인 초상권이 걸린 문제이기 때문에 아이들에게 충분한 안내와 동의 여부를 확인한 후 진행한다. 이때 아이들과 저작권을 비롯한 지적 재산권에 대해서도 간단하게 학습할 수 있다.

실천 의지를 다지는 활동으로 UCC 제작만큼이나 빠지지 않고 진행하는 수업 활동이 바로 캠페인이다. 특정한 사회적, 정치적 목적을 위해 조직적이고 지속적으로 수행하는 운동이므로, 아이들에게 캠페인은 사회를 향해 자신의 목소리를 내보는 예행연습인 동시에 자기부터 실천에 앞장서겠다는 다짐이기도 하다. 일종의 공언과도 같은 효과를 기대하며 수업 활동 속에 종종 포함시키는데 캠페인 도구를 만드는 것에서부터 시작한다. 어떤 문구를 넣을지 결정하고 글씨를 쓰고 꾸미는 과정을 스스로 준비하는 것이다. 그리고 직접 학교 밖으로 나가 친구들과 함께 사이버 언어폭력을 비롯한 학교폭력 예방을 위한 목소리를 함께 낸다.

아이들에게 지식이나 정보를 전달하기는 쉽다. 감동적인 이야기나 영상으로 아이들의 마음에 작은 파장을 내는 것도 식은 죽 먹기까지는 아니지만 가능하다. 감성이 풍부한 아이들은 정말 닭똥 같은 눈물을 뚝뚝 흘리며 수업에 참여하기도 한다. 하지만 자신이 알게 된 것, 느끼게 된 것을 행동으로 옮기는 것은 별개의 문제다. 아무리 많은 지식과 정보를 섭렵한다 하더라도, 심정적 공감이 충분히 이루어진 상태라 하더라도, 이를 직접적인 행동으로 나타내기란 쉽지 않다. 그만큼 사람을 움직이는 일은 어렵다. 그래서 가르친다는 것이 어려운 일 아닌가 싶다

초등학교 고학년쯤 되면 언어폭력을 비롯한 학교폭력, 사이버폭력이 절대 해서는 안 되는 일임을 모르는 아이는 없다. 초등학교 1학년 때부터, 아니 요즘은 유치원에서도 예방교육을 실시한다고 하니 어릴 때부터 인이 박힐 정도로 듣고 자랐다고 할 것이다. 학교 곳곳에는 학교폭력 신고함이 설치되어 있고, 학교마다 배치된 학교폭력 전담 경찰관의 모습이 담긴 포스터가 교실마다 붙어 있다. 해마다 의례적으로 실시하는 각종 학교폭력 예방 행사는 아이들에게 더 이상 새로운 것이 아니다.

　그럼에도 불구하고 여전히 온라인상에는 언어폭력이 난무한다. 친구들 사이의 SNS가 소통의 도구가 아니라 누군가에게 끔찍한 상처를 입히고 목숨까지도 위협하는 위험한 도구로 악용된다. 포스터를 그리고 글짓기 대회를 열어 그림을 잘 그리거나 글을 잘 쓰는 친구들의 스펙만 쌓아주는 보여 주기식 행사로는 어떤 변화도 이끌어낼 수 없다. 지식과 정보는 전달할 수 있겠지만 이런 이벤트식 행사로는 어떤 감흥도 실천적인 행동도 기대하기 어렵다.

　그래서 모든 것은 교육과정 속에서 이루어져야 하며 지속성과 자발성을 끌어내는 형태로 설계되어야 한다는 생각을 한다. 아이들은 특정한 수업 시간에만이 아니라 모든 수업 시간 속에서 사이버폭력을 비롯한 학교폭력이 절대 있어서는 안될 일임을 알고, 이를 예방하기 위해 스스로 할 수 있는 일이 무엇인지 발견해야 한다. 그리고 사회적 실천으로서 또는 미래에 자신의 목소리를 분명히 낼 줄 아는 시민으로서의 역량을 키울 수 있도록 어릴 때부터 그런 경험을 충분히 할 수 있도록 도와야 하겠다.

텍스트형 코딩에 도전하다

텍스트 기반 프로그래밍의 가능성

블록 코딩으로 문제도 해결하고 열심히 프로젝트를 하다 보면 반 아이들 사이에서도 조금씩 실력 차이가 드러나기 시작한다. 빠르게 실력이 붙어 다소 난이도가 있는 코딩을 해내는 아이들이 있는가 하면, 느리지만 차곡차곡 실력을 쌓아가는 아이들도 있다. 수준이 천차만별인 아이들을 똑같은 내용과 방식으로 가르칠 순 없지 않은가? 작품을 만들 때는 본인 수준에 맞는 작품을 만들기 마련이지만, 교사가 어떤 문제를 제시할 때에는 학습자들의 서로 다른 수준을 고려해야 한다. 문제의 난이도를 달리하여 내용에 변화를 주거나 도구를 바꾸어 방법에 변화를 주거나.

교육용 프로그래밍 언어에는 블록형 언어가 있고 텍스트형 언어가 있다. 블록형은 앞서 살펴보았던 엔트리나 스크래치처럼 블록을 조립하듯이 명령어를 연결하여 프로그램을 만드는 것이다. 특정한 문법에 얽매이지 않고 손쉽게 코드를 작성할 수 있어 처음 프로그램을 만드는 초보자나 어린 학습자들에게 안성맞춤인 언어라고 볼 수 있다. 물론 이 블록형 방식 외에 또 다른 기발한 코드 작성법이 등장한다면 이 또한 학습자들에게는 선택의 폭을 넓혀줄 수 있는 좋은 기회가 될 것이다.

이에 반해 텍스트형은 일반 프로그래밍 언어를 좀 더 쉽게 배우기 위해 고안된 것으로 일반 프로그래밍 언어보다는 훨씬 간결한 문법에 객체의 직접적인 움직임을 살피면서 코딩을 할 수 있어 비교적 쉽다. 하지만 텍스트는 텍스트이기에 문법을 철저히 지켜야 하고, 영어로 작성되므로 외국어에 대한 부담이 있는 어린 학생들에게 쉬운 일은 아니다 .

그냥 현재의 블록형 언어를 활용해 더 많은 문제를 해결함으로써 컴퓨팅 사고력을 키우고 자신만의 프로그램을 만드는 경험을 축적할 것인가. 아니면 블록형 언어에서 벗어나 텍스트형 언어로 도구를 바꾸어 볼 것인가. 문제를 해결하는 과정 속에서 사고력을 신장하는 데 초점을 맞추는 초등학교 소프트웨어 교육에서 어떤 언어를 선택하느냐는 사실 크게 중요한 문제는 아니다. 하지만 블록형 언어만 경험하기보다 텍스트형 언어도 한 번쯤 경험함으로써 프로그램을 만드는 좀 더 실질적인 세계로 다가가 보는 것은 어떨까.

결정을 내리기가 쉽지 않다. 이럴 때 아이들에게 직접 물어 보는 것이 방법이다. 아이들은 겁도 없이(?) 기꺼이 도전해 보겠노라 선언하였고, 나 역시 아이들이 좀 더 이해하기 쉬운 언어를 선택하여 이를 수업에 도입해 보기로 했다. 어떤 언어가 아이들에게 덜 어려우면서도 사고력 향상에 보다 도움이 될까? 이 조건을 만족할 만한 언어가 무엇일까 고민하다가, 로봇의 움직임을 직접 볼 수 있고 간단한 명령문 몇 개만 알면 낮은 수준의 프로그램은 한 시간 만에도 만들 수 있는 러플 RUR-PLE을 선택하였다. 러플은 일반 프로그래밍 언어인 파이썬python을 학습하기 위해 안드레 로버지André Roberge가 고안한 교육용 프로그래밍 언어 환경이다.

아이들에게 '리보그'라 불리는 러플의 주인공 로봇이 움직이는 영상을 보여 주었더니, 또 다른 종류의 호기심으로 재밌어 하는 모습을 볼 수 있었다. 텍스트를 직접 입력하여 움직이는 것이라 쉽지 않을 거라고 미리 말해 주었지만, 이미 우리 아이들은 이 리보그를 움직일 생각에 신이 나 있다. 실패든 성공이든 해봐야 알 일이기에, 아이들에게 일단 도전해 보자고 제안하였다.

문제를 해결하기 위해서는 우선 기본적인 명령어와 명령어 작성법을 알아야 한다. 한 발 움직일 때 사용하는 move( ), 왼쪽으로 돌 때 turn_left( ), 호출기(beeper)를 줍거나 떨어트릴 때 사용하는 put_beeper( )와 pick_beeper( ), 프로그램의 종료를 알리는 turn_off( ) 등이 있다. 예를 들어 보자. 리보그를 오른쪽 그림처럼 움직이려면 어떻게 해야 할까? 리보그가 바라보는 방향으로 앞으로 한 칸(move( )), 앞으로 한 칸(move( )) 움직인 후 왼쪽으로 방향을 바꾼다(turn_left( )).

기본 명령어를 사용하여 리보그를 움직이는 정도는 아이들에게도 어렵지 않다. 처음엔 영어 타자가 빠르진 않지만 이내 익숙해지는 모습을 보면서 텍스트 코딩으로 문제를 해결하는 경험 역시 가능하겠다고 판단되었다. 먼저 기본 명령어를 자유자재로 사용할 수 있는 기초 능력을 키우기 위해 몇 가지 미션을 제시하였다. 리보그가 움직이는 세상인 월드(world)에 벽(wall)을 세워 미로나 새로운 세상을 만들 수 있다. 교사가 직접 벽을 세워 만든 몇 개의 맵을 제시하고 미션을 주는 것이다. 정사각형 모양의 미로를 주고 출발점에서 한 바퀴를 돌아 다시 제자리에 오도록 한다거나 'ㄴ'자 모양의 미로를 따라 마찬가지로 출발점에서 도

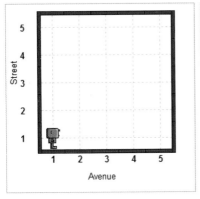
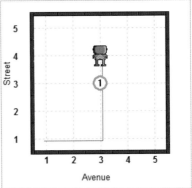

```
1  move()
2  move()
3  turn_left()
4  move()
5  move()
6  put_beeper()
7  move()
8  turn_off()
```

주인공 로봇 리보그의 행동을 규정한 명령문
기본 명령어로 리보그를 움직이는 정도는
아이들에게도 어려운 일이 아니다.

착점으로 오게 할 수 있다. 또 월드의 오른쪽 끝에 골대를 만들어놓고,
비퍼를 축구공으로 생각해 로봇이 직접 골대 속에 축구공을 넣어 골인
을 시킨 다음 제자리로 돌아오게 한다.

이러한 미션들은 아이들이 시간만 있으면 누구나 해결할 수 있는 수
준의 문제이다. 똑똑한 아이라면 이 문제를 해결하는 과정에서 어떻게
하면 명령을 좀 더 효율적으로 내릴 수 있을까 고민하기도 한다. 왜냐
하면 코드가 너무 길어지기 때문이다. 이때 리보그가 움직이는 순서대
로 명령을 내리는 '순차' 구조를 이해했다면 계속 '반복'되는 명령들을

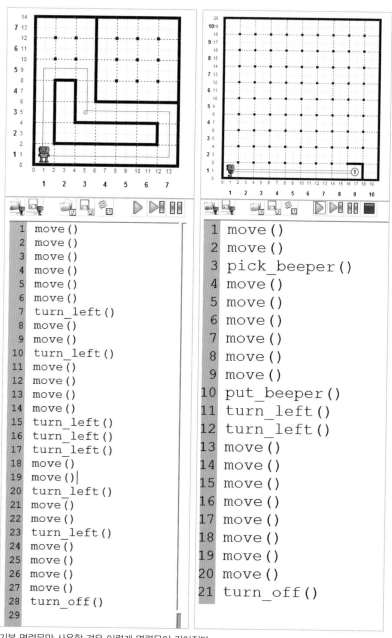

```
 1  move()
 2  move()
 3  move()
 4  move()
 5  move()
 6  move()
 7  turn_left()
 8  move()
 9  move()
10  turn_left()
11  move()
12  move()
13  move()
14  move()
15  turn_left()
16  turn_left()
17  turn_left()
18  move()
19  move()|
20  turn_left()
21  move()
22  move()
23  turn_left()
24  move()
25  move()
26  move()
27  move()
28  turn_off()
29
```

```
 1  move()
 2  move()
 3  pick_beeper()
 4  move()
 5  move()
 6  move()
 7  move()
 8  move()
 9  move()
10  put_beeper()
11  turn_left()
12  turn_left()
13  move()
14  move()
15  move()
16  move()
17  move()
18  move()
19  move()
20  move()
21  turn_off()
```

기본 명령문만 사용할 경우 이렇게 명령문이 길어진다.

묶어 함수로 정의하고 이를 호출하여 사용하는 방법을 안내해 주어도 좋다.

러플에서 함수를 정의하고 호출하는 방법은 간단하다. 앞에서 기본 명령어를 소개할 때 turn_left( )는 있지만 turn_right( )는 없음을 알 수 있었을 것이다. turn_right( )는 빼먹은 것이 아니라 원래 없다. turn_left( )를 가르쳐 주면 아이들은 당연히 turn_right( )도 있을 거라 확신하고 마음대로 사용한다. 하지만 아직 함수로조차 정의해 주지 않았기 때문에 사용할 수가 없다. turn_right( )를 명령어로 사용할 수 있게 함수를 정의하자면 def문을 사용해야 한다. def문을 사용하는 방법을 간단히 안내하고 실제로 앞에서 내렸던 명령문을 바꿔 보도록 한다. 또 for나 while 반복문을 배우기 이전에 러플에서 사용하는 반복 명령어인 repeat을 사용해서 간단히 명령을 줄여서 표현할 수 있다. 이들을 사용하여 위의 긴 코드를 줄이면 다음 쪽의 이미지와 같다.

이렇게 def문이나 repeat 명령어를 사용해 코드를 간단하게 작성하는 방법까지 익히고 나면 한결 자신감을 보인다. 이때부터는 아이들 스스로 월드를 구성하여 스스로 문제를 내고 이를 해결하는 프로그램 만들기가 가능해진다. 교사가 제시한 간단한 맵을 통한 미션보다 훨씬 더 복잡하지만 스스로 재미를 느끼는 다양한 맵들이 등장하기 시작한다. 아이들의 도전 정신은 우리 생각보다 항상 더 투철하다.

for나 while과 같은 반복 구문을 활용하면 아이들이 만든 복잡한 맵에서도 리보그가 쉽게 다닐 수 있게 명령을 내릴 수 있다. 하지만 아직 아이들은 그런 문법을 배우지 않았기에 아는 수준에서 문제를 해결하려면 필연적으로 코드가 길어질 수밖에 없다. 그래도 그냥 둔다. 스스

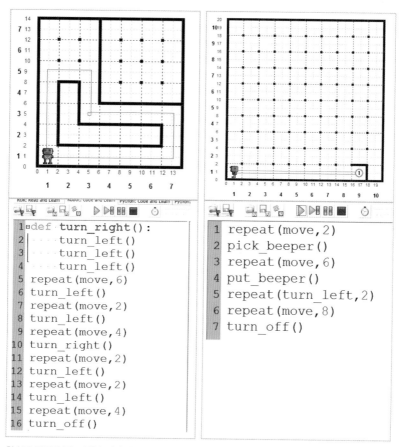

함수를 정의해 주고 반복 명령어를 사용한 명령문. 훨씬 간결해졌다.

로 어떤 다른 방법이 필요함을 느낄 수 있도록 말이다. 스스로 방법을 찾지 못할지라도 필요성을 느낌으로써 한 단계 더 나아갈 수 있는 기회를 만들 수 있도록 말이다.

코드가 길어지면서 이를 해결할 다른 방법이 없는지 물어온다면 준비가 된 것이다. 그때 아이들에게 for나 while과 같은 반복 구문이나 if 조건문과 같은 문법을 조금씩 알려준다. 아이들은 왜 이제야 알려줬냐

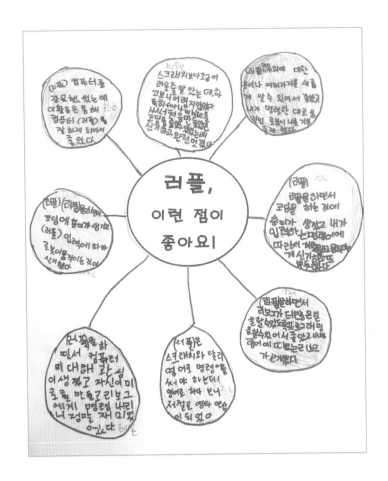

며 원성이 자자하다. 이렇게 간편하게 해결할 수 있음에 신기해하면서.

처음부터 교사가 문법적인 방식을 알려 주었다면 아이들은 이를 어렵게 받아들였을지도 모른다. 하지만 문제를 해결하는 과정에서 느꼈던 어려움과 불편함을 이런 간단한 방식을 통해 해결할 수 있음을 경험하면, 이는 더 이상 어려운 문법이 아니라 문제를 아주 쉽게 해결할 수 있는 수단으로 여겨져 보다 쉽게 받아들인다.

우리 속담에 '아 해 다르고 어 해 다르다'는 말이 있다. 같은 말이라도 말하기에 따라 사뭇 달라진다는 뜻이다. 똑같은 문법을 제시했지만 어떤 방식과 맥락으로 제시하느냐에 따라 이를 받아들이는 태도가 달라진다. 교사들이 끊임없이 수업 방법에 대해 연구해야 하는 이유라 할 수 있다.

영국의 정치가이자 사상가인 벤저민 디즈레일리는 "많이 보고, 많이 겪고, 많이 공부하는 것이 배움의 세 기둥"이라고 하였다. 처음부터 우리 아이들이 하지 못할 거라고 단정했다면 텍스트형 언어를 활용한 문제 해결은 시도조차 하지 못했을 것이다. 러플과의 만남에서 아이들은 무엇을 느꼈을까? 아이들이 직접 쓴 소감에서도 알 수 있듯이, 경험해 보지 못한 것에 대한 막연한 두려움을 깨는 방법은 직접 부딪혀보는 것 밖에는 없는 것 같다. 처음 소프트웨어 교육을 접하는 선생님들이 느끼는 막연한 두려움도 그와 비슷한 것이라 생각한다. 부딪혀 보자. 우리 아이들에게 부딪혀 보라고 용기를 북돋아주는 것처럼 우리도 한 번 직접 부딪혀 보자.

민서의 도전

민서(가명)가 학교에 고급 프로그래밍 언어인 C 책을 가지고 왔다. 언뜻 보기에도 꽤 오래 된 책으로 보이는 두꺼운 C 책을 소중한 보물인양 끌어안고, 그 속에 나와 있는 프로그램을 공부하기 시작한 것이다. 민서는 4학년이었던 재작년에 내가 맡았던 아이로 나를 만나 처음 프로그래밍을 접하였다. 다른 친구들보다도 상당히 높은 호기심과 흥미를 가지고 적극적으로 게임이나 애니메이션을 만드는 모습을 보였을 뿐 아니라, 자신이 만든 프로그램에 대한 자부심도 매우 높은 아이였다. 당시 스크래치를 하다가 러플까지 함께 공부했었고, 올해도 방과후 소프트웨어 동아리 수업을 함께하고 있다.

그런 민서가 동아리 수업 시간에 C 책을 가져왔다. 민서 말로는 민서 아버지께서 프로그래밍과 관련된 일을 하신단다. 그리고 아버지께서 보시던 C 책을 자기가 공부하기 시작했다는 것이다. 프로그래머 아버지를 둔 환경적 요인과 함께, 작년부터 나와 함께 시작한 소프트웨어 교육이 시발점이 되어 스스로 한 단계 높은 세계에 발을 내딛고 있었다. 영재교육이 아닌 보통교육에서 아이 스스로 프로그래밍 언어를, 그것도 성인들에게도 쉽지 않은 고급 프로그래밍 언어인 C를 배우고 싶다고 자발적으로 나섰다는 것은 나름 의미가 있는 장면이 아닌가 싶다.

화이트 해커가 되고 싶다고 자신의 꿈을 밝힌 민서. 한 가지 분명한 것은 그 아이에게 누구도 C를 공부하라고 한 적이 없다는 것이다. 아버지 서재에 있던 낡고 두꺼운, 넘겨보는 것만으로도 눈이 빙빙 돌아갈 책을 독학하여 스스로의 힘으로 만든 계산 프로그램이라며 자랑하는 민서를 보며 진로교육으로서의 소프트웨어 교육의 가치와 블록 코딩에서 텍스트 코딩교육으로 넘어가는 가능성을 발견할 수 있었다. 단순히 텍스트 코딩까지 가능하게 되었다는 것이 중요한 것이 아니라 아이들 스스로 문제를 해결하는 도구로서 학교에서 배웠던 도구 외에 또 다른 도구를 활용해 보다 효율적으로 문제를 해결하고자 했다는 것, 그렇게 블록 코딩에서 텍스트 코딩으로 넘어가는 과정이 매우 자연스러웠다는 점에 주목할 필요가 있다.

아버지의 낡고 두꺼운 C해설서를 들춰보며 민서는 고급 프로그래밍에 도전했다.

2015 개정 교육과정이 학교 현장에 들어오면 소프트웨어 교육은 모든 학교 현장에서 가르쳐야 하는 의무교육이 된다. 여전히 이 교육이 왜 필요한가라는 당위성의 문제와 초등학교에서 배운 블록 코딩교육이 중학교, 고등학교로 넘어갔을 때 어떻게 연계되어 전개될 것인가 하는 문제는 풀어야 할 숙제이다. 민서의 사례가 답이라고 단정 지을 수는 없지만, 그의 모습에서 소프트웨어 교육이 미래 사회를 대비하는 진로교육으로서 충분한 가치가 있음을, 아이들의 사고력을 키우고 문제를 해결하기 위한 도구로서 프로그래밍 교육이 필요하다는 것을 다시 한 번 느끼게 되었다. 아울러 초등 단계에서 배웠던 내용들이 기초가 되어 중

등 단계에서 접하게 될 한 차원 높은 수준의 문제도 다양한 언어들을 활용해 풀어갈 수 있을 것이라는 확신이 들기도 했다.

성급한 일반화의 오류에 빠지는 일은 항상 경계해야 한다. 하지만 현장에서 직접 아이들이 학습하는 과정, 그들이 성장하는 과정을 지켜보는 것이 교사다. 양적 연구 못지않게 질적 연구를 하기에 최적화된 연구자는 현장에서 직접 발로 뛰는 교사인 것이다. 매일매일 살을 부대끼며 아이들의 눈빛, 행동, 변화를 민감하게 바라보는 교사라면 그 속에서 발견한 가능성과 희망이 틀리지 않음을 알 것이다. 아직은 미숙하고 초보적인 수준이지만 디버깅까지 해가며 제법 능숙한 손놀림으로 프로그램을 만들어 내는 민서. 우리나라를 이끌어갈 미래 인재와 함께 공부하는 기쁨, 교사로서 가장 감사한 순간이다.

6

피지컬 컴퓨팅

로봇과 친구가 되는 피지컬 컴퓨팅

어린 시절 레고 블록으로 자동차도 만들고, 멋진 성도 만들었던 기억은 누구에게나 있을 것이다. 날지도 못하는 비행기지만 손으로 나는 척(?)하며, 입으로 소리까지 내면서 놀았다. 내가 만든 레고 블록 장난감이 진짜로 움직인다면? 상상만 해도 즐겁다. 조금 더 커서 레고는 졸업을 하고, 과학 상자와 친구가 되었다. 기억이 가물가물하긴 하지만 모터, 체인 기어 등을 활용해 타워크레인, 전동지게차, 투석기 등을 만들며 과학탐구대회 같은 대회에도 나갔던 것 같다. 방바닥에 과학 상자 속 부품들을 다 풀어헤쳐 놓고 열심히 만들다가 구멍 하나 잘못 끼워 다시 다 풀고 만들기를 몇 번이나 반복했었는지. 하루 온종일 꼬박 걸려서 겨우 하나 완성하면 그게 또 얼마나 좋던지. 지금 생각하면 조금 억울하긴 하다. 그렇게 힘들게 만들었건만, 정작 움직임은 몇 가지로 정해져 있다. 그것도 콘트롤러의 버튼을 수동으로 조작해 주어야만 움직인다. 다른 명령을 내리거나 자율적으로 움직이진 못했다.

하지만 이제는 가능하다. 어린 친구들도 충분히 할 수 있다. 앞에서 배운 엔트리, 스크래치와 같은 소프트웨어를 활용하면 내가 만든 작품을 나의 명령에 따라 움직이게 하고, 주변 세계를 감지하여 스스로 판단하여 행동하게 만들 수 있다. 내가 만든 멋진 하드웨어인 로봇이나 자동차 작품에 엔트리와 같은 소프트웨어를 연결하면 된다는 말이다. 이것이 바로 지금부터 이야기하고자 하는 피지컬 컴퓨팅이다.

피지컬 컴퓨팅이란 소프트웨어와 하드웨어를 사용해 아날로그 세상을 감지하고, 이에 반응하는 상호작용형 시스템을 만드는 것을 의미한다. 쉽게 말해 컴퓨터에서 제어한 대로 컴퓨터에 연결된 하드웨어가 움직이거나 반응하는 것이다. 예를 들어 리모컨은 멀리 떨어져 있는 TV에 직접 가지 않고도 켜고 끄거나 채널을 바꾸고 소리의 높낮이를 조절할 수 있게 만든 장치다. 넓은 의미에서 볼 때 리모컨의 작동 원리도 일종의 피지컬 컴퓨팅이라 할 수 있다. 리모컨 속 마이크로 컨트롤러와 버튼 등이 그 입력 값에 따라 하드웨어인 TV를 작동시키고 멈출 수 있기 때문이다.

아파트 복도를 지날 때 조명이 자동으로 꺼졌다 켜지는 것을 볼 수 있다. 거리 센서는 현실 세계의 거리를 센서 값으로 수치화하여 회로에 전달하고, 값을 전달받은 마이크로 컨트롤러는 이를 컴퓨터에 전달한다. 센서 값의 범위에 따라 자동으로 불을 끄거나 켜지게 명령을 내리도록 프로그래밍된 이 컴퓨터는 그 값을 판단하여 명령을 내린다. 그러면 명령에 따라 전구에 신호가 전달되고 조명엔 불이 들어온다. 이렇게 피지컬 컴퓨팅이란 물리 세계의 거리 값을 프로그램에서 받아들여 '빛'이라는 형태로 출력하는 것, 즉 소프트웨어와 하드웨어의 상호작용형 시스템인 것이다.

그렇다면 학교에서 아이들과 할 수 있는 피지컬 컴퓨팅 수업은 어떤 모습일까? 컴퓨터로 로봇을 제어하여 라인트레이서LineTracer 경기를 할 수 있다면? 컴퓨터에 연결된 종이로 만든 피아노를 두드렸을 때 소리가 난다면? 소리 센서에 입김을 불어 모니터 속 풍선을 터트릴 수 있다면? 상상만 해도 즐겁다. 단순히 모니터 화면 속에서의 문제 해결이 아니라 실생활에서, 바로 눈앞에서 실물을 움직여 문제를 해결하는 것이다. 교육과정 영역에 없는 피지컬 컴퓨팅까지 초등학교 소프트웨어 교육에서 소화하고 싶은 욕심은 바로 여기에 있다. 아이들이 배우는 프로그래밍 교육이 단순히 모니터 상으로만 문제 해결이 가능한 것이 아니라 실생활에서도 가능함을 보여 주고 싶다는 것. 게다가 이런 피지컬 컴퓨팅은 아이들이 맞이하게 될 사물인터넷Internet of Things 시대의 핵심 기술이라 볼 수 있다. 사물인터넷이란 각종 사물에 센서와 통신 기능을 내장하여 인터넷에 연결하는 기술을 의미한다. 이렇게 보면 피지컬 컴퓨팅이나 사물인터넷의 의미가 거의 유사하다. 피지컬 컴퓨팅이 컴퓨터가 인간의 감각 역할을 하거나 그에 따라 반응한다고 보는 공학적 접근에서 이름 붙여진 것이라면, 사물인터넷은 생각하는 기계 또는 사물이라는 관점에서 바라본 것이라 볼 수 있겠다. 이렇듯 피지컬 컴퓨팅은 고속화되고 있는 사물인터넷 시대를 대비한다는 측면에서도 가치가 있지만 로봇을 비롯한 다양한 피지컬 컴퓨팅 도구는 그 자체만으로도 아이들에게 흥미 대상이다.

특히 로봇을 활용한 프로그래밍 학습은 여러 학자들에 의해 그 효과성이 증명되었다. 파긴Barry S. Fagin 과 머클Laurence Merkle은 로봇을 활용한 프로그래밍 학습은 화면을 벗어나지 않는 기존의 프로그래밍 학습 환경과 비교하여 실제적이고 물리적인 환경에서 직접 체험이 가능한 학습 환경을 제공함으로써 추상적인 개념 학습을 구체적이고 실험적인 학습으로 전환시킨다고 하였다. 또 로봇을 활용함으로써 설계, 코딩, 실행, 재설계의 피드백 과정이 매우 빠르게 진행될 뿐만 아니라 학생들이 이 과정을 즐겁게 받아들이기 때문에 로봇을 사용하지 않은 경우와 많은 차이가 난다는 것을 연구를 통해 밝혔다.

그런데 기존의 로봇 교육과 피지컬 컴퓨팅에서의 로봇을 활용하는 경우 이 둘을 동일시하는 경우를 보게 된다. 피지컬 컴퓨팅이 로봇 교육과 궁극적으로 다른 점은 로봇 교육에서 로봇이 기계공학적 설계나 조립을 바탕으로 학습자의 흥미를 이끌어내는 것이라면, 피지컬 컴퓨팅에서는 컴퓨팅 사고력을 신장시키기 위한 도구로서 로봇을 활용한다는 데 있다. 또한 로봇 공학의 최종 목적이 자동화 기능을 최대한 살려 궁극적으로 인간의 삶을 개선하고자 하는 것이라면, 피지컬 컴퓨팅은 아날로그 세상과 디지털 세상의 상호작용을 통해 컴퓨팅 사고를 신장시키는 것에 그 목적이 있다. 따라서 로봇을 피지컬 컴퓨팅 교육의 도구로 사용하려면 전통적인 로봇 교육이 아니라 피지컬 컴퓨팅에서 추구하는 목적에 맞게 수업을 설계하고 이끌어 가야 한다.

그렇다면 무엇부터 살펴보아야 할까. 수업 시간에 활용할 수 있는 피지컬 컴퓨팅 도구에 무엇이 있는지부터 알아보고, 각각의 도구를 어떻게 활용할 것인지 알아보자. '이것이 피지컬 컴퓨팅 도구다'라고 명문화한 자료를 찾기는 어렵지만 소프트웨어 교육용으로 시중에 출시된 피지컬 컴퓨팅 도구들과 현장에서 많이 사용하는 도구를 살펴보면 크게 로봇형과 모듈형, 그리고 보드형 세 가지로 구분할 수 있다.

솔직히 말하면 이 도구들을 소개하기가 조금 부담스럽고 조심스러운 것이 사실이다. 그 많은 도구 중에 내가 직접 수업에 사용한 도구는 극히 일부분이다. 어느 것이 더 좋다, 나쁘다고 말하기가 어렵다. 또한 이

도구들은 구입하는 데 비용이 발생한다. 도구에 따라 몇 만원에서 몇십만원에 이르기까지 상당한 비용 차이가 있다. 따라서 여기서는 한국교육학술정보원(KERIS)의 연수자료집에서 소개한 내용을 바탕으로 개괄적인 내용만 소개한 뒤 내가 직접 수업에 적용한 도구들을 중심으로 이야기해 보고자 한다.

먼저 로봇형 도구를 먼저 살펴보자. 소프트웨어 교육이 가능한 로봇 종류가 매우 다양한데, 디오, 누리아띠, 에쁘, 알버트, 햄스터 등이 국내에서 개발한 로봇형 제품이다. 최근 피지컬 컴퓨팅 수업이 가능한 로봇을 활용한 소프트웨어 교육에 대한 관심이 높아지면서 더욱 다양한 기능을 가진 로봇들이 출시되고 있다. 특히 이 로봇형 제품은 이미 조립이 다 된 상태이기 때문에 하드웨어적인 요소보다 프로그래밍에 보다 집중할 수 있고, 초등학교에서도 쉽게 다룰 수 있다는 장점이 있다. 또한 명령어들이 모듈 형태로 제시되어 사용하기 쉽고, 앞에서 학습한 엔트리나 EPL에서 소개했던 스크래치 등과 같은 블록형 언어와 연동되어 있기 때문에, 엔트리나 스크래치를 다룰 줄만 안다면 이 로봇들을 활용한 피지컬 컴퓨팅 수업으로 쉽게 옮겨갈 수 있다. 다만 제공하는 기능 외에 다른 기능을 구현하기에 제약이 있다.

다음은 모듈형 도구다. 다양한 센서, 모터 등이 모듈화되어 있어 필요한 모듈을 골라서 포트에 연결하여 사용하는 형태다. 레고, 소프트블록 등 다양한 공작물과 연결하여 원하는 모양의 로봇이나 자동차 등을 직접 만들 수 있어 상상력을 자극하고, 창의적인 산출물을 만들어내는데 용의하다. 하지만 다소 가격이 비싸고 제품 간 호환이 되지 않는다. 그리고 자칫 조립하는 데 많은 시간이 걸려 아이들이 프로그래

다양한 로봇형 도구들. 출처_소프트웨어 교육연계 초등연구교재

디오

에뽀

누리아띠

알버트

햄스터

알티노 스마트

밍을 통한 소프트웨어 교육보다는 하드웨어 쪽으로 치우칠 수 있어 주
의가 필요하다.

모듈형 도구

비트브릭

레고 마인드스톰 EV3

로보티즈 드림

마지막으로 보드형 도구이다. 대표적인 보드형 피지컬 컴퓨팅 도구
인 아두이노의 경우 마이크로 컨트롤러를 포함하고 있는 전자기판이
다. 로봇형이나 모듈형에 비해 가격이 저렴하며 필요한 전자소자 및 재

료들을 구입해서 사용하면 되지만 전기회로 및 전자 지식이 필요하여 초등학생에게는 어렵다. '센서 보드'는 다양한 센서들을 보드 안에 모아 놓은 것으로 마찬가지로 가격이 저렴하다. 또한 전기·전자 지식이 필요 없어 어린 학생들부터 사용할 수 있다. 메이키메이키는 전기가 통하는 물체를 키보드와 마우스 같은 입력 장치로 만들어주는 도구이다. 쉽게 말해서 바나나, 귤, 은박지로 감싼 종이컵 등도 메이키메이키와 연결하면 입력 장치로서의 역할을 할 수 있다.

보드형 도구

센서 보드

메이키메이키

아두이노

앞에서도 잠깐 언급했지만 해당 수업을 하기 위해서는 필연적으로 교구 구입이 필요하다. 선도학교나 연구학교의 경우 별도의 예산이 있기 때문에 비교적 부담이 없지만, 예산이 없는 일반학교에서는 피지컬 컴퓨팅 수업을 진행하기가 쉽지 않다.

우리 학교도 그렇다. 소프트웨어 교육 연구학교도, 선도학교도 아니기 때문에 관련 예산이 없다. 한두 대 정도야 사비로 구입할 수 있겠지만, 한 반 또는 동아리 전체 아이들을 대상으로 하는 수업에서는 1인 1디바이스까지는 아니더라도 적어도 2인 1디바이스를 확보해야 한다. 궁리를 거듭하다가 처음에는 아는 인맥을 총동원하여 인근 선도학교 선생님께 부탁해 수업 때마다 빌려서 사용하였다.

2인 1대 정도면 협력 수업이 가능하니 보통 10대에서 15대 정도만 빌리면 수업이 가능했다. 금액으로 환산하면 한 번 수업에 적어도 30~40만원에서 300~400만원이 넘는 교구를 활용한 셈이다. 빌려온 것이기에 혹시나 아이들과 수업하는 과정에서 망가지지나 않을까, 부품을 잃어 버리지나 않을까 전전긍긍해야 했다. 이것도 한두 번이지 계속해서 이런 식으로 수업을 이끌어나가기란 쉽지 않은 노릇이다. 웬만한 의지 없이는 불가능하다고 본다.

다른 방법이 있다. 초등컴퓨팅교사협회에서는 이렇게 수업을 하고 싶어도 교구를 구입하지 못해 힘들어하는 교사들을 위해 대여사업을 하고 있다. 협회 소속 교사였던 나는 이런 정보를 미리 알고, 대여 사업을 시작하자마자 첫 번째로 신청해 햄스터 로봇 22대를 대여했다. 자신이 원하는 기간과 수량을 신청하면 협회에서 학교로 해당 교구를 택배로 배달해 준다. 그리고 수업이 모두 끝나면 다음 대여자에게 본인이 직접 택배로 보내면 된다. 보낼 때 필요한 택배비만 지불하면 되기 때문에 부담이 없다. 협회 홈페이지를 통해 대여 신청을 하고 반납 확인만 정확하게 기록하면 된다.

소프트웨어 교육이 점차 확산되면 이런 문제도 곧 해결될 것이라 생각한다. 수업을 하는 데 충분한 기능을 갖추고 있으면서도 비용 면에서 부담이 적은 피지컬 컴퓨팅 도구도 더 많이 개발될 것이고, 초등컴퓨팅교사협회뿐 아니라 관련 교육기관 등에서 대여나 기부 형태로 소프트웨어 교육 지원 사업이 활발해지지 않을까 기대해 본다.

아이들에게 필요한 교육을 수행하는 데 있어 적어도 비용 때문에 제약을 받아서는 안 된다. 경제적으로 여유가 있는 가정이라면 개별적으로 로봇을 구입해 주기도 하고, 학교가 아니라도 각종 사설기관이나 기업에서 이루어지는 소프트웨어 캠프나 교육 활동에 비용을 지불해서라도 참여한다. 하지만 경제적으로 어려운 친구들은 학교 교육에 절대적으로 의존할 수밖에 없다. 그런데 학교에서마저 교구 구입에 대한 부담 때문에 이런 교육을 할 수 없게 되어서는 안 될 것이다.

비단 비용의 문제만이 아니다. 한 예로 얼마 전에 모 기업에서 일종의 사회공헌사업의 하나로 무료 소프트웨어 교육을 실시하였다. 하지만 이 무료 소프트웨어 교육에 참여한 학생들의 일면을 살펴보면 경제적으로 풍족한 집안의 아이들이 대부분이었다. 그들은 경제적인 부분만이 아니라 정보력에서도 월등한 위치에 있다. 자녀 교육에 성공하기 위해서는 할아버지의 경제력, 엄마의 정보력, 아빠의 무관심이 필요하다는 우스갯소리가 그냥 웃고 넘길 것만은 아니라는 생각이 든다.

지식정보시대에 정보격차는 사회경제적 불평등을 야기한다. 예전에는 컴퓨터 자체가 없어서 정보격차가 발생했다. 컴퓨터를 구입할 여력이 없는 가정이 소외되었다는 이야기다. 그래서 학교에서는 밀레니엄 꿈나무와 같은 사업을 통해서 소외계층 아이들에게 PC를 지원하고, 통신비를 지원함으로써 정보격차를 최소화하고자 하였다. 현재는 이런 1차적인 요인이 아닌 인터넷 사용자 사이에서 정보의 활용 정도에 따른 격차가 발생하고 있다.

소프트웨어가 중심이 되는 사회에서 소프트웨어 교육을 제대로 받지 못한다면 이런 정보격차, 보다 정확하게 말하자면 미래 사회에서 필요로 하는 교육 역량 격차 역시 심화될 것이 분명하다. 다행히도 소프트웨어 교육이 의무화되면서 공교육을 통해 이런 격차를 줄이는 데 일조하겠지만, 피지컬 컴퓨팅 영역에서는 그 비용 때문에 소외될 여지가 있는 아이들에 대한 면밀한 관심이 필요하다.

　소프트웨어 교육에 필요한 교구들을 모두 구입해줘야 한다는 이야기는 아니다. 그것은 현실적으로도 힘들 뿐 아니라 근본적인 해결책이 아니다. 다만, 적어도 학교에서 교육용으로 필요한 피지컬 컴퓨팅 도구는 학교 입장에서도 부담스럽지 않은 수준에서 충분히 갖춰질 수 있기를 희망해 본다. 아울러 학교를 통해 가정으로 전달되는 다양한 관련 정보들을 통해 아이들 사이의 정보격차를 최소화해야 할 것이다. 지식정보 시대에 정보격차가 사회경제적 불평등을 야기한다는 점을 고려해 기기 불평등 현상으로 인해 소외받는 아이들이 없기를, 소프트웨어 교육에서마저 소외되는 아이들이 없기를 간절히 바란다.

호기심을 자극하는 알버트 로봇

- 소프트웨어 교육 영역 _ 피지컬 컴퓨팅 활동
- 수업 주제 _ 스택 카드 프로그래밍하기
- 수업 전 준비 _ 알버트 로봇, 활동지
- 소요 시간 _ 80분

만화영화 속에 등장할 것만 같은 로봇 알버트. 바퀴로 움직이는 것이 월-E와 닮은 것 같기도 하고, '아이스 에이지'에 등장하는 왕방울만한 눈을 가진 스크랫을 닮은 것 같기도 하다. 알버트는 보는 것만으로 아이들의 호기심과 상상력을 자극하는 로봇이다.

알버트는 완성형 로봇으로 이 로봇 한 대를 활용해 언플러그드 활동은 물론 교육용 프로그래밍 언어와 연계한 피지컬 컴퓨팅 수업까지 모두 가능하다. 알버트 로봇은 근접 센서, 조도 센서, 온도 센서, 배터리 잔량 센서, 전/후방 OID 센서*, 3축 가속도 센서 등 다양한 센서를 통해 외부 세계의 정보를 감지할 수 있다.

피지컬 컴퓨팅 영역에서 센서는 매우 중요한 역할을 한다. 센서를 우리 신체 감각 기관과 연결해 생각하면 보다 쉽게 이해할 수 있을 것 같다. 예를 들어 빛 센서는 사람의 눈에 해당한다. 빛을 감지하고 그 정보를 컴퓨터에 전달한다. 어두운 곳에 가면 스마트폰의 화면 밝기가 자동

---

* 객체 식별자(Object identifier) 센서. 눈에 보이지 않은 미세한 코드 패턴을 읽는 센서를 말한다.

으로 밝아지는 것도 바로 이런 빛 센서가 있기에 가능한 것이다. 소리 센서는 귀에 해당한다. 주변에서 들려오는 소리를 감지하여 역시 그 정보를 컴퓨터에 전달하는 역할을 한다. 소음 측정기가 소리 센서를 이용한 대표적인 예라 할 수 있겠다.

다소 생소한 IR 센서는 적외선 감지 센서Infrared Ray Sensor로 사람의 피부 감각과 눈에 해당하는 센서라고 보면 이해하기 쉽겠다. 자동문이 열리는 원리는 바로 적외선 감지를 통해 사람이 가까이 왔음을 감지할 수 있는 IR 센서 덕분이다. 이외에도 사람의 뇌에 해당하는 메인보드나 팔이나 다리를 움직일 수 있게 해주는 모터, 빛을 출력하는 장치인 LED도 피지컬 컴퓨팅에서 빠질 수 없는 부분이다.

또한 알버트에는 NOPNavigation On Paper 기능이 있어 보드 종이 위에서 길 찾기 미션 해결이 가능하다. 블루투스 통신이 되기 때문에 무선 조정이 가능하고, 스피커로 소리도 낼 수 있으며, 앱을 설치하면 태블릿이나 스마트폰을 통해 알버트를 직접 조정할 수 있다.

이렇듯 다양한 기능이야 많지만 수업에서 모두 다 할 수는 없으니 아이들이 가장 좋아하면서 프로그래밍 교육에 적합한 파트를 소개하고자 한다. 스택 카드를 활용한 프로그래밍 교육은 알버트를 활용한 수업에서 가장 많이 쓰이면서 처음 알버트를 접하는 교사나 학생에게도 부담이 없는 활동이다. 알버트 로봇의 바닥에는 전/후방 OID 센서가 부착되어 있다. 65,545가지 OID코드를 인식할 수 있는 센서로 이곳에 명령어 카드를 인식시키면 카드에 적힌 움직임을 알버트가 인식하여 그대로 실행한다.

예를 들어 move forward 카드는 알버트가 앞으로 움직이도록 하고,

알버트 활용 수업에서는 스택 카드를 활용한 프로그래밍을
할 수 있다.

turn left 카드는 왼쪽으로 방향을 전환하도록 한다. 가령 move for-
ward — turn right — move forward — turn eyes on — turn eyes off
카드를 순서대로 인식시킨 후 마지막에 실행 카드인 run program을
인식시키면 알버트는 해당 카드에 적힌 대로 움직임을 실행한다. 반복
카드나 실행중지 카드 등 다양한 명령어 카드들이 있기 때문에 원하는
대로 혹은 원하는 목적지만큼 프로그래밍하여 움직이게 할 수 있다.

스택 카드를 활용해 알버트 로봇을 제어할 수 있게 되면 본격적인 협
력 수업이 가능해진다. 여기서 단순히 알버트를 움직이는 것에 성공했
다고 수업의 끝이 아니다. 알버트가 움직이도록 만드는 알고리즘 설계
과정이 필요하다. 즉 어떻게 움직이게 할 것인지 그 방법을 찾고, 문제
해결 절차를 설계하는 과정이 있어야 한다. 아무 카드나 인식시켜 자유
롭게 움직이도록 하는 것은 소프트웨어 수업이 아니라 그냥 로봇 놀이
일 뿐이다. 해당 목적지까지 어떤 명령어 카드를 사용해 어떻게 움직이

아이들이 자신의 생각을 정리할 수 있도록 알고리즘 활동지를 미리 준비한다.

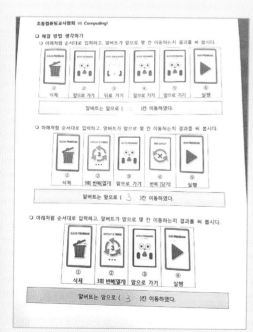

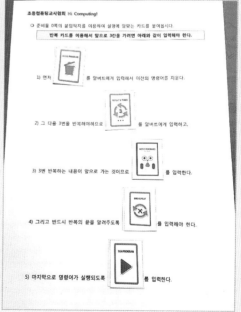

도록 할 것인지, 어떤 방법이 더 효율적인지 따져봐야 한다. 그리고 그 과정을 순서대로 나열하고, 이렇게 설계된 알고리즘을 토대로 실제로 카드를 인식시켜 프로그래밍하도록 해야 하는 것이다.

그 과정에서 프로그래밍의 원리인 순차구조, 반복구조 등을 익힐 수 있을 뿐 아니라 문제를 해결하는 과정 속에서 수행했던 알고리즘적 사고를 비롯한 컴퓨팅 사고력 향상도 이끌어낼 수 있다. 모든 수업에서 알고리즘 활동지를 만들 필요는 없지만 아이들이 자신의 사고 과정을 정리할 수 있도록 하는 것은 중요하다. 인간은 기록함으로써 기억한다.

글이라는 것이 그렇다. 쓰다 보면 명확하지 않던 것도 명료해지고, 명료했던 것이 다시 또 다른 사고와 맞물려 불투명해진다. 그럼 다시 명료하게 만들기 위해 또 다른 사고를 하도록 이끈다. 아이들과 있었던 일상을 정리하다 보면 그 수업에서 내가 의도했던 것과 아이들의 반응 사이에서 괴리를 경험하게 되고 이는 새로운 성찰로 이어진다. 마찬가지로 우리 아이들도 그 수업 시간에서 배웠던 것을, 혹은 배우는 중에 자신의 사고를 정리하는 과정을 통해 더 깊이, 혹은 더 많이 알게 된다.

머릿속에서 이루어지는 사고를 언어로 기록한다는 것은 단순하지만 많은 의미를 가진다. 보다 명확해질 수도 있고, 자신이 하는 행동이나 사고가 무엇인지에 대한 생각, 즉 메타인지를 키울 수 있는 계기가 되기도 한다. 간단해 보이지만 알고리즘을 설계하는 학습지를 통해, 또는 문제를 해결하기 위해 적어가는 단순한 기록들을 통해 우리 아이들의 사고는 더욱 풍부해지고 체계를 이루어간다.

다시 말하지만 스택 카드를 이용해 알버트를 움직이기는 어렵지 않다. 하지만 앞서 이야기한 것처럼 단순히 움직이도록 하는 게 목표가

서로 소통하며 함께할 때 문제 해결 역량이 더 커진다.

아니다. 각 카드의 쓰임을 이해하고, 알버트에게 원하는 동작을 하도록
명령을 내리기 위해서 어떤 카드를 어떻게 사용할 것인지 생각하는 과
정, 즉 알고리즘을 설계하는 과정을 활동지에 하나씩 기록하며 자신의
사고 과정을 따라가야 한다. 그래야 아이들이 다른 어떤 어려운 문제
를 만났을 때 이런 사고 과정을 떠올리며 하나하나 해결해 가는 역량
을 키울 수 있게 된다.

　알고리즘 설계가 끝나면 본격적인 게임으로 수업의 재미를 극대화
하면서 목표 달성에 한 걸음 더 나아간다. 깃발이 있는 곳까지 먼저 도
착한 사람이 이기는 게임을 해본다. 우리 교실의 경우 아쉽게도 1인 1
대가 아니라 2인 1대 알버트로 수업을 할 수밖에 없는 사정이었다. 이
런 경우 2인 1조가 한 팀이 되어 팀별 게임을 진행하거나 목적지에 도

달하는 미션을 두 사람이 함께 협력하여 해결하는 것으로 대신할 수 있다. 어떤 방식을 선택할 것인지는 학급의 상황이나 교육 환경 등에 따라 달라질 수 있겠다.

우리는 팀별 협력 미션의 형태로 진행하였다. 2명이 한 팀이 되어 알고리즘 설계부터 미션 해결까지 친구와 함께 하도록 한 것이다. EPL 컴퓨팅에서만 페어 프로그래밍이 가능한 것은 아니다. 어쩌면 피지컬 컴퓨팅 영역에서 더 페어 프로그래밍이 필요할지도 모르겠다. 소프트웨어적인 접근과 하드웨어적인 접근이 모두 필요한 피지컬 컴퓨팅 영역이기에 혼자보다는 함께할 때 보다 효율적으로 문제를 해결할 수 있기 때문이다.

햄스터야, 놀자

- 소프트웨어 교육 영역 _ 피지컬 컴퓨팅 활동
- 수업 주제 _ 로봇 프로그래밍 시작하기
- 수업 전 준비 _ 햄스터 로봇, 활동지
- 소요 시간 _ 80분

로봇을 활용한 프로그래밍 수업을 어떻게 할 수 있을까? 여러 종류의 로봇을 하나씩 사례 형태로 소개할 것인지, 아니면 하나의 로봇으로 전체적인 흐름을 보여줄 것인지 고민이 많았다. 하지만 처음 로봇을 활용한 프로그래밍 수업, 즉 피지컬 컴퓨팅을 접하는 선생님이라는 가정 하에 처음부터 여러 종류의 로봇을 다루기보다 하나의 로봇을 제대로 다뤄보는 경험이 더 필요하다고 판단하였다. 따라서 여기서는 햄스터 로봇을 가지고 몇 가지 수업 사례를 종합적으로 살펴볼 수 있도록 구성하였다.

햄스터 로봇을 처음 접한 우리 아이들. 이미 EPL 교육이 충분히 이루어진 상태이므로 햄스터 로봇을 움직이는 것이 어렵지 않다. 로봇을 엔트리에 연동시키기 위해 하드웨어를 연결하는 작업만 알려 주면 그다음은 아이들이 모니터 화면을 통해 오브젝트를 움직였듯이 햄스터 로봇에게 블록 명령만 내려 주면 된다. 하드웨어를 연결하기 전에는 보이지 않았던 명령 블록들이 화면에 보이면 아이들은 해당 블록들을 활용해 햄스터를 움직여 본다.

아이들이 햄스터 로봇을 제어하기 위해 태블릿에서 엔트리 프로그램과 연결하고 있다.

처음 EPL 수업을 할 때 블록들을 충분히 탐색한 것처럼 이번에도 마찬가지 과정이 필요하다. 새로 생성된 블록들을 활용해 실제로 햄스터가 앞으로, 뒤로, 오른쪽으로, 왼쪽으로 움직이도록 함으로써 처음 접하는 피지컬 컴퓨팅 교구에 익숙해지는 과정을 경험하도록 하는 것이다. 어느 정도 사용 방법이 익숙해지면 미션지를 통해 햄스터의 움직임을 본격적으로 알고리즘에 따라 설계할 필요가 있다. 출발점에서 목적지까지 도달하기 위해 어떤 순서로 움직여야 하는지, 어떤 블록을 활용했을 때 효율적으로 움직일 수 있는지를 고민하는 단계인 것이다.

처음 햄스터를 다룰 때는 2인 1조로 짝을 이루어 협업으로 진행하는 것이 좋다. 아직 사용법에 익숙하지 않고 돌발 상황에 대처하는 데 혼자보다는 둘이 힘을 합치면 더 유리하기 때문이다. 햄스터가 의도한 대로, 혹은 설계한 알고리즘대로 움직이지 않을 때 둘은 끊임없이 대화한다. 무엇이 문제인지 서로 논의해 보고, 본인들이 가정한 대로 다시 설계하여 디버깅에 성공하기도 하고, 끝내 해결하지 못해 선생님에게 도움을 청하기도 한다.

햄스터 배틀. 수업 몇 시간 만에 생각지도 못했던 프로그램을 짜서 즐기고 있다.

원하는 대로 햄스터를 움직이지 못했다고 해서 수업에 실패한 것일까. 그렇지 않다. 피지컬 컴퓨팅 수업의 핵심은 컴퓨팅 사고력 신장이다. 아이들이 햄스터 로봇을 움직이기 위해 알고리즘을 설계하고, 이를 디버깅하기 위해 고민했다는 것, 그런 사고의 경험을 한 것만으로도 사실은 교육과정에서 원하는 성취기준을 달성한 셈이다. 궁극적으로 컴퓨팅 사고력 신장에 도움이 되었기 때문이다.

아이들의 적응력은 어른의 상상을 훨씬 넘어선다. 두세 번째 시간만

돼도 아이들은 생각지도 못했던 일들을 해낸다. 본격적인 수업이 시작되기 전 아이들이 웅성거린다. 한쪽에서 햄스터 배틀(?)이 벌어진 것이다. 짝꿍이 앉아 서로 힘겨루기 하듯이 밀어붙인다. 주위에 있던 아이들이 마치 레슬링 경기라도 보듯 몰려든다. 키보드 화살표로 햄스터가 움직일 수 있게 해놓은 모양이다. 빠른 클릭질이 핵심이다. 잠시만 멈춰도 상대편에게 밀린다. 정말 간단한 게임이지만 아이들에겐 새로운 세계다. 스스로 짠 프로그램으로 이 모든 것이 가능하다는 것을 확인하는 순간이다. 아이들은 이 순간 신이 난다.

청소부 햄스터 만들기

인류의 위대한 발명품들은 모두 귀차니즘(?)에서 탄생했다!? 빨래를 해주는 세탁기, 청소를 해주는 로봇 청소기, 설거지를 대신하는 식기세척기 등 어느 것 하나 인간의 삶을 편리하게 해주지 않는 제품이 없다. 계속해서 반복적으로 수행해야 하는 일을 만났을 때 인간은 이를 어떻게 하면 효율적으로 처리할 수 있을지 고민한다. 그 결과 우리 생활을 편리하게 해주는 각종 가전제품이 탄생했고, 심지어 인간의 사고 과정까지도 대신 처리해줄 수 있는 컴퓨터도 발명했다. 이렇듯 문명의 발달 과정은 인간의 문제 해결 과정이라고 봐도 무

방할 것이다.

　이제는 본격적인 문제 해결 미션을 통해 피지컬 컴퓨팅 수업을 할 차
례이다. 해결해야 할 미션 주제를 준다. 쓰레기를 치우는 청소부 햄스
터를 만들어라! "청소부 로봇? 그걸 어떻게 만들어요?" 항의가 빗발친
다. 이 책에서는 소개하지는 않았지만 우리는 EPL 수업에서, 청소기 프
로그램을 만든 경험이 있다. 그때는 청소기 오브젝트에 블록 명령을 내
려서 청소기가 방안 구석구석을 다니면서 마룻바닥을 하얗게 칠함으로
써 깨끗하게 청소하는 모습을 모니터상에서 표현하였다. 즉, 무작위 수
의 움직임으로 청소기를 돌아다니도록 하되 벽에 부딪히면 일정 방향
만큼 돌도록 하여 계속해서 청소하도록 하는 것이다.

　이 과정을 이번에는 화면상의 오브젝트가 아니라 햄스터가 직접 수
행하도록 해야 한다. 따라서 화면상의 마룻바닥이 아니라 보드게임 상
자 뚜껑을 뒤집어 청소부 햄스터의 방으로 꾸며 시뮬레이션 상황을 만

든다. 그리고 햄스터가 방 안 구석구석을 돌아다니도록 하되, 벽과 가까워지면 방향을 바꿔 다른 곳으로 이동하게 만든다. 먼저 EPL 시간에 경험했던 로봇 청소기 프로그램이 어떤 원리로 청소기를 움직이게 했는지 상기시킨다. 그런 다음 이를 어떻게 햄스터에 적용할 것인지 알고리즘부터 설계해야 한다.

방 안 구석구석 돌아다니되 근접 센서를 활용해 벽이 감지되면 방향을 바꿔야 한다. 살짝 뒤로 물러난 뒤 회전할 수도 있고, 왼쪽 또는 오른쪽으로 방향을 바꿀 수도 있다. 햄스터에는 오른쪽, 왼쪽 모두 근접 센서가 있기 때문에 왼쪽에서 어떤 물체를 감지하고 이를 피해 오른쪽 방향으로 돌거나 오른쪽에서 물체를 감지해 왼쪽으로 돌도록 할 수 있다.

예를 들어 왼쪽 근접 센서 값이 75보다 크거나 같다는 것은 왼쪽 방향에 벽과 같은 장애물이 가까이 있다는 의미이다. 그러면 일단 뒤로 0.5초 이동한 뒤 장애물을 피해 오른쪽 방향으로 1초간 이동한다. 햄스터마다 약간의 차이는 있지만 당시 아이들이 조종한 햄스터의 경우 0.7초에 90도를 회전하였으므로 1초면 130~140도 정도 회전할 수 있는 시간이다.

이렇게 햄스터가 현실 세계의 장애물을 근접 센서를 통해 감지하고, 이에 대한 반응으로서 방향을 회전하도록 하는 피지컬 컴퓨팅 수업이 이루어질 수 있다. 간단하지만 이런 센서를 활용해서 미로를 탈출하거나 장애물을 피해 달리기를 하는 등 다양한 상황을 연출할 수 있다.

우리나라 최초의 휴머노이드 휴보. 출처_조선닷컴

미로를 빠져나와, 햄스터!

우리나라에서 만든 한국 최초의 인간형 로봇인 휴보가 세계 재난 로봇대회에서 우승을 했다는 기사를 본 적이 있다. 물론 대회이기 때문에 실제 재난 현장과 같은 수많은 변수가 발생할 수 있는 상황은 아니지만 계단을 오르고, 밸브를 잠그며, 차를 운전하는 등의 역할까지 모두 수행했다고 하니 놀라울 따름이다. 정말 머지않은 미래에는 대형 화재가

났을 때 언제 무너질지 모르는 건물 속으로 함부로 들어가지도 못하고 밖에서 발만 동동 구르는 안타까운 일은 없어질 것 같다. 휴보와 같은 재난 로봇들이 인간을 대신해 위험한 상황에 처한 사람들 척척 구해 주지 않을까. 상상만 해도 멋진 일이다.

우리 아이들과도 이런 재난 상황을 연출해 보면 어떨까? 그래서 이번에는 보다 정밀한 미로 탈출에 도전해 보기로 하였다. 아이들의 호기심과 학습 동기를 더욱 높여 주기 위해 화재, 홍수 등과 같은 재난 상황을 보도한 뉴스 영상을 보여 주고 어떤 일이 벌어지는지, 어떻게 그 상황을 벗어날 수 있는지에 대해 간단하게 모둠별로 이야기를 나누었다. 아이들은 마치 자신이 재난 현장에 있는 것처럼 진지하면서도 재치 있게 생각을 나누었다.

그리고 이런 재난 상황에서 인간을 도와줄 수 있는 재난 로봇에 대해 알아보기로 하고, 뉴스 영상과 신문, 인터넷 검색을 통해 재난 로봇에 대해 조사하였다. 두세 명씩 짝을 이루어 자료를 찾고, 검색을 통해 정보를 수집한 후에 위험 상황에서 로봇이 인간을 어떻게 도와줄 수 있을지, 어떻게 안전한 곳으로 대피하도록 안내해줄 수 있을지 이야기해 보았다.

이렇게 재난 상황에서 로봇의 움직임에 대해 충분히 생각해 보도록 한 뒤 두 가지 상황을 제시하였다. 하나는 미로를 탈출하는 것으로 벽을 따라 움직이면서 도착점까지 무사히 빠져나가도록 하는 시뮬레이션 상황이다. 빨간 바구니에 건전지 소켓을 뒤집어서 만든 미로 역시 아이들이 직접 제작하였다. 미로를 만든 뒤 햄스터가 이런 상황에서 어떻게 빠져나올 수 있는지를 잘 생각하며 활동지를 통해 알고리즘을 작

미로를 찾는 햄스터. 바구니에 소켓을 뒤집어 간단히 미로를 만들었다.

성한다. 근접 센서를 사용하여 햄스터가 장애물을 감지하고 길을 찾아 빠져나오도록 말이다.

두 번째는 정전이 된 재난 현장에서 불을 켜고 입구를 찾아 빠져나오도록 하는 시뮬레이션 상황이다. 어둠상자를 이용해 햄스터가 갇힌 상황을 만든 다음, 어두운 곳에서 LED 불을 켜고 어둠상자 한 쪽 끝을 열어 햄스터가 그곳을 찾을 수 있도록 하는 문제였다. 실제 같은 상황 연출에 아이들은 전보다 더 집중하여 문제를 해결하려는 모습을 보였다. 아이들은 마치 진짜 재난 로봇을 개발하는 과학자들이 된 것처럼 진지했다.

융합 시대에는 한 분야의 전문 지식만으로는 해결되지 않는 문제들이 많다. 여러 학문을 뛰어넘어 문제를 바라보고 접근할 때 해결의 실마리를 찾게 되는 것이다. 특히 컴퓨터의 발달과 활용은 각종 전문 분야와 결합해 인류 문명 발달에 크게 기여하고 있다. 이는 노벨상 수상자들의 예만 봐도 알 수 있다. 2013년 노벨화학상을 수상한 마틴 카플러스Martin Karplus, 마이클 레빗Michael Levitt, 아리에 워셀Arieh Warshel의 경우가 그렇다. 2013년 노벨위원회는 이들을 노벨화학상 수상자로 선정하며 다음과 같이 말했다고 한다. "과거 화학자들은 플라스틱 공과 막대기를 이용해 분자 모델을 만들었습니다. 그러나 오늘날에는 컴퓨터를 통해 모델링 작업을 수행하게 되었으며 컴퓨터 시뮬레이션은 현대 화학에 없어서는 안 될 존재가 되었습니다."

지금 우리 아이들은 우연히 소프트웨어 교육에 관심이 많은 선생님을 만나 이것저것 좌충우돌하며 방과후 소프트웨어 교육 동아리에서 활동하고 있는 것에 불과하다. 대단히 좋은 컴퓨터실을 갖추고 있는 것도 아니며, 소프트웨어 교육 연구학교나 선도학교처럼 무한 상상실과 같은 멋진 인프라도, 다양하고 비싼 교구들이 갖춰져 있지도 않다. 햄스터 로봇의 부속품인 미로판도 없어서 과학실에 있는 건전지 소켓과 바구니, 어둠상자로 시뮬레이션 상황을 만들었다. 그러면 뭐 어떤가. 틀에 갇힌 상황보다 아이들의 상상력을 훨씬 더 자극하고 보다 창의적인 활동을 할 수 있지 않을까. 이 아이들 속에서 미래의 노벨상 수상자나 제2의 스티브 잡스가 나오지 말란 법이 어디 있을까.

선을 따라 달려라!

라인트레이서는 말 그대로 라인을 따라 움직이는 자율 이동 로봇을 말한다. 전문 용어로 AGVAutomatic Guided Vehicle라고도 불린다. 보통 적외선 센서를 이용하여 주행선을 감지하는데, 이 적외선 센서의 경우 흑(黑)과 백(白)만을 검출할 수 있기 때문에 보통 흰색 바탕에 검은색을 따라 움직이든지 검은색 바탕에 흰색 선을 따라 움직이게 된다. 햄스터 역시 적외선 센서를 활용한 바닥 센서를 가지고 있다. 이 말은 햄스터로 라인트레이서를 구현할 수 있다는 의미이다.

아이들에게는 그야말로 재미있는 수업 주제가 될 수 있다. 일직선을 따라 달리고 원 모양의 선을 따라 돌며, 네모 모양의 트랙을 따라 도는 등 다양한 미션을 한두 가지 알고리즘만 알고 있으면 얼마든지 구현할 수 있는 것이다. 먼저 그동안 많이 사용했던 근접 센서는 잠시 내버려 두고 바닥 센서 탐색에 들어간다. 아이들과 함께 바닥의 색깔, 재질에

먼저 센서에 대한 탐색을 하는 것이 필요하다.

따라 센서 값을 확인한다. 밝은 바닥일수록 센서 값이 크게 나타나며 어두운 바닥일수록 센서 값이 작게 나타난다. 예를 들어 센서 값 50을 기준으로 했을 때 50보다 크면 밝은 바닥을 감지한 것이고 50보다 작으면 어두운 바닥을 감지한 것이다.

이렇게 바닥 센서에 대한 탐색을 마친 후, 어떻게 하면 햄스터가 검은색 선을 따라 움직일 수 있게 할지 생각해 보고, 이를 토대로 블록 명령어를 활용하여 알고리즘을 설계한다. 바닥 센서는 오른쪽과 왼쪽에 모두 있으므로 둘 중 한 센서를 기준으로 생각해야 한다. 예를 들어 왼쪽 바닥 센서가 50보다 큰 값을 감지했다면, 검은 선 밖으로 나갔다는 의미이므로 왼쪽 바퀴를 0으로 두어 왼쪽 바퀴가 움직이지 않게 한다. 동시에 오른쪽 바퀴에 30~40 정도의 값을 주어 움직이게 함으로써 햄스터가 왼쪽으로 방향을 틀어 다시 검은 선을 따라 움직이도록 하는 것이다. 오른쪽 바닥 센서를 사용할 때도 마찬가지다. 오른쪽 바닥 센서 값이 50보다 크거나 같다면, 마찬가지로 검은 선 밖으로 나갔다는 의미

센서 탐색이 끝나면 알고리즘을 설계한다.

이므로 오른쪽 바퀴는 0, 왼쪽 바퀴는 30~40 정도의 값을 준다. 그러면 오른쪽 바퀴는 움직이지 않고 왼쪽 바퀴만 움직임으로써 오른쪽으로 방향을 틀어 검은 선을 쫓아가게 되는 것이다.

이러한 원리를 이해해야 햄스터를 원하는 방향 또는 선을 따라 움직이게 할 수 있다. 이것을 이해하지 못하면 햄스터를 원하는 방향으로 움직일 수 없다. 바닥 센서를 활용해 햄스터를 자유롭게 움직일 수 있다면 라인을 활용한 다양한 게임 활동도 즐겁게 할 수 있다.

검은 선 밖으로 나오지 못하도록 왼쪽 바닥 센서 값이 50보다 작거

나 같은 경우, 즉 검은 색이 감지되면 뒤로 0.5초 물러난 뒤 오른쪽으로 방향을 돌린다. 다시 앞으로 가지만 마찬가지로 검은 색을 감지하면 뒤로 물러나는 등 미로에 갇힌 햄스터의 표현이 가능하다. 이를 응용하여 미로의 한 쪽을 뚫어놓고 지속적으로 탈출구를 찾아 움직이다가 마침내 탈출구를 찾아 빠져나오도록 할 수도 있다.

여러 번 이야기하지만 아이들의 상상력은 우리 어른들보다 훨씬 크고 다양하다. 아이들을 가르치다가 우리가 미처 도달하지 못하는 세계에까지 아이들이 쉽게 찾아가는 모습을 목격하곤 한다. 어쩌면 학교라는 공간은 아이들이 타고난 상상력을 키워주고 발전시켜주는 것이 아니라 논리라는 틀 속으로, 지식이라는 포장 속으로 밀어 넣고만 있는 것은 아닌지 모르겠다. 그래서 소프트웨어 교육은 학교 현장에 더욱 필요하다. 아이들의 기발한 상상력을 현실로 만들어줄 수 있는 교육이라고 생각하기 때문이다. 선이 그어진 한 장의 맵과 로봇만 있으면 무궁무진한 상상의 세계를 펼칠 수 있는 아이들. 그들의 힘을 믿는다. 우리는 그저 아이들이 자유롭게 탐색할 수 있는 환경을 만들어주면 될 뿐이며, 그것으로 충분하다.

메이키메이키로 종이 피아노 연주하기

유튜브에서 처음 아이패드 Garage band의 연주 장면을 봤을 때 느꼈던 그 신선함이란! 참 신기하고 멋졌다. Garage band는 애플에서 제작한 DAW 소프트웨어다. 샘플러, 드럼, 드럼 머신, 기타, 스트링, 키보드 등의 악기를 탑재하고 있으며, 전기 기타를 기기에 연결해서 클래식 앰프와 스톰 박스 이펙트와 함께 연주하는 것도 가능하다. 스마트 악기(Smart Instruments)를 이용하면 초보자들도 쉽게 반주나 비트를 만들 수 있다. 음악을 잘 모르는, 심지어 악기는 다뤄본 적조차 없는 이들도 가능하다고 하니 얼마나 획기적인 발명품인가.

Garage band만큼 음질이 뛰어나지 않지만 아이들의 음악적 상상력을 키울 수 있는 피지컬 컴퓨팅 도구가 메이키메이키다. 메이키메이키는 사실 피지컬 컴퓨팅 도구로 볼 수 없다고 하는 이들도 있다. 앞서 메이키메이키를 처음 소개할 때도 언급했지만 전기가 통하는 물체를 키보드와 마우스 같은 입력장치로 만드는 도구이기 때문에, 피지컬 컴퓨팅에서 핵심 포인트로 여기는 조건, 즉 센서 등을 통해 현실 세계를 감지하고 이에 대해 컴퓨터가 상호작용하는 것을 기준으로 보자면 엄밀

히 말해 피지컬 컴퓨팅 도구라고 보기 애매한 부분이 있기 때문이다. 하지만 그런 논란에도 불구하고 저렴한 비용과, 집게 선만 잘 연결하면 되는 조작의 용이성, 전기만 통하면 어떤 물건이라도 사용할 수 있는 편리성 등으로 학교 현장에서 손쉽게 활용할 수 있는 소프트웨어 교육 도구임에는 틀림없다.

메이키메이키로 제작하고 싶은 것은 종이 피아노였다. 종이 피아노? 말이 돼? 종이 피아노로 연주를 한다고? 말이 된다. 종이에 연필로 건반을 그리고, 그 건반 위에 메이키메이키에 연결된 집게 선을 연결한 뒤, 엔트리나 스크래치로 프로그래밍을 해주면 끝이다. 지나치게 설명이 간단하다고? 그렇다. 그 정도로 간단하다.

그럼 다시 한 번 천천히 살펴보자. 먼저 종이 피아노가 필요하니 종이에 피아노 건반을 그린다. 전도성 펜을 이용하면 연필보다 더 정확하게 연결되지만 굳이 비싼 전도성 펜을 사지 않아도 좋다. 그냥 연필로

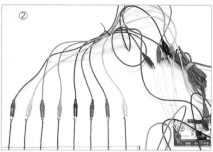

① 연필이나 전도성 펜을 사용해 악보를 그린다.
② 그린 건반 끝부분과 메이키메이키를 집게 선으로 연결한다.
③ 키 번호와 소리음을 연결하는 블록 코딩을 한다.

[노래하는 악보] 활동지

메이키메이키와 스크래치를 이용하여 노래하는 악보를 만들어 봅시다.

◇ 노래하는 악보를 만들기 위해 생각할 점

악보의 기능 모양 ... 표 어떤 것들이 있을까요? 아래 표에 내용을 구체적으로 작성해 봅시다.		

◇ 악보의 기능을 구현하기 위해 스크래치를 어떻게 사용할지 적어봅시다.

악보의 기능	메이키메이키	스크래치
	위쪽 화살표	
	아래쪽 화살표	
	왼쪽 화살표	
	오른쪽 화살표	
	W	
	A	
	S	
	D	
	F	
	G	

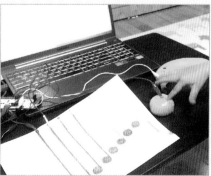

피아노 대신 드럼도 만들 수 있고 종이 건반 대신 바나나, 귤에 연결해도 된다.

진하게 칠하면 된다. 그렇게 그린 종이 피아노 건반의 끝 부분과 메이키메이키의 각 부분을 집게 선으로 연결한다. 그리고 메이키메이키의 USB포트를 컴퓨터에 연결한 뒤 앞에서 보았던 엔트리나 스크래치와 연결시켜 주면 된다. 메이키메이키의 각 키 번호와 소리음을 하나씩 블록 코딩으로 연결해 주면 되는 것이다.

종이 피아노만 가능한 것이 아니다. 종이 피아노 대신 바나나, 귤 등 전기가 통하는 물체라면 무엇이든 가능하다. 집에서 쉽게 구할 수 있는 종이컵으로 알루미늄 호일을 감싸서 만든 드럼으로 연주를 해보고, 바나나와 귤을 연결해 피아노 연주를 해본다. 우리 집 유치원 꼬맹이들도 해내는 걸 보면 저학년 아이들이라도 충분히 가능하다. 전기가 흐를 위험성이 있어 아이들과의 수업에서는 권하지 않지만 알루미늄 호일로 만든 팔찌를 손목에 두르고 집게 선을 연결하면 내 몸도 하나의 악기로 변신한다. 이 순간은 어떤 체험장 부럽지 않다. 삶의 터전이 곧 배움의 터전이며, 자기 자신이 곧 놀이이자 배움이다. 이런 경험을 학교 말고 어디에서 할 수 있단 말인가.

아이들이 경험하는 피지컬 컴퓨팅의 세계는 무엇보다 쉬워야 한다고 생각한다. 도구 자체가 어려워서 접근성이 떨어지면, 제아무리 컴퓨팅 사고를 드라마틱하게 신장시켜줄 수 있는 훌륭한 도구라 하더라도 무용지물이다. 특히 초등학생을 대상으로 하는 교구라면 아이들 스스로의 힘으로 조작하고, 만들고, 움직일 수 있어야 한다. 그런 의미에서 메이키메이키는 학교 현장에서 손쉽게 아이들과 소프트웨어 수업에 활용할 수 있는 교구가 아닐까 한다. 또한 이를 조작하는 과정에서 충분히 문제 해결을 위한 알고리즘 설계 과정과 프로그래밍 과정이 이루어질 수 있도록 수업을 설계해야 한다.

언플러그드 활동이 중심이 되는 소프트웨어 교육이든, 피지컬 컴퓨팅 수업이든 절대 간과하지 말아야 할 것이 하나 있다. 바로 알고리즘을 설계하고, 이를 바탕으로 한 프로그래밍을 통해 문제를 해결해야 한다는 것이다. 다른 말로 하자면 추상화와 자동화를 통한 컴퓨팅 사고의 경험이 피지컬 컴퓨팅 과정 속에 들어 있어야 한다는 것이다. 이를 통해서만 우리가 궁극적으로 하고자 하는 컴퓨팅 사고 기반의 소프트웨어 교육이 이루어질 수 있다. 종이 피아노, 바나나 피아노가 보여 주는 비주얼과 신기함에 빠져 알고리즘 설계와 프로그래밍의 중요성을 잊어서는 안 된다.

센서 보드로 체험하는 피지컬 컴퓨팅

- 소프트웨어 교육 영역 _ 피지컬 컴퓨팅 활동
- 수업 주제 _ 센서 보드로 게임 만들기
- 수업 전 준비 _ 센서 보드
- 소요 시간 _ 80분

메이키메이키만큼이나 쉬우면서 센서를 활용해 다양한 프로젝트를 만들 수 있는 보드를 하나 더 소개하고자 한다. 중학교에서 많이 활용하고 있고, 초등학교 연구학교나 선도학교에서도 제법 쓰이는 오픈소스 기반의 하드웨어인 아두이노의 경우 여러 가지 장점이 많지만 아이들이 다루기에는 조금 어렵다. 저항과 같은 전기, 전자적인 지식을 어느 정도 알고 있어야 하기 때문에 소프트웨어 교육과는 별도의 교육이 또 필요하다. 이는 인지적인 과부하를 의미하며 이제 막 소프트웨어 교육을 시작하는 초등학교 아이들에게는 부담이 될 수 있다. 아이들의 가능성을 낮춰 보는 것이 아니다. 앞에서도 말했지만 피지컬 컴퓨팅 영역은 초등학교 소프트웨어 교육의 연장선 위에서 이루어지는 것이기 때문에 되도록 쉬워야 한다. 따라서 도구의 사용 자체가 어렵다면 굳이 지금 단계에서 사용하지 않아도 상관없다.

이에 비해 센서 보드는 쉽다. 이름에서도 알 수 있듯이 여러 가지 센서들을 모아놓은 것이 센서 보드다. 빛 센서, 소리 센서, 온도 센서, 버튼, LED, 슬라이드 등으로 구성되어 있는 센서 보드의 기능 중 먼저 소

리 센서를 활용한 프로그램부터 살펴보자.

소리 센서에 입김을 불어 모니터 속 풍선 오브젝트를 터트려 보자. 아이들과 센서 보드로 여러 가지 프로그램을 만들어 보았지만, 소리 센서를 활용해 풍선을 터트리는 이 미션과 버튼으로 게임을 만들어 보는 미션을 아이들이 가장 좋아했다. 원리는 간단하다. 풍선 오브젝트의 크기가 200이 될 때까지 기다린다. 센서 보드에 입김을 불어주면 소리 센서가 이를 감지하여 센서 값이 점점 올라가게 되고, 센서 값에 따라 풍선의 크기가 점점 커진다. 그 크기가 200 이상이 되면 웃는 모양이던 풍선 오브젝트가 '펑' 하고 터진 풍선 모양으로 바뀌는 것이다. 아이들은 컴퓨터 밖에서 불어 넣은 자신의 입김이 모니터 속 풍선을 터트리는 모습에 신기해하면서도 즐거워한다. 피지컬 컴퓨팅의 세계를 제대로 즐기고 있는 것이다.

풍선 터트리기 못지않게 좋아하는 프로그램이 바로 생쥐가 치즈를 찾도록 도와주는 미로 탈출 게임 프로그램이다. 센서 보드에 있는 4개의 색깔 버튼을 눌렀을 때 생쥐 오브젝트를 오른쪽, 왼쪽, 위쪽, 아래쪽

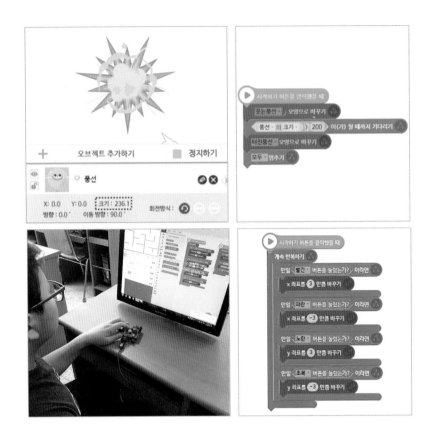

으로 움직일 수 있도록 명령어 블록을 연결해 주면 끝이다. 단, 미로의 벽에 닿게 되면 원래의 위치로 되돌아가게 만드는 등의 추가 프로그래밍을 통해 게임적 요소를 더한다. X, Y 좌표값 변화를 크게 주면 생쥐의 움직임이 커져 미로 벽에 너무 잘 닿게 되어 게임에 성공하기 어렵다.

아이들은 이 모든 사실을 스스로의 경험으로 알게 된다. 코드를 다 작성했다고 생각하고 센서 보드의 버튼을 활용해 게임을 실행해 보면 의외로 의도했던 대로 게임이 잘 안 된다. 문제를 다시 찾아내고 이를 해결하는 디버깅 과정 속에서 아이들의 컴퓨팅 사고는 쑥쑥 자란다.

색깔 따라 움직이는 오조봇

- 소프트웨어 교육 영역 _ 피지컬 컴퓨팅 활동
- 수업 주제 _ 컬러 센서로 오조봇 움직이기
- 수업 전 준비 _ 오조봇, 활동지, 컬러펜
- 소요 시간 _ 80분

피지컬 컴퓨팅 도구를 활용한 수업에 나 또한 푹 빠지게 되면서 이런 저런 로봇을 개인적으로도 접할 기회를 많이 가지게 되었다. 특히 로봇이라면 자다가도 일어나는 어린 아들들을 위한 로봇이 무엇이 있을까 찾아보다가 발견한 로봇 중 하나가 바로 오조봇이다. 직접 구입하여 집에서 아들과 함께 하나씩 익혀가다 보니 역시나 학교에서 아이들과도 수업하고 싶다는 욕심이 생긴다.

다른 로봇과 달리 컬러 인식 센서를 활용해 제어한다는 점이 아이들에게는 매우 신선하게 다가오는 것 같다. 즉 컬러 코드 스티커를 인식시켜 오조봇의 속도나 방향, 시간 등을 다양하게 제어할 수 있는 것이다. 이는 컴퓨터 없이 언플러그드 활동 형태로도 수업을 진행할 수 있다는 의미인데, OzoBlockly를 함께 사용하면 컴퓨터로 프로그래밍하여 로봇을 조종할 수 있어 피지컬 컴퓨팅 수업도 가능하게 된다. 게다가 어렵지도 않다. 그러니 당연히 욕심이 생기게 마련이다.

하지만 내가 가진 한 대의 오조봇으로는 수업을 하기 힘들다. 그렇다고 예산이 있는 것도 아니다. 학교 현장에도 아직 소개가 되지 않은 로봇이다 보니 빌리거나 구하기도 어렵다. 이대로 포기할 것인가.

여기저기 수소문하여 알아보니 오조봇을 판매하는 업체에서 아이들과 선생님을 위한 무료 체험 교육을 하고 있었다. 자칫 잘못하면 로봇을 팔기 위한 상술의 자리가 되기 쉬운데 먼저 경험한 선생님들의 이야기를 들으니 그런 것이 일절 없어 좋았단다. 망설일 필요 없이 부랴부랴 시간을 잡고, 아이들에게 홍보하고, 방과후 동아리 수업 시간에 실시하게 되었다.

오조봇이라는 새로운 로봇을 체험할 기회여서 우리 아이들도 신이 난 모양이다. 동아리 수업 시간이 되기도 전에 일찌감치 컴퓨터실에 모여 새로 만날 로봇을 살펴보는 모습이 자못 진지하다.

첫 번째 체험은 오조봇이 가진 가장 큰 특징인 컬러 인식이었다. 활동지에 그려진 선을 따라 오조봇을 움직이거나 색깔 펜으로 직접 선을 그어 그 색깔에 따라 오조봇이 움직이게 할 수도 있다. 아이들은 자신이 원하는 대로 선을 긋거나 그림을 그리거나 심지어 글씨를 써서 그 위를 오조봇이 이리저리 움직이도록 만들었다. 이런 상호작용성이 아이들한테는 열린 사고는 물론 창의적인 사고를 키워줄 수 있는 요소가 된다.

또한 출발점에서 도착점까지 오조봇을 움직일 때 까다로운 조건이 몇 가지 붙는다. 오조봇을 마음대로 움직여 목적지까지 가게 하기는 쉽지만 부가되는 조건들을 지키기 위해선 반드시 생각해야 한다. 어떻게 하면 효율적으로 조건을 지켜가며 움직일지 말이다.

두 번째 체험은 팀 미션이다. 혼자 고민하여 문제를 해결할 수도 있지만 조금 난이도가 있는 문제의 경우 2명이 한 팀이 되어 함께 머리를 맞대고 고민하도록 하였다. 문제를 해결하기 위해 정해진 색깔 스티커

컬러 인식 단계

만을 사용해야 한다. 어떤 색깔 스티커를 조합하고 어느 위치에 붙여야 할지 서로 끊임없이 이야기해 보고, 실제로 실행 후 실패의 원인을 찾아 다시 도전하는 형태로 소통하고 협력하는 것이다. 실제 이 수업을 할 때에는 팀 미션 게임 형식으로 진행하였는데 가장 빨리 문제를 해결한 팀에게는 선물이 주어졌다.

첫 번째, 두 번째 체험을 하고 나니 색깔 조합을 통한 오조봇 사용에는 제법 익숙해졌다. 마지막 체험은 피지컬 컴퓨팅으로 OzoBlockly를 사용해 오조봇을 제어해 보는 미션을 해결하는 것이다. OzoBlockly 역시 블록형 언어이기 때문에 엔트리나 스크래치에서 했던 것처럼 드래그 앤 드롭 방식으로 명령어를 연결해 주면 된다.

아직 한국어 번역이 완전하지 않아 아이들이 어렵게 느꼈을 법도 한데 아이들은 생각보다 영어건 한국어건 신경 쓰지 않는 모습이다. 영어 자체가 간단하기도 했지만 이미 엔트리나 스크래치를 통해 블록형 명령어를 사용하는 방법에 익숙하다 보니 대강의 의미를 짐작하고 블록

팀 미션. 어떤 색깔 스티커를 사용해야 할지 고민하는 아이들

을 사용하는 모습을 보이는 것이다. 학습의 전이효과라고 할까. 겁 없이 블록을 조립하고 그 명령에 따라 움직이는 오조봇을 지켜보는 아이들. 지식을 흡수하는 속도가 무서울 정도로 빠르다.

이렇게 블록 명령 조립이 다 끝나면 작성한 프로그램을 오조봇에 로딩시켜 주어야 한다. 햄스터나 알버트가 블루투스로 하드웨어와 소프트웨어를 연결해 주었다면 이 오조봇은 직접 컴퓨터 모니터 화면에 대고 프로그램을 다운받는 방식이다.

제작사에서 나온 관계자분들은 우리 학교 아이들이 다른 학교 아이들보다 이해도 잘하고, 새로운 로봇에 대한 거부감이나 부적응이 거의 없었다며 같은 시간 동안 훨씬 많은 내용을 다루어볼 수 있었다고 하셨다. 단순히 듣기 좋으라고 하는 인사치레는 아닌 것 같다. 내가 봐도 아이들은 오늘 체험 수업에서 마치 스펀지가 물을 빨아들이듯 학습 내용을 흡수하는 모습을 보여 주었다.

다시금 수업의 성공 요인에 대해 곱씹어 본다.

블록 명령문을 작성한 후 프로그램을 오조봇에 로딩시키는 모습

　첫째, 새로운 로봇에 대한 호기심이 학습 동기로 충분히 작용했고, 둘째, 1인 1대의 로봇이 주어져 모든 체험을 온전히 소화할 수 있었다. 뿐만 아니라 직접 맵을 그리고 자신이 그린 맵 위에서 본인이 의도한 대로 색깔 스티커를 조합해 로봇을 움직이게 하는 자기주도적이면서도 상호작용적인 수업이 가능했기 때문이다. 마지막으로 그동안 여러 차례 경험해본 블록형 프로그래밍이었기에 한결 쉽게 적응할 수 있었을 것이다.

　강한 학습 동기, 모두에게 주어진 교구와 교재, 자기 주도성, 축적된 학습 경험 등이 학교 현장에서 로봇을 활용한 프로그래밍 수업을 성공적으로 이끌 수 있는 중요한 요인이 아닐까 생각해 본다.

로봇 페스티벌 참가기

학교라는 공간은 아이들에게 배움을 위한 절대적인 장소이자 그들의 삶에 큰 영향을 미치는 공간임에 틀림없지만, 삶이라는 전체적인 차원에서 볼 때 그들이 살아가는 여러 공간 중 하나일 뿐이다. 학교에서 배운 지식은 학교 밖 세계와 연결고리를 가질 때 더 큰 의미를 갖고 아이들의 삶 속에 영향을 미칠 수 있다.

그런 의미에서 그동안 아이들과 배운 다양한 소프트웨어 교육의 경험을 바깥세상에서도 직접 체험해 보면 어떨까 하는 생각을 하게 되었다. 사실 제일 좋은 체험은 소프트웨어 교육을 통해 배운 지식과 기능들을 활용해 생활 곳곳에서 직면한 문제를 해결하는 것이겠지만, 현실적으로 이런 문제 상황을 일상에서 마주치기란 쉽지 않다는 점을 고려할 때 인위적으로라도 기회를 만들어 가상 체험을 해보는 것도 나쁘지 않을 것 같다.

때마침 지난해 6월 18일, 서울 이태원초등학교에서 초등컴퓨팅교사협회와 한국교육학술정보원에서 주관한 '로봇과 함께 하는 소프트웨어 페스티벌'이 열렸다. 언플러그드, EPL, 햄스터, 알버트, 비트브릭, 보드게임 등 총 10개의 부스로 구성된 이 페스티벌은 아이들이 각 부스를 돌면서 그동안 배웠던 소프트웨어 교육 경험을 총동원하여 문제를 해

새로운 곳에서 새로운 사람들과 새로운 경험을 하면서 아이들의 사고는 확장된다.

결하는 방식으로 이루어졌다. 2개 학교씩 짝을 이루어 같은 부스를 함께 돌면서 같은 학교 친구들과는 협력하여 문제를 해결하고, 다른 학교 친구들과는 선의의 경쟁을 하며 문제를 풀어가는 방식이다.

틱택토 게임

언플러그드 활동으로 경험했던 틱택토 게임은 우리가 흔히 아는 오목과 유사한 게임이다. 빌 게이츠가 유년 시절 최초로 만든 게임 프로

그램으로도 잘 알려져 있는데 방법은 간단하다. 가로, 세로로 3개씩 총 9개의 훌라후프에 연속으로 3개의 손수건을 먼저 놓는 팀이 이긴다. 상대편이 연속으로 3개의 손수건을 놓지 못하도록 방해해야 하는 게임적인 요소를 갖춰 아이들이 매우 흥미 있어 한다. 그렇다면 이 틱택토 게임을 통해 어떤 프로그래밍의 원리를 배울 수 있을까?

먼저 각 팀원들이 자신의 차례에 맞춰 손수건을 순서대로 가져다 놓아야 하므로 '순차' 개념을 배울 수 있다. 1번부터 4번까지의 주자가 계속해서 손수건을 연속으로 놓거나 상대방을 방해하는 동작을 반복하며 게임을 진행하므로 '반복'의 개념도 익힐 수 있다. 만약 상대방이 3번째 연속된 자리에 손수건을 놓으려고 한다면, 재빠르게 달려가 그 자리에 본인 손수건을 놓아서 방해하거나 상대방이 3번째 연속된 자리에 손수건을 놓을 차례가 아니라면 본인 팀에 유리한 자리에 손수건을 놓아야 하므로 '조건'에 따른 '선택'을 경험할 수 있다.

패턴 미디어아트

EPL 부스에서는 '패턴 미디어아트' 미션이 주어졌다. 다각형을 반복적으로 그려 패턴이 있는 미디어아트 작품을 만드는 미션이다. 먼저 삼각형과 사각형을 그리는 코드를 선생님과 함께 완성해 본 뒤, 이를 응용해서 육각형을 스스로 그리고 여러 개의 육각형을 겹치거나 반복하여 일정한 패턴을 만든다.

반복 구조를 활용한 것으로 학교에서도 이와 유사한 프로그램을 만든 적이 있었다. 그때는 도장 찍기 블록을 활용하여 이동 방향을 조정해서 반복적으로 꽃잎을 찍어 꽃을 완성하는 미션이었다. 처음 미션을 읽고선 어떻게 해야 할지 막막해 하는 모습이었지만 그리기 블록을 활용해 도형 그리기를 완성하자, 이를 꽃잎 도장을 찍었던 구조대로 반복 구조와 방향 이동을 조정해서 해결하는 모습을 보였다.

미션을 모두 완료하고, "생각보다 쉬웠어요!" 하며 활짝 웃는 아이들.

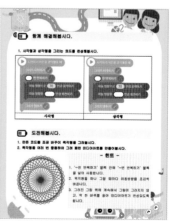

학교에서 배운 것을 이곳 로봇 페스티벌에서 십분 응용하는 모습에 덩달아 미소가 지어졌다. 부스 당 30분씩 머물며 미션을 해결하고, 또 이동하기를 반복했는데 사이사이 짧은 쉬는 시간이 있었지만 아이들은 좀처럼 부스를 떠날 줄 몰랐다. 온전히 스스로의 의지로 몰입하고 집중하는 모습. 이런 현장이야말로 살아있는 배움터가 아닌가 싶다.

알버트 부스

알버트 체험 부스에서는 명령어 카드 프로그래밍을 통해 각 팀원들이 자신이 맡은 구간의 미션을 차례대로 해결하는 문제가 제시되었다. 1구간에서는 길을 따라 이동하다가 비프음을 내고, 2구간에서는 눈을 깜박여야 하며, 3구간에서는 뒤로 움직이는 모습을 표현하고, 4구간에서는 목적지까지 무사히 움직이면 되었다.

알버트로 카드 프로그래밍 하는 활동은 학교에서도 여러 번 해보았기에 큰 어려움이 없다. 하지만 이 게임은 혼자 하는 것이 아니라 협력 미션이다. 혼자서만 잘해서는 해결할 수 없다. 맡은 바 역할을 잘하되 모두가 한 호흡으로 움직여야 한다. 이는 소프트웨어 교육이 단순히 창의성 교육만으로 끝나지 않는다는 사실을 보여 주는 것이기도 하다. 아이들은 함께 해결해야 하는 문제를 통해 협력하는 방법, 소통하는 방법을 배운다. 자신이 가진 역량을 공동체의 문제 해결에 사용하는 경험 역시 뜻깊다.

아이들에게 협력의 가치를 체감할 수 있도록 해주는 것은 아이들의

창의적 사고력 신장만큼이나 중요하다. 교실 안에서도 필요한 것이지만 학교 대표라는 타이틀을 달고 밖으로 나왔을 때 공동체에 대한 소속감은 더 커질 수 있다. 눈에 보이지는 않지만 서로를 잇는 끈으로 똘똘뭉칠 수 있는 기회의 장이 된다.

햄스터 부스

햄스터 부스는 2개가 운영되었는데 한 곳에서는 햄스터에 펜 홀더를 끼워 햄스터가 펜으로 도형이나 그림을 그리는 미션이었다. 햄스터 자체에 펜 기능이 있는 것은 아니지만, 일종의 확장 교구로서 그리기 도구로 사용할 수 있음을 보여준 것이다. 사뭇 진지한 모습으로 아이들은 자신의 머릿속에 떠오른 이미지를 햄스터를 통해 표현하려 노력하였다. 햄스터가 오른쪽 또는 왼쪽으로 회전하는 시간 값을 계산하면 다양

한 형태의 원을 만들 수 있다. 또한 제자리에서 회전하는 것이 아니라 이동 방향으로 얼마 동안 움직이고 다시 회전하는 동작을 반복함으로써 기하학적인 모양을 그릴 수 있다.

프랙탈은 일부 작은 조각이 전체와 비슷한 기하학적인 형태를 띤 것을 말한다. 자기 유사성이라고 하는데 쉽게 말해서 어떤 도형의 작은 일부를 확대했을 때 그 도형의 전체 모습이 똑같이 반복되는 도형이라 할 수 있다. 이번에는 간단한 도형 그리기를 체험했지만, 조금만 더 연습하면 이런 프랙탈 구조도 햄스터 펜 그리기로 표현할 수 있다.

3D 모델링 방법 중 하나인 테셀레이션*도 이런 프랙탈 구조 이론을 바탕으로 한다. 패턴 디자인 영역이나 3D프린터를 활용하는 직업군이 미래 사회의 유망 직종으로 떠오르고 있는 것을 생각해 볼 때 이번 로

---

* 테셀레이션(tessellation): 3D 모델링에서 배경, 지형, 캐릭터들을 세밀하고 입체적으로 만들어 주는 기술.

봇 페스티벌은 단순히 소프트웨어 교육 축제의 장을 넘어 아이들이 미래의 직업을 체험해 보는 기회도 되지 않을까 하는 생각이 들었다. 축제 동안 아이들의 꿈은 한 뼘 더 자란다. 그리고 그것은 아마도 직접적으로든 간접적으로든 소프트웨어와 연관이 있을 것이고, 아이들의 미래 삶에도 영향을 미치는 소중한 경험이 된다.

햄스터 축구 경기

또 다른 곳에서는 각 팀별로 햄스터 축구 경기를 진행했는데 이 미션은 3D프린터로 제작한 팔과 옷을 햄스터에 착용시키고 상대편 골대에 공을 넣도록 하는 것이었다. 학교에서도 햄스터를 활용해 여러 가지 프로젝트를 해보았지만, 한 번도 2대의 햄스터를 합체해 휴머노이드 로봇 형태로 만들 수 있다고는 상상해본 적이 없어서였을까. 햄스터의 색다른 비주얼만 보고도 아이들은 즐거워했다.

교사가 제아무리 노력한다 해도 학교의 물리적·행정적 여건상 어렵거나 교사 개인의 역량 부족으로 소프트웨어 교육이 지닌 다양한 측면을 아이들에게 모두 충족시켜주기란 불가능하다. 그래서 이런 문화적 체험이 우리 아이들에게 꼭 필요하다. 새로운 곳에서 새로운 사람들과 그동안 몰랐던 새로운 영역을 경험하는 동안 아이들의 사고는 확장된다. 보는 눈이 달라지는 것이다. 지금 이 순간이 그랬다. 어제도 보았고, 저번 주에도 만져보았던 햄스터지만 여기서 만난 햄스터는 아이들에게 또 다른 세계를 보여 주는 자극제가 되었다.

 햄스터 로봇을 이리저리 움직이며 공을 굴려 상대편 골대에 공을 넣었을 때의 쾌감은 운동장에서 뛰어다니며 직접 골을 넣었을 때의 성취감과 다르지 않았다. 친구들과 함께 어떻게 골을 넣어야 할지 전략을 짜고, 전략대로 햄스터를 움직여, 골을 넣는 과정 속에서 배움에 대한 즐거움은 물론 성취감과 새로운 도전 정신도 키울 수 있었다.

체인 리액션 활동

 비트브릭 부스에서는 체인 리액션 활동이 이루어지고 있었다. 체인 리액션의 개념을 쉽게 이해하기 위해서는 도미노 게임을 떠올리면 좋을 것 같다. 도미노의 한 쪽 끝을 건드리면 세워져 있던 도미노들이 연쇄적으로 넘어지는 것처럼 체인 리액션이란 일종의 연쇄반응을 뜻한다. 피지컬 컴퓨팅 활동에서도 입력과 출력이 서로 연쇄반응을 일으키며 하나로 이어지는 놀이 활동을 할 수 있다.

로봇 페스티벌의 비트브릭 부스에서 선보인 체인 리액션을 통해 다시 한 번 이해해 보자. 총 3개의 모듈로 이루어져 있었는데 제일 처음 작동하는 모듈은 비트브릭으로 만든 로봇 팔이다. 로봇 팔을 담당한 친구는 직접 조종하여 로봇 팔로 인형을 잡아 올려 비트박스카 속에 담는다. 그러면 비트박스카 조종을 맡은 친구가 기다리고 있다가 투석기가 있는 곳까지 이동시킨다. 가는 길에 장애물이 있으면 이를 피해야 한다. 투석기에 인형을 넣기 위해서는 비트박스카의 방향을 180도 회전하는 동작과 인형을 투석기 속에 집어넣는 동작이 필요하다. 투석기 속에 인형이 들어가면 투석기 조작을 맡은 아이가 투석기를 휘둘러 인형을 점수판 안으로 던져 많이 넣는 팀이 승리한다.

앞에서 살펴본 것처럼 체인 리액션 활동에는 프로그램 설계 부분과 각각의 피지컬 컴퓨팅 작품을 연결하는 공학적 설계가 필요하다. 공학적 설계의 경우 어떤 방법으로 입력 신호를 받을 것인지, 다음 작품의 센서 부분에 어떤 방법으로 신호를 줄 것인지 등을 고민해야 한다. 또 프로그램 설계의 경우 센서와 액추에이터*가 어떤 조건에서 어떻게 구동할 것인지를 명확하게 정한 뒤 프로그래밍 해야 한다. 각각의 피지컬 컴퓨팅 작품 모듈을 연결하기 위해서는 여러 학생들의 협업이 필요하다. 끊임없이 실습하면서 정확한 동작을 실행하기 위한 데이터 값을 찾는 과정 속에서 아이들은 문제 해결에 몰입하는 경험을 하게 된다.

---

* 동력을 이용하여 기계를 동작시키는 구동 장치. 공학 분야에서는 어떤 종류의 제어 기구를 갖고 있는 전기 모터 혹은 유압이나 공기압으로 작동하는 피스톤·실린더 기구 등을 가리킨다.

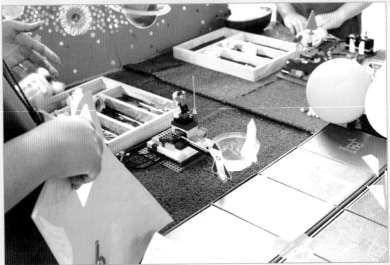

이제 곧 투석기를 조작해 인형을 던질 참이다(위).
점수판 안에 인형을 많이 넣어야 이긴다.

이날 비트브릭 부스에서 이루어진 체인 리액션에서는 시간 관계상 모든 활동을 아이들이 직접 해볼 수는 없었지만, 어떤 원리에 의해 로 봇들이 움직이는지를 알고, 이를 직접 조작하는 활동을 통해 새로운 경험을 할 수 있었다.

로봇 페스티벌 행사에 참여했던 것은 학교라는 공간을 벗어나 더 넓은 세상의 다양한 모습을 보여 주고 싶어서였다. 주말을 반납한 채 새벽부터 서울 중심부까지 아이들을 실어 날라야 했고, 혹여나 발생하지 모를 사고에 대비해 하루 종일 노심초사했다. 하지만 저절로 터져나오는 웃음, 그런 가운데 빛나는 진지함과 몰입, 아이들의 숨길 수 없는 표정이 나의 선택이 옳았음을 증명해 주었다.

7

생각하고, 만들고,
공유하다:
학교 메이커 교육

종이 한 장으로 시작하는 메이커 교육

- 소프트웨어 교육 영역 _ 메이커 교육
- 수업 주제 _ 페이퍼 크래프트 체험하기
- 수업 전 준비 _ 도안, 풀, 가위
- 소요 시간 _ 40분

이제는 익숙한 용어가 된 메이커 운동은 메이커들이 일상에서 창의적 만들기를 실천하고 자신의 경험과 지식을 나누고 공유하려는 경향을 뜻하는 말이다. 우리나라에는 메이커라는 용어보다 'DIY(Do It Yourself)'라는 이름이 먼저 대중화되면서 집집마다 가구나 생활용품 등을 스스로 만들어 사용하고, 만드는 과정을 사진이나 영상으로 남겨 다른 사람들과 공유하는 형태로 많이 보급되었다. TV 프로그램 속에서도 이런 DIY를 소재로 많이 다루며 한때 DIY 붐을 일으켰다.

지금은 우리나라를 비롯해 전 세계적으로 이 메이커 운동이 정보통신기술과 결합하여 3D프린터나 오픈 소스 소프트웨어 및 하드웨어 등을 이용해 혁신적인 제품을 만드는 형태로 진화하고 있다. 자신의 아이디어를 3D프린터를 통해 직접 실물로 구현하고, 부족한 부분은 오픈 소스나 하드웨어, 온라인 커뮤니티에서 사용자들끼리 협업함으로써 해결한다. 나아가 이를 상품화하기 위한 투자금을 유치하기 위해 클라우드 펀딩에도 나선다. 말 그대로 아이디어만으로 창업하여 성공 가도를 달리는 기업들이 출현하고 있는 것이다.

메이커 운동의 상징물을 둘러싼 단어를 살펴보면 메이커 운동이 포괄하는 교육 영역이 매우 다양함을 알 수 있다.

메이커 운동은 전문가가 아니라 평범한 일반 개인이 자신의 아이디어를 구체화시키고 다른 사람들과 공유한다는 데 의의가 있다. 전문가가 아니기에 기술을 구체화할 때 막히는 부분에 대한 다른 이들의 조언이나 협업이 필요하며, 때에 따라서는 자신의 아이디어를 실물로 출력해 줄 3D프린터도 있어야 한다. 또한 기존에 개발되어 있는 오픈 소스 소프트웨어 역시 메이커들의 기술 접근을 보다 쉽게 만들어주는 요소라 할 수 있겠다.

학교에서 아이들과 해볼 수 있는 메이커 활동에는 무엇이 있을까? 처음부터 바로 필요한 물건을 만들기에는 무리가 있을 것 같다. 그래서 메이커 운동과는 약간 성격이 다르지만 이미 만들어져 있는 도안을 활용해 입체 캐릭터를 만들어 보는 페이퍼 크래프트를 해보았다. 페이퍼 크래프트는 도면을 오리고 접합하여 입체 조형물을 만드는 것으로 그 구조는 3D에서 폴리곤*을 이용해 입체를 구현해내는 것과 동일하

---

* 폴리곤(Polygon) : 3D 그래픽에서 물체를 표현할 때 쓰이는 기본 단위인 다각형을 말한다. 3D 게임에서는 폴리곤이 모여서 캐릭터나 각종 3D로 이루어진 사물들을 표현하게 된다.

다. 3D프린터를 통해 간단한 구조물을 만드는 수업을 계획하고 있었기 때문에 그 전에 종이를 활용한 3D 조형물을 만드는 경험이 도움이 되리라 생각한 것이다.

종이 공작이라고도 불리는 페이퍼 크래프트는 정교하게 만들어야 하기 때문에 아이들의 손 조작 활동이 많을 수밖에 없다. 이때 소근육 발달이 이루어지는데 손을 많이 사용하면 할수록 뇌의 신경망이 더욱 정교하게 발달하여 뇌 발달 촉진에 도움이 된단다. 또한 종이 공작을 하는 가운데 눈과 손의 협응이 일어나는데, 이 협응은 또한 아이들의 뇌 발달 여부를 판단하고 촉진하는 데 매우 중요하다. 뿐만 아니라 소근육 발달은 단추 채우기, 신발 끈 묶기 등의 정교하고 섬세한 작업을 하는 데 기초가 되어 아이들의 일상 생활 능력을 향상시키고, 인지 발달 및 학습 능력 향상에 중요한 역할을 한다.

아이들이 원하는 도안을 제공한 뒤 아이들과 함께 페이퍼 크래프트 활동에 들어갔다. 이내 집중력을 발휘하며 3D 캐릭터 만들기에 들어간 아이들. 하나하나 정확하게 구현해 내는 아이들이 있는가 하면, 여기저기 아귀가 맞지 않아 제대로 서지 못하는 3D 캐릭터를 탄생시키는 아이들도 있다. 도면을 이해하기 어려워 중간에 포기하려는 아이들도 있다. 하지만 여기서 포기할 수는 없다. 아이들을 독려하며 끝까지 완성할 수 있도록 하는 것이 교사의 역할이 아닌가. 아이들이 힘들어하는 부분은 함께 살펴보며 그렇게 메이커 교육의 첫 번째 시간을 마무리하였다.

생각하자, 만들자, 그리고 공유하자

- 소프트웨어 교육 영역 _ 메이커 교육
- 수업 주제 _ 나에게 필요한 것 만들기
- 수업 전 준비 _ 아이디어 생성지, 자신의 아이디어를 구현할 재료
- 소요 시간 _ 80분

"아이들 자신이 만들고 싶은 것을 만들어 보자! 그리고 그것을 일반화해서 친구들과 공유하자!"

메이커 운동의 핵심은 창조와 공유다. 우리 아이들이 이 운동에 참여함으로써 창조와 공유의 가치를 체험한다면 그것으로 수업 목표는 충분히 달성된 것이다. 재료가 무엇이건 어떤 방법을 동원하건 그것은 아이들의 몫이다. 자신의 필요에 의해 문제를 해결하기 위해 스스로의 생각과 온전한 자기 힘으로 만들어내는 것이 중요하다.

메이커 수업을 할 때 제일 중요한 부분은 바로 아이디어 생성이다. 기발한 아이디어가 담긴 동영상을 아이들과 함께 시청하며 상상력을 자극한다. 하지만 사용하지도 않을 쓸모없는 것을 만들어서는 안 된다. 기발한 아이디어를 떠올리되, 꼭 필요한 것, 일상생활에서 실제로 사용할 것을 만들어 보자고 이야기한다. 혼자보다는 2명 또는 3명의 친구들이 한 모둠이 되어 서로의 생각을 나눈다면 더 멋진 아이디어가 만들어질 것이라 여겼다. 상상만큼 우리 아이들의 눈을 반짝이게 만드는 것도 없는 것 같다. 아이들은 저마다의 상상력을 발휘해 신나게 아이

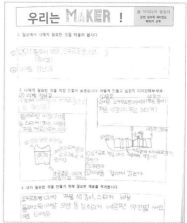

디어 회의를 진행한다. 그리고 그 아이디어를 구현하기 위해 필요한 준비물을 생각해 보고, 어떻게 구현할 것인지 간단하게라도 스케치해 보라고 독려한다

이렇게 본인이 작성한 아이디어 생성지를 바탕으로 직접 만들기에 들어간다. 처음 생각했던 대로 결과물이 나오는 아이들도 있고, 생각한 대로 되지 않아 계획을 수정해 가는 아이들도 보인다. 프로그래밍으로 보자면 알고리즘을 설계하고 이를 구현하는 과정에서 디버깅을 하면서 끝까지 프로그램을 완성해 가는 모습이라 할 수 있겠다.

여름이라는 계절적 특성을 살려 나무젓가락을 부챗살로 하여 부채를 만든 모둠, 요구르트 병에 모래와 작은 자갈을 담아 미니 아령 기구를 만든 모둠, 친구와 함께 가지고 놀 요요를 만든 모둠 등 아이디어도 가지각색이다. 만든 작품은 아이디어 생성지와 함께 친구들 앞에서 발표를 하였다. 친구들의 아이디어를 직접 듣고, 좋은 아이디어와 구상대로 잘 나온 작품을 아이들 스스로 스티커 투표를 통해 평가함으로써 메

이커로서의 안목을 조금이나마 높여보고자 한 것이다. 기발한 아이디어는 그것이 현실로 구현될 때 가치를 가진다. 아이디어가 단지 아이디어로 끝나면 공허한 상상에 지나지 않기 때문이다. 아이들이 친구들의 좋은 아이디어가 어떻게 구현되었는지를 살펴봄으로써 자신의 아이디어를 냉철하게 바라보는 안목을 키우고 성찰할 수 있다면 그것만으로도 아주 커다란 배움이 된다.

온전한 자신들만의 아이디어로 멋진 작품을 만들어낸 아이들이 기뻐하는 모습을 보면서 나 또한 즐거웠다. 배움이란 역시 살아있어야 제맛이다. 삶과 연계된 배움, 앎과 삶이 일치하여 그 과정 속에서 혹은 그 결과로서 아이들의 삶이 풍부하게 되는 배움이야말로 진짜다. "진짜다! 진짜가 나타났다!"는 인터넷 유행어가 떠오른다. 오늘도 진짜 배움을 실천했다면 우리는 그것으로 족하다.

내 손으로 만드는 컵 드론

- 소프트웨어 교육 영역 _ 메이커 교육
- 수업 주제 _ 컵 드론 만들기
- 수업 전 준비 _ 컵 드론, 종이컵, 나무젓가락, 칼, 고무줄, 스마트폰,
  컵 드론 프로그램(SW) 등
- 소요 시간 _ 120분

2014년 개봉한 〈인터스텔라〉는 당시 우리나라에서 개봉된 외화 중 세 번째로 천만 관객을 돌파했을 만큼 크게 흥행한 영화다. 병충해로 인해 식물이 자라기 어려워지면서 종말의 위기에 놓인 지구를 대체할 새로운 행성을 찾아 우주로 떠나는 열두 명의 과학자들의 이야기가 큰 줄거리라고 할 수 있다. 영화 속에서 주인 없이 떠도는 드론을 주인공이 붙잡아 배터리를 분리해 집으로 가져가는 장면이 나오는데 이때 등장했던 드론은 군사적 용도로 사용하는 정찰용 드론이다.

드론이란 조종사가 탑승하지 않고 무선 전파 유도에 의해 비행과 조종이 가능한 비행기나 헬리콥터 모양의 무인기無人機를 뜻한다. 드론은 낮게 웅웅거리는 소리를 뜻하는 단어로 벌이 날아다니며 웅웅대는 소리에 착안해 붙여진 이름이다. 애초 군사적 목적으로 탄생했지만 이제는 고공 영상 촬영, 배달, 기상정보 수집, 농약 살포 등 다양한 분야에서 활용되고 있다.

정부의 항공 관련 규제와 드론의 안정성 확보 문제 등으로 인해 상용화에는 시간이 걸리겠지만 머지않은 미래에 드론이 우리 집 앞에 택배

물품을 가져다 내려 놓는 일이 상상이 아닌 현실이 될 것이다. 드론은 단순한 물품 운송뿐 아니라 다양한 산업 분야에서 활용 가능성이 높다. 드론에 설치된 카메라를 이용하면 산에서 일어나는 산불을 조기에 발견하여 알림으로서 더 큰 피해로 이어지는 것을 막을 수 있을 것이며, 사람이 접근하기 힘든 곳에도 쉽게 접근할 수 있어 시설물 안전 점검이나 인명 구조에도 도움이 될 수 있을 것이다.

이런 드론을 아이들과 함께 만들어 보면 어떨까? 완제품 드론을 사서 조종해 보는 수업도 가능하지만, 이번에는 메이커 정신에 입각해 드론을 만들어 보기로 하였다.

먼저 드론이 어떻게 움직이는지를 확인해 보기 위해 3D 프린팅 프레임으로 비교적 손쉽게 만들 수 있는 컵 드론을 직접 조립하여 아이들에게 보여 주었다. 아이들이 직접 자신의 스마트폰으로 '컵 드론' 어플리케이션을 다운받아 블루투스로 주변에 있는 컵 드론과 연결한 후에 직접 조종해 보았다. 웅웅거리는 소리를 내며 빠르게 프로펠러가 돌아가더니 조금씩 컵 드론이 날아오른다. 한 쪽 프로펠러에 치우쳐 힘이 들어가기에 아이들과 가속도계와 지자계를 보정한 후 다시 한 번 날려보고 본격적으로 드론 제작에 들어갔다.

시중에 판매되는 드론에는 여러 종류가 있지만 컵 드론은 비용 면에서 경제적이면서도 비교적 아이들이 쉽게 만들 수 있다. 특히 3D프린터로 만들어진 프레임을 가지고 조립할 수도 있지만 집에서 쉽게 구할 수 있는 종이컵과 나무젓가락을 이용해서도 만들 수 있어 메이커 교육용으로 좋다.

먼저 기체로 사용될 나무젓가락의 얇은 쪽 부분을 8.5cm 정도의 길

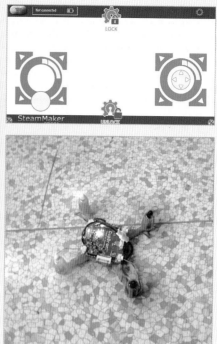

컵 드론을 조립하는 아이들. 본체 가운데 쪽으로 프로펠러가 회전해야만 양력이 발생해 드론이 떠오른다. 모터와 프로펠러는 정방향으로 회전하는 것과 역방향으로 회전하는 것 두 종류이므로, 설치할 때 주의해야 한다.

이로 2개 자른다. 잘라낸 2개의 나무젓가락 가운데에 5mm 정도의 홈을 파서 젓가락이 십자 모양이 될 수 있도록 해준다. 그렇게 십자 모양으로 만들어 준 뒤 젓가락 끝에 모터를 장착할 수 있도록 모터 홀더를 끼운다. 나무젓가락 끝을 살짝 다듬어 모터 홀더가 꽉 낄 수 있도록 해줘야 하는데, 나무젓가락 가운데 홈을 파거나 끝을 다듬을 때는 교사의 도움이 약간 필요하다. 아무래도 어린 친구들이다 보니 정밀한 작업에 애를 먹거나 실수를 하는 경우가 종종 생기기 때문이다.

나무젓가락이 십자 모양이 되는 가운데 부분은 고무줄로 동여매 움직이지 않도록 고정시켜 준다. 그리고 종이컵은 높이가 약 3cm 정도 되게 자른다. 앞에서 만든 나무젓가락 기체가 종이컵 속에 살짝 들어가도록 종이컵 4군데를 오려준 뒤 나무젓가락 아래에 배터리를 넣어준다. 그리고 나무젓가락 기체 위에 또는 그 위를 종이컵의 막힌 부분으로 덮어 FC보드*를 올려준 뒤 모터의 전선 부분과 연결시킨다. 각 프로펠러를 모터에 꽂을 때 방향을 잘 고려해야 하는데 검정색 프로펠러의 오른쪽이 시계 방향이고, 왼쪽이 역방향이다. 이 방향이 잘못되면 드론을 잘 만들어놓고도 날지 않는 경우가 종종 있다. 모든 조립이 끝났으면 배터리 연결선과 FC보드의 전원 선을 연결한 후 FC보드 하단에 있는 전원 버튼을 ON으로 내려 불이 들어오는지 확인한다.

여기까지 다 완성되면 이제는 아까 3D 프린팅 프레임으로 만든 컵 드론과 마찬가지로 스마트폰에서 앱을 다운받아 연결시켜 작동해 주면 된다. 자신들이 직접 만든 드론이기에 아이들의 애착이 크다. 작동이 잘

---

* FC보드(Flight Controller board): 비행체의 움직임을 제어하는 핵심 부품인 플라이트 컨트롤러가
  장착된 보드를 말한다

되지 않았을 때 훨씬 더 적극적으로 문제의 원인을 찾아 해결하려고 노력한다. 이런 과제 집중력은 아이들의 학습을 더욱 완전하게 만들어줄 뿐 아니라 적극적인 학습자로서 성장하게 해준다.

메이커 교육이 가지는 여러 가지 교육적 효과가 있겠지만, 이런 정의적인 태도를 길러주는 것이야말로 가치가 있는 것이 아닐까. 우리 아이들이 타인의 삶을 따라가는 것이 아니라 스스로 주인공이 되어 적극적인 자세로 자신에게 필요한 것을 만들어 사용하고 부딪히는 문제를 헤쳐나갈 수 있는 힘을 키울 수 있다는 것. 그것이야말로 미래 사회가 요구하는 꼭 필요한 역량이라 생각된다.

3D 프린터로 햄스터 안전모 만들기

- **소프트웨어 교육 영역 _** 메이커 교육
- **수업 주제 _** 3D프린팅 체험하기
- **수업 전 준비 _** 3D프린터, 한캐드 프로그램(SW)
- **소요 시간 _** 120분

불과 2~3년 전만 해도 일반 사람들에게 3D프린터라는 것은 상상 속에나 존재하는 것이었다. 3D프린터로 집에서도 어떤 제품을 뚝딱 만들 수 있다고 하면 신기해 하면서도 보지 못했기 때문에 실감이 나지 않았다. 하지만 요즘은 초중고등학교 현장에도 3D프린터가 들어온다. 특히 SW연구학교나 선도학교를 중심으로 3D프린터를 활용한 메이커 수업이 확산되고 있다. 3D프린터를 사용하려면 3D 모델링 프로그램을 활용해야 하는데 이 프로그램을 사용할 때 프로그래밍 능력이 필요하다. 예전에는 이런 프로그래밍 작업이 상당히 까다로웠지만 현재는 초등학생도 사용 가능한 프로그램이 많이 개발되었다. 바야흐로 집집마다 3D프린터가 들어올 날이 얼마 남지 않은 것이다.

심지어 3D프린터로 음식을 만들어 먹을 수 있다는 신문 기사도 등장했다. 집에서 버튼을 누르기만 하면 피자, 햄버거는 물론 케이크까지도 프린팅해서 먹는다는 것이다. 벌써 2년 전에 스페인 회사인 '내추럴 푸드'가 원하는 음식을 만들어주는 3D프린터인 '푸디니'를 일반에 공개했다. 이 프린터는 일반 프린터에 잉크나 공업용 플라스틱, 금속 등의 재료를 넣은 것이 아니라 신선한 음식 재료를 캡슐에 채워넣어 프린터를 동작시키면 원하는 음식을 만들어낸다. '내추럴 푸드'의 공동창업자 르넷 쿠스마는 이 3D프린터가 전자레인지 다음으로 혁신적인 주방용 발명품이 될 수 있을 것이라 하였다. 특히 우주인이나 요리 실력이 없거나 시간이 없는 사람들에게 큰 도움이 될 거라고 말이다. 실제로 미국 항공우주국인 NASA에서 개발한 우주 비행사를 위한 음식 조달용 3D프린터의 경우 가루 재료를 넣고 12분이면 피자가 완성된다 하니 세상의 변화를 새삼 실감하게 된다.

우리 아이들도 이런 3D프린터를 눈앞에서 볼 수 있다면 얼마나 좋을까. 아무리 가격이 낮아졌다고는 하지만 예산이 없는 학교에서 3D프린터를 구입하기란 쉽지 않다. 그래서 3D프린터가 있는 학교의 선생님께 도움을 청하기로 하였다. 간단하게라도 우리 아이들에게 3D프린터가 어떻게 작동하는지 시범을 보여 주고, 직접 체험할 수 있도록 초청 특강을 부탁드린 것이다.

3D프린터에 대한 아이들의 관심은 그야말로 뜨거웠다. 특강을 시작하기 전에 미리 모델링 프로그램인 한캐드를 설치하였다. 한캐드는 국내에서 개발된 3차원 모델링 프로그램으로서 한글로 구성되어 있어 아이들의 접근이 높다. 평면 이미지나 사진도 쉽게 3D 모델로 변환할 수 있다니 신기할 따름이다. 그래도 이런 프로그램을 처음 경험하는 우리 아이들이 잘 따라갈 수 있을까 걱정했는데, 이게 웬일인가. 파일 설치만 하라고 했을 뿐인데 아이들은 이미 한캐드의 메뉴바를 이리저리 누르며 모델링 작업을 하고 있었다. 만들고 싶은 것을 하나하나 디자인할 수도 있지만, 한캐드는 기본 도형을 포함하여 100가지가 넘는 도형

3D프린터를 바라보는 아이들.

판교에 있는 K-ICT 디바이스랩에 비치되어 있는 3D프린터들.
판교, 송도, 용인, 청주, 전주, 대구 등지에 있는 지역 랩을 방문하면 견학과 시설 이용이 가능하다.

과 응용 가능한 모양 제작 툴을 지원하고 있어 필요한 모형을 아주 쉽게 만들 수 있었다.

남자 아이들은 멋진 스포츠카 모델을 만드느라 정신이 없었다. 바퀴를 이리저리 맞춰 연결하고 취향에 따라 날개(?)를 연결하는 아이들까지, 사용법을 가르쳐 주지도 않았는데 금방 적응해 가는 모습이 신기할 따름이다. 본격적인 강의에서 아이들은 3D프린터가 무엇인지, 어떻게 사용되고 있는지에 대해 자세한 설명을 듣고 관련 영상을 보면서 지적 호기심을 충족해갔다. 실습용으로 가져온 3D프린터는 적층 방식으로 쌓아올려 입체적인 구조물을 출력하는 방식으로서, 아이들은 눈앞에서 작은 모형들이 한 층씩 만들어지는 모습을 볼 수 있었다.

본격적인 3D 모델링 체험 시간. 오늘의 목표는 한캐드로 3D 모델링을 하는 방법을 익혀 최종적으로 햄스터 안전 모자를 3D프린터로 출력해 내는 것이다. 햄스터 로봇 수업에서 안전과 관련된 주제로 미션을 해결하였는데, 이때 아이들이 낸 의견 중 재난 상황에서 가장 먼저 지켜야 할 수칙이 안전모를 착용하는 것이란다. 그래서 햄스터 로봇에게 안전모를 만들어주기로 하였다. 이미 자유탐색 시간을 통해 한캐드의 여러 부분을 살펴보았지만 선생님의 설명에 따라 팽이 모형을 디자인해 가면서 어떻게 모델링을 하는 것인지 배워나갔다.

팽이 모형은 크게 두 부분으로 나뉜다. 돌아가는 몸체 부분과 손잡이 부분. 먼저 몸체 부분을 만들고 손잡이 부분이 몸체의 가운데에 쏙 들어가는 형태로 접근하여 아이들과 함께 만들어 보았다. 손잡이 두께를 어느 정도로 할 것인지, 높이는 얼마로 할 것인지 등 자신이 만들고 싶은 팽이 모형의 디테일한 부분은 아이들 스스로 정해봄으로써 차근차

모델링 작업 모습과 이를 통해 3D프린터로 출력된 팽이 모형

근 팽이 모형을 완성하였다. 이렇게 모델을 완성하여 저장한 뒤 H3D포 맷으로 저장하고, 슬라이서 프로그램이 읽을 수 있는 STL파일로 전환 하여 G-code를 생성하면 3D프린터로 출력할 수 있는 것이다. 실제 이 런 방법으로 디자인하고 출력한 팽이 모형을 보여 주자 아이들은 너무 신기해하였다. 실제로 돌려보니 문구점에서 파는 팽이만큼이나 잘 돌 아간다. 이제 정말 간단한 장난감 정도는 집에서도 뚝딱 만들어 낼 수 있는 시대가 된 것이다.

이렇게 팽이 모형을 모델링하고 출력하는 과정까지 살펴본 아이들 과 이번에는 햄스터 로봇 안전모 만들기에 들어갔다. 햄스터 로봇은 정 육면체이다 보니 안전모 역시 정육면체여야 하며 모자답게 쓸 수 있는 형태로 한 쪽은 파여 있어야 한다. 규격은 햄스터 로봇의 가로, 세로 사 이즈보다 약간 크게 설정하고, 높이는 알아서 결정하도록 하였다. 팽이 모형을 직접 만들어본 터라 생각보다 쉽게 만들어가는 아이들. 10분도 채 되지 않아 모델링을 끝내는 아이들이 속속 등장했다. 하지만 앞의

3D 프린터로 속이 빈 사각형을 출력해 햄스터에 안전모를 씌웠다.

활동에서 작은 팽이 하나를 출력하는데 15~20분 정도 소요되었다. 안전모는 이것보다 더 많은 시간이 걸렸다. 또 중간에 한 번씩 오류가 발생하면 처음부터 다시 시작해야 해서 아이들이 모델링한 작품을 모두 출력해 보기는 어려웠다.

3D프린터라는 말은 들어 보았지만 그 실체가 무엇인지, 지금 이 시대에 그것이 가진 의미가 무엇인지 한 번도 생각해본 적 없던 시골 아이들에게 이 날의 경험은 새로운 세상에 대한 호기심을 충족하기에 충분했다. 3D프린터로 자동차를 만들고 집을 만드는 세상. 인간의 장기까지도 이 3D프린터로 제작하는 바이오프린팅(Bioprinting) 시대가 곧 올 것이라고 한다. 오늘의 작지만 뜻 깊은 경험이 앞으로 그들이 만날 세상을 준비하고, 그런 변화의 중심에서 자신의 몫을 톡톡히 해나가는 데 도움이 되었을 것이라 확신한다.

원시 로봇 오토마타 만들기

- 소프트웨어 교육 영역 _ 메이커 교육(STEAM))
- 수업 주제 _ 목마 오토마타 만들기
- 수업 전 준비 _ 주름 빨대, 칼, 가위, 테이프, 목마그림 카드 또는
            종이, 색연필
- 소요 시간 _ 120분

예전에 아는 분이 일본 여행을 다녀와서 카라쿠리 인형을 선물로 준 적이 있다. 카라쿠리 인형은 일종의 자동인형으로 사전적 의미로는 실로 조종하거나 태엽을 감아 움직이게 하는 인형을 말한다. 여러 톱니바퀴와 태엽으로 이루어져서 팔, 다리 등을 따로 움직일 수 있다. 차를 대접하는 동작이나 활을 쏘는 동작을 표현하거나 붓글씨를 쓰는 카라쿠리 인형도 있다 하니 그 정교함이 놀라울 따름이다.

이 카라쿠리 인형은 일종의 오토마타라 불리는 자동기계라 할 수 있다. 오토마타는 전기 에너지를 사용하지 않고 오직 기계 장치만으로 이루어져 있으며 스스로 움직인다는 의미를 가지고 있다. 예를 들면 요즘은 보기 어렵지만 만화영화나 오래된 영화 속에 자주 등장하는 뻐꾸기 시계를 생각할 수 있겠다. 정각이 되면 자동으로 튀어나와 '뻐꾹' 하고 외치고 쏙 들어가는 시계 말이다. 또는 태엽을 감아주면 소리를 내면서 빙글빙글 돌아가는 오르골과 같은 장식품도 있다.

이런 오토마타는 지금 우리가 말하는 로봇의 전신이라 할 수 있다.

그렇다면 현대적 의미의 로봇은 아니지만 오토마타를 만들어 이 기

2015년 메이커페어 서울 행사장에 등장했던 오토마타.
레버를 돌리면 범선이 파도를 가르며 항해하는 것처럼 동작한다.

계 장치가 작동하는 원리를 알아보면 어떨까 하는 생각이 들었다. 로봇에 대한 흥미는 물론 직접 만들어봄으로써 메이커로서 기계적, 공학적 관점에서 사물을 보는 체험도 나쁘지 않겠다는 생각에서 말이다. 어렵지 않게 접근할 수 있도록 아이들이 잘 알고 있는 주제를 찾다가 떠오른 것이 바로 회전목마 오토마타이다. 위아래로 움직이며 상하운동을 하는 목마의 모습을 구현하는 오토마타를 만들어 보고자 한 것이다.

재료는 빨대를 선택했다. 나무젓가락이나 두꺼운 종이로 만들 수도 있지만 나무젓가락의 경우 자를 때 칼을 사용해야 하기 때문에 안전상의 문제가 있다. 두꺼운 종이의 경우 아무래도 견고하지 못하다는 한계가 있다. 이에 반해 빨대는 쉽게 자를 수 있고 테이프를 이용하면 붙이기도 쉬우면서 곧게 세울 수 있을 만큼의 견고함도 가지고 있어 아이들과의 수업 재료로 나쁘지 않다.

그렇다면 목마 오토마타를 만들기 위해 가장 먼저 필요한 것은 뭘까? 일단 어떤 형태로 만들지 간단한 스케치 또는 설계도가 필요하다. 대강의 모양을 잡고, 어떻게 움직임을 표현할 것인지 결정해야 하기 때문이다. 아이들과 다양한 회전목마 사진을 살펴보면서 이에 대한 아이디어를 얻는 것이 좋다.

스케치가 끝났다면 본격적인 메이킹 작업에 들어간다. 먼저 회전목마를 지지해 주면서 일종의 무대가 되어줄 틀이 필요하다. 빨대를 겹쳐서 테이핑 하여 정육면체 모양의 틀을 먼저 만든 뒤, 목마와 목마가 연결된 봉이 빠져나가지 못하도록 받쳐줄 지지대를 오른쪽, 왼쪽 그리고 윗면에 각각 만들어 주었다. 연결봉 역시 주름 빨대를 꺾어서 자른 뒤 그림과 같은 모양이 될 수 있도록 연결해 주었다. 그리고 완성된 연결봉을 목마 틀 속 지지대에 끼운 뒤 목마 그림 역시 종이 막대에 연결한 후 이를 연결봉에 연결해 주었다.

이렇게 완성된 목마 오토마타의 양쪽 연결봉 손잡이를 잡고 돌려 주면 이 회전운동이 목마의 상하운동으로 변하여 움직이는 목마를 구현할 수 있게 된다. 이 방법 외에도 2개의 톱니바퀴를 90도로 서로 맞물려 만나도록 하여 목마를 말 그대로 회전시켜 뱅글뱅글 도는 회전목마로도 구현할 수 있다. 단순해 보이는 회전목마의 움직임에도 이런 과학적 원리, 기계의 작동 원리가 숨어 있음을 아이들과 확인해 보는 의미 있는 시간이다.

아이들이 가진 상상력은 무한하다. 하지만 이를 현실에서 표현하고 만들어내는 데는 아직 서툴다. 아이들이 가진 무한 상상력을 창조의 힘

① 정육면체 틀에 목마와 연결된 봉을 잡아 줄
지지대를 만든다.

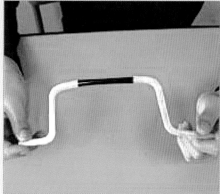

② 목마를 지탱해 줄 연결봉을 만든다.

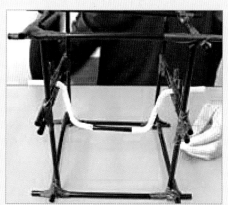

③ 연결봉을 정육면체 틀 속 지지대에 끼운다.

④ 종이 막대에 붙인 목마를 연결봉과 연결해 준다.

으로까지 끌고 가기 위해서는 많은 경험과 그와 관련된 지식이 필요하다. 메이커 운동이 아이들에게 필요한 이유가 바로 그것이 아닐까. 특히 이런 기계적, 공학적 접근이 가능한 메이커 활동은 아이들이 학교에서나 가정에서 자주 경험하지 못하는 것이기에 더욱 필요하다고 생각된다. 아이들이 다양한 메이킹 활동을 해봄으로서 그 속에서 배운 기능과 경험, 노하우를 자신이 가진 아이디어, 상상력을 현실화시키는 데 일조할 수 있을 것이다.

좀 다른 관점에서 이야기해 보자면 교육 현장에서 창의융합형 인재를 키우기 위해 실시하는 STEAM교육이 이 메이커 운동과 만났을 때 더 큰 시너지 효과를 창출해낼 수 있지 않을까 생각한다. STEAM교육은 과학(Science), 기술(Technology), 공학(Engineering), 예술(art), 수학(Math)의 머리글자를 따와 만든 용어로 학생들의 과학, 기술, 공학에 대한 흥미를 높이고 과학기술 기반의 융합적 사고와 문제 해결 능력을 키우기 위한 교육이다.

STEAM교육에서 해결하고자 하는 문제는 실생활 속 문제로서 대체로 어느 한 과목만의 지식으로는 풀 수 없으며 여러 학문의 지식을 활용해야 해결이 가능한 복합적인 문제다. 이런 문제 해결 과정에 접근할 때 메이커 운동이 새로운 아이디어에 접근할 수 있는 가능성을 더 열어줄 수 있는 것이다. 그리하여 기존 교육의 다양성과 가능성을 더 넓힐 수 있는 기회를 제공할 뿐 아니라 메이커 운동이라는 큰 카테고리 속에 STEAM교육이나 이외 발명교육, 로보틱스과 같은 다양한 교육들이 하나의 장르로서 자리 잡을 수 있으리라 생각한다.

적정기술과 휴머니즘: 와카워터 만들기

- **소프트웨어 교육 영역 _ 메이커 교육**
- **수업 주제 _ 와카워터 만들기 체험 활동**
- **수업 전 준비 _ 도안, 풀, 가위**
- **소요 시간 _ 40분**

한국에서 설립된 국제구호개발 NGO인 굿네이버스는 국내, 북한 및 해외에 거주하는 굶주리거나 어려운 처지에 있는 사람들을 돕는 단체이다. 빈곤가정 아동 지원사업, 지역사회 복지사업과 같은 국내 활동은 물론 보건의료, 식수위생 지원사업 등 해외구호 개발사업까지 소외된 이웃들을 보살피고 함께 살아가기 위한 노력에 앞장서는 단체라 할 수 있다. 우리에게는 '100원의 기적'과 같은 전 국민 기부 프로젝트로도 잘 알려져 있다.

굿네이버스 활동 중에 학교에서 인성 교육 차원에서 많이 실시하는 프로젝트로서 지구촌 나눔 가족 '희망의 편지 쓰기 대회'가 있다. 매년 3월에 치러지는 이 행사는 올해로 9회째를 맞고 있는데 벌써 천만 명이 넘는 아이들이 대회에 참여했다고 하니 우리 아이들이 주변을 둘러보고 더불어 살아가는 인성을 키울 수 있는 좋은 기회가 아닌가 싶다. 나 역시도 담임을 맡으면서 항상 이 대회를 학급 행사로 실시했었다.

이런 대회에 참여하여 우리 주변 혹은 지구촌 곳곳에 어려운 이웃이 있음을 알고 마음으로 그들을 생각하면서 따뜻한 인성을 가꾸는 일

해마다 진행되는 굿네이버스 지구촌 나눔 가족 희망의 편지쓰기 수업을 적정기술 수업과 연계했다.

도 중요하지만 보다 실제적으로 도움을 줄 수 있는 길을 찾아볼 수는 없을까.

이른바 적정기술이라는 것이 있다. **적정기술**이란 그 기술이 사용되는 사회 공동체의 필요 및 문화와 환경적 조건을 고려해서 만들어진 기술이란 의미로 인간의 삶의 질을 향상시키는 기술을 뜻한다. 예를 들어 제3세계와 같이 전기, 수도, 도로나 학교, 병원과 같은 공공 인프라가 없는 지역에서 그 지역의 문제를 대규모의 기반 시설 없이도 해결할 수 있는 기술을 말한다고 할 수 있다. 상하수도 시설이 전혀 갖추어져 있지 않은 지역에 큰 수로관이나 저장 시설 등이 없이도 물의 운반과 정수를 가능케 하는 큐드럼Q Drum과 라이프스트로 LifeStraw 등을 보급한다든지, 대규모 산업시설 없이 건설용 흙벽돌 생산을 가능하게 하는 머니 메이커 블록 프레스Money Maker Block Press를 보급하는 것 등이 대표적이다.

적정기술은 대규모의 사회기반 시설을 필요로 하지 않는다는 점, 친환경적이며 현지의 환경에 기반을 두고 개발이 이루어진다는 점 등에서 제3세계와 같은 빈민국이 가진 문제를 근본적인 해결책까지는 아니지만 상당부분 해결해줄 수 있다. 이렇게 기술 자체가 아니라 인간의 삶에, 인간의 진보에 가치를 둔다는 면에서 착한 기술, 또는 따뜻한 기술이라는 이름으로 종종 불리기도 한다.

우리 아이들이 희망 편지로 사랑의 마음을 전하고, 가슴 따뜻한 경험을 해볼 수도 있지만 이런 적정기술에 대해 알고, 이렇게 그들을 도와줄 수도 있음을 알게 해주면 더 좋지 않을까. 그래서 아이들과 함께 '와카워터(WarkaWater) 만들기'를 해보기로 하였다.

에티오피아와 같은 아프리카 지역의 사람들은 식수를 얻기 위해 6시간을 걸어서 물을 길러 간다고 한다. 대개는 물을 구하기 위해 어린아이들과 여성들이 움직이는데 그렇게 힘들여 구한 물조차 깨끗하지가 않단다. 우물과 펌프로 이 지역의 물 부족 문제를 해결하려고 했지만 가난하고 고립된 마을이 대다수다 보니 시설유지 비용을 감당하기 어려울 뿐 아니라 고장이라도 나면 이를 고칠 사람조차 없다고 하니 참 안

깨끗한 물이 절실한 저개발국가의 특성상 적정기술계에서는 식수의 생산과 운반에 집중해왔다.

타까운 일이 아닐 수 없다.

이 문제를 해결하기 위해 등장한 적정기술이 바로 와카워터다. 와카워터는 가볍고 탄력이 있는 골풀 줄기를 엮어서 만든 일종의 탑이다. 낮과 밤의 기온 차이로 풀잎에 이슬이 맺히는 원리를 이용한 것인데, 탑 속에 그물을 매달아 두면 밤새 이슬이 맺혀 탑 아래쪽으로 흘러 물을 모을 수 있다고 한다. 어디든 이 와카워터를 가만히 세워 두고 하루가 지나면 약 95리터의 깨끗한 물을 모을 수 있다고 하니 얼마나 놀라운 일인가. 우물을 파기 위해 기계를 동원하지 않아도 되고, 기술자들이 올 필요도 없다. 쉽게 구할 수 있는 골풀 줄기로 일주일이면 만들 수 있는 데다 환경오염 걱정도 없다. 청소 및 유지 보수도 간단할 뿐 아니라 약 500달러, 우리 돈으로 50만원이면 하나를 설치할 수 있단다. 정말 멋있는 일이다.

완성된 와카워터. 출처_모두 warkawater.org 제공

아이들과 함께 이 와카워터를 만들어 보기로 하였다. 적정기술이라는 것이 무엇인지, 작은 아이디어만 있으면 지구촌 어느 누군가에게 도움이 될 수 있음을 직접 체험해 보는 것이다. 어떤 재료로 만들어볼까 고민하다가 구하기도 쉽고, 다루기 쉬운 빨대를 활용해 보기로 하였다. 엮어가듯 층을 올려야 하는데 빨대의 길이가 짧으니 각 빨대를 연결할 부분이 필요하였다. 끈으로 묶어도 보고, 두꺼운 종이를 끼워서 연결해 보았지만 생각보다 쉽지 않았다.

그래서 주름 빨대의 주름 부분을 중심으로 'V' 모양이 되도록 잘라 3개를 테이프로 고정시켜 각 층을 연결할 연결고리를 만들었다. 그렇게 만든 연결고리에 각 빨대를 대각선으로 꽂아 각 층을 만들어 층별로 연결하여 전체적으로 꽃병 모양이 되도록 한 것이다. 아이들에게 말로는 설명하기 힘들어 먼저 집에서 샘플을 만든 후에 SW동아리 아이와 함께 만드는 방법을 한 컷 한 컷 사진으로 촬영하여 수업 자료를 만들었다.

각 층마다 연결고리가 8개씩 5개 층이니 연결고리만 40개가 필요하다. 각 층을 대각선으로 연결하는 과정 또한 빨대끼리 서로 끼워야 하므로 쉬운 작업이 아니다. 만약 이 수업이 아프리카의 물 부족 문제를 해결하기 위한 적정기술로서의 와카워터를 체험하는 시간이 아니었다면 아이들에게는 그냥 빨대를 자르고 이어붙이는 지루한 수업밖에 되지 않을 것이다.

하지만 이 와카워터가 탄생하게 된 배경을 아는 우리 아이들에게 이 수업은 특별한 시간이 될 수 있다. 어떤 이들에겐 생존 문제라고 할 수 있는 문제를 대단한 기술과 막대한 돈을 들이지 않고도 작은 아이디어로 이렇게 훌륭하게 해결할 수 있음을 눈으로 보고, 손으로 직접 체험

주름 빨대를 이어 붙여 와카워터를 만드는 과정은 많은 인내력이 필요하다.

해 보는 것이기 때문이다.

　메이커 운동의 철학과 적정기술의 철학은 서로 닮았다. 둘의 철학 속에는 '인간'이 있다. 메이커 운동의 핵심인 창조와 공유는 적정기술 속에도 들어 있다. 내가 가진 문제를, 누군가 겪고 있는 불편을 해결하기 위해 고민한다. 그리고 만들어낸다. 대단한 기술이 아니어도 좋다. 함께 나누고, 더불어 살아가는 것. 인간 세계에 그것보다 더 중요한 것이 또 있을까. 우리 아이들로 하여금 나도 이런 아이디어를 생각해 볼 수 있을 것 같다는 자신감, 해보고 싶다는 도전의식, 힘들고 어려운 이웃을 위해 무엇인가 할 수 있다는 것을 깨닫게 한 것, 그것이면 충분하지 않을까.

메이커 운동의 미래

『엄마를 미치게 하는 남자아이 키우는 법』이라는 책을 읽은 적이 있다. 잠시도 가만히 있지 않고 집 안에 있는 물건이란 물건은 다 만져봐야 직성이 풀리며, 그러다가 꼭 무언가 한 쪽은 부러뜨리고 나서야 멋쩍은 웃음을 짓는 두 아들을 키우면서 내 몸에도 사리가 나올지 모르겠다고 생각한 적이 여러 번이다. 이때 내가 할 수 있는 것은 심신 안정을 위해 육아 서적을 읽는 것이었다. 서점에서 눈에 띄는 육아 서적은 웬만큼 다 읽었을 정도이니 '아들 둘이면 목메달' 이라는 우스갯소리가 마냥 우습지만은 않았다. 여러 책을 통해 얻은 결론은 사실 하나다. "이 또한 지나가리라." 참을 인忍을 가슴 깊이 새기는 것.

그리고 또 하나, 내가 찾은 방법은 바로 '놀이'였다. 그 중에서도 아이들의 혼을 쏙 빼놓을 수 있는 것이 바로 무엇인가 만들며 노는 것. 아이들이 놀면서 만들고 만들면서 배우도록 하는 것. 즉 집에서 실천하는 메이커 운동이었다. 실제로 아이들과 집에서 간단히 실천했던 메이커 활동의 예로 수 세기 인형 만들기가 있다. 정말 대단한 작품을 만드는 것만이 메이커 운동이 아님을 보여 주기 위해 잠깐 소개해 보겠다.

수 세기 인형을 만들게 된 것은 우리 아이들이 남자아이 치고는 인형놀이를 좋아하는 것에서 착안하게 되었다(물론 대부분의 시간은 온 집 안을 쑥대밭으로 만들며 보낸다). 둘은 코끼리 미끄럼틀 속 아지트에서 매일 저녁 인형을 가지고 역할 놀이를 하고 기분이 내키면 엄마를 초대해 즉석 공연도 보여준다. 그런 아들들과 직접 역할놀이를 할 수 있는 인형을 만들어 보기로 한 것이다. 그냥 인형보다는 수 놀이가 가능한 인형이면 놀이도 하고 수 세기도 자연스럽게 배울 수 있을 것 같아 수 세기 인형을 만들어 보기로 하였다. 무엇을 만들지도 아이들 스스로 결정하도록 해야 하나, 어린 나이를 감안하여 함께 결정하였다.

방법은 아주 간단하다. 집에 뒹굴고 있는 목장갑 속에 휴지나 솜을 넣어 입체감을 살려준다. 끝은 종이테이프나 끈으로 묶어주고, 인형답게 눈, 코, 입을 만들어 준다. 취향대로, 집에 있는 재료 중에서 직접 선택하여 만들도록 한다. 만드는 과정에서 엄마의 도움은 최소한으로 한다. 5살 둘째는 아직 손끝이 야무지지 못해 끝처리 같은 부분만 도와준다. 그리고 각 손가락에 1부터 10까지 숫자가 적힌 스티커를 붙여 주면 끝. 인형이 완성되면 일단 아이들이 스스로 가지고 놀게 한다. 자기들이 직접 만든 인형이기에 자연스럽게 '자유 탐색' 활동이 일어난다. 그리고 알아서 역할극에 들어가며 놀이에 빠져든다.

충분히 인형을 가지고 놀았다면 수 세기 활동으로 넘어가도 좋다. 5살 둘째는 숫자를 이제 막 배우는 단계이기 때문에 수 세기 인형의 손가락 하나하나를 짚어가며 숫자를 배울 수 있고, 7살 첫째는 간단한 덧셈 문제를 이 수 세기 인형으로 풀 수 있다. 앞에서도 말했지만 메이커 운동이라고 해서 뭔가 으리으리하고 있어 보이는 작품을 만드는 것이 아니다. 자신에게 필요한 것을 스스로 만드는 것이 메이커 운동이며, 만드는 가운데 즐겁고 재미있으면 된다. 혼자 하기 힘들 때 함께 만들 수 있

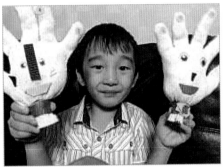

수 세기 인형을 만드는 아들.
무언가에 몰두할 때 아이들은 조용하다.

다면 더 좋다. 함께 만들며 협력의 기쁨까지 맛볼 수 있으니 말이다.

이렇듯 메이커 운동이 이슈가 되고 있지만 우리 아이들에게 자연스럽게 메이커 운동이 자리를 잡고 확산되기 위해서는 어릴 때부터 이런 환경이 만들어지는 것이 중요하다고 생각한다. 어린 아이들의 거울이라고 할 수 있는 부모의 역할이 사실 제일 중요하지만, 가정에서 실천하기란 어지간해서는 쉽지 않다. 나 역시 집에서 메이커 교육을 한다고 하고 있지만, 맞벌이 부부의 일상답게 저녁이면 녹초가 되어 아이들과 놀아주는 것조차 힘들 때가 많다. 부모가 실천하기 힘들다면? 다음으로 아이들에게 큰 영향을 주는 존재가 교사가 아닐까 싶다.

메이커의 단계를 크게 "Zero to Maker", "Maker to Maker", "Maker to Market"으로 나눌 수 있다고 한다. 그중에서도 "Zero to Maker" 단

계가 바로 메이커 교육이 시작되는 시점이니 학부모 또는 교사의 역할이 가장 중요한 때라고 생각된다. 어릴 때부터 자신이 꿈꾸고 생각하는 것을 어떤 구체적인 대상으로 만들어가는 경험을 통해 메이커 정신을 익힐 수 있음은 물론이거니와 장차 이 아이들이 자라면서 "Maker to Maker", "Maker to Market" 단계로 나아갈 수 있을 테니 말이다.

이런 메이커 교육의 중요성을 파악하고 아이들에게 무엇인가 직접 만들면서 스스로 배우고 나누는 즐거움을 알게 해주고 싶다는 마음으로 만들어진 어른들의 모임과 프로그램이 있다. 다 소개하기는 어렵지만 매스컴을 통해 알려지기도 했던 〈메이커 버스〉와 〈인텔 크리에이티브 교사 네트워크〉를 소개하고자 한다.

〈메이커 버스〉는 '만드는 사람이 주체가 되자'는 비전을 가진 회사인 메이커스가 학교를 찾아가 진행하는 일일 메이킹 워크숍 프로그램이다. 2014년부터 시작되어 매주 1회 초중등학교에 직접 찾아가 학생들을 대상으로 메이커 교육을 하고 있다. 이들의 목적은 단 한 가지, 학교 현장에서 아이들이 직접 메이커 운동을 경험하도록 하는 것이다. 3D프린팅이 무엇인지, 어떻게 활용할 수 있는지와 같은 이론에서부터 직접 웹기반 모델링 프로그램을 활용해 3D모델링 실습을 해보고, 메이커 버스에 준비된 3D프린터로 출력까지 해본다. 모두 무료로 진행되기 때문에 부담이 없다. 2017년 현재 109개 학교, 3,219명의 학생들이 이 메이커 버스를 체험했고, 열쇠고리, 악세사리, 미래의 건물 등 4,332개의 모델링 작업물이 나왔다고 하니 직접 메이커 교육을 하기 힘든 학교나 교사들에게는 반가운 프로그램이 아닐 수 없다.

〈인텔 크리에이티브 교사 네트워크〉는 미래의 주역이 될 학생들을 위해 배움을 나누고 실천하고자 하는 자발적인 전국 초·중등 교사들의 모임으로 인텔코리아의 사회공헌활동에 힘입어 2013년 발족되었다. 특히 지난해 '메이커 페어* 서울'에서도 교사들 스스로가 메이커가 되어 화성 탐사 로봇, 스마트 가로등, 스마트 선풍기, 무인 자동차, 무한 상상 거울, 거짓말 탐지기 등 기발한 제품들을 개발하였고, 이를 학생들과 함께 수행할 수 있는 신나는 미션도 함께 만들어 초·중등 교육에서 메이커 문화와 창의적인 소프트웨어 교육이 확대되도록 활동을 펼쳤다. 이러한 활동은 한국을 넘어 아시아와 글로벌 국가들에 효과적인 교사 커뮤니티의 모델로 소개되고 있다고 한다.

학교 현장에서의 메이커 운동은 이제 시작 단계이기는 하지만 소프트웨어 교육이 의무화가 진행되고 있는 시점이기에 이와 맞물려 좋은 기회가 될 수 있을 것이라 본다. 소프트웨어 교육에서 주로 다루게 될 언플러그드 활동 및 프로그래밍 체험이 그것으로 끝나는 것이 아니라 피지컬 컴퓨팅, 나아가 메이커 운동과 결합하여 우리 아이들이 자신의 아이디어를 컴퓨팅 기술과 결합된 형태로 만들어 보는 경험은 사물인터넷 시대, 컴퓨팅 융합시대를 살아갈 우리 아이들에게 꼭 필요한 교육이다. 소프트웨어 교육에서의 Thinker들이 Maker로 자라난다면, 창의 융합 인재가 따로 있겠는가! 상상만 해도 즐겁다.

---

* 메이커 페어 : 메이커들이 창작의 과정과 결과를 공유하는 행사로 매년 전 세계 200여 곳 이상에서 개최되고 있다. 2014년에는 미국 백악관에서도 개최되었다.

8

소프트웨어 수업
경험 나누기

<행복한 교육>에서 취재를 오다

지난해 3월 말, 낯선 서울 번호로 전화가 한 통 걸려왔다. 교육부에서 발행하는 <행복한 교육>의 기자라고 했다. 그 분은 다음 호에 일선 학교에서 이루어지는 소프트웨어 교육 수업 사례를 소개하고 싶다고 하였다. 연구학교도 선도학교도 아닌 일반 학교에서 이루어지는 소프트웨어 수업이 어떻게 진행되고 있는지 궁금하단다. 흔쾌히 다음 주 소프트웨어 동아리 수업 시간에 취재를 오라고 하였다. 학기 초라 올해 소프트웨어 동아리 수업을 두 번밖에 못한 형편이었지만, 있는 그대로의 날 것, 그래서 더욱 생생한 수업 모습을 보여 주고 싶었다.

4월 8일 금요일, 수업을 취재하러 기자님과 촬영기사님이 찾아온 날. 아이들은 이미 흥분 상태였다. 재작년에 반 아이들을 데리고 창의적 체험활동의 일환으로 비슷한 촬영을 한 적이 있지만, 5~6학년이 섞인 동아리 아이들과 하는 첫 촬영인지라 아무래도 긴장한 것 같았다. 이럴 때는 평소와 같은 친숙한 분위기를 만들어 아이들의 긴장을 풀어 주어야 한다.

소프트웨어 수업 초반 10분에서 15분 정도는 항상 언플러그드 활동을 진행한다. 방과후 진행되는 동아리 수업이다 보니 아이들이 정규 수업을 마치고 컴퓨터실이나 도서관에 모이는 데는 5~10분 정도 차이가 난다. 이 자투리 시간을 활용하여 언플러그드 활동을 할 수 있는데 시간이 10분에서 15분 또는 20분까지 소요될 수 있기 때문에 스테이션식 수업을 접목한 언플러그드 활동 수업을 진행한다. 스테이션식 수업이란 스테이션마다 각기 다른 언플러그드 활동을 마련해놓고, 아이들이 원하는 스테이션을 선택해서 활동하다가 5분 단위로 이동하며 다양한 활동을 경험해 보도록 하는 것이다. 보통 체육 시간에 많이 활용하는 방식인데 소프트웨어 수업에 적용하여 운영해 보니 아이들이 다양한 활동을 두루 경험할 수 있어서 좋았다.

가볍게 몸 풀기를 한 후에 본격적인 수업에 들어갔다. 먼저 미션 주머니에서 오늘 해결해야 할 미션을 확인한다. 오늘의 미션은 '좋아하는 이야기를 바꿔 새로운 이야기 만들기.' 미션을 확인한 아이들은 자신이 좋아하는 이야기 중 표현하고 싶은 장면을 떠올린 후 필요한 등장인물이나 배경, 사건을 분석한다. 그런 다음 어디를 어떻게 바꾸고 싶은지 생각해 본다. 이야기를 구성하는 3요소를 중심으로 등장인물을 바꾸거나 배경, 사건 등에 변화를 줄 수 있다. 이렇게 구상이 끝나면 모둠 친구들과 함께 아이디어를 공유한다.

활동지에 직접 작성해도 좋고, 기존 이야기와 바꿀 이야기의 내용을 포스트잇에 각자 작성 후 SW 문제 해결 토의판에 붙여서 이야기를 나누어도 좋다. 이렇게 미션을 해결하기 위한 전략을 수립했다면 세부 장면을 어떻게 구성할 것인지 알고리즘을 설계한다. 즉 문제를 해결할 수 있는 단위로 분해하고, 나눠진 작은 문제에 대해 자연어로 알고리즘을 짜는 것이다. 활동지의 장면 나누기 부분이 이에 해당한다고 볼 수 있다.

SW 문제해결 토의판

기존 이야기에 각자 새롭게 인물과 배경을 추가한 후 모둠원과 공유하는 과정에서
새로운 이야기가 만들어진다.

소프트웨어 교수학습 과정안

학습주제	좋아하는 이야기를 바꿔 새로운 이야기 만들기	영역	SW교육(프로그래밍 체험)
교육과정 연계(국어)	5-2-나-11. 문학작품을 새롭게 6-2-가-5. 이야기 바꾸어 쓰기	모형	문제해결학습모형
		대상	SW동아리 5-6학년 20명

단계	학습 과정	교수-학습 활동	시 간	자료(※) 및 유의점(*)
학습 문제 제시	동기 유발	♣ 분위기 조성하기 : 언플러그드 활동 ♣ 동기유발 : 애니메이션 감상 ○ (엔트리) 아기돼지 삼형제 등 엔트리 애니메이션 감상	⑬	※만들려고 하는 스테이 지 준비
	학습 문제 제시	**좋아하는 이야기를 바꿔 새로운 이야기 만들기** ◉ 활동1) 생각하기(미션제시 및 이야기 구상하기) 　(미션 확인 및 바꿀 부분 이야기 생각하기) ◉ 활동2) 스케치하기(알고리즘 설계) 　(이야기를 어떻게 표현할지 스케치하기) ◉ 활동3) 애니메이션 만들기(프로그래밍 구현) 　(스케치한대로 이야기 만들기) ◉ 활동4) 작품 공유 및 발표하기(SW 발표회) 　(자신이 만든 작품 공유하기)	5	※학습활동지 ※학습주제, 문장 카드, 미션주머니, 미션지, 활 동지 (스케 치)
상황 제시	문제 상황 파악, 구상 하기	♣ 생각하기(미션 제시 및 이야기 구상하기) ○ 미션주머니 속에서 미션지 꺼내서 확인하기 ○ 어떤 이야기를 바꾸고 싶은지 생각하고, 바꿀 부분 　구상하기 ○ 애니메이션을 만들 때 많이 사용하는 블록 설명하기	10	※미션지 알고리즘 활동지 ※유의 블록 설명하기(대 명)
학습 활동	문제 해결 방법 생각 하기	♣ 스케치하기(알고리즘 설계) ○ 새롭게 바꿀 이야기 장면을 세부적으로 나누어 스케 　치하기 ○ 스케치한 내용을 구현하기 위해서 고려해야하는 프로 　그래밍 요소 생각하기	10	※미션지 알고리즘 활동지
	문제 해결 하기	♣ 애니메이션 만들기(프로그래밍 구현) ○ 스케치한 내용을 바탕으로 엔트리로 이야기 만들기	15	
	일반 화하 기	♣ 작품 공유 및 발표하기(SW 발표회) ○ 자신이 만든 작품 친구들 앞에서 발표하기	10	
정리 평가	학습 정리 및 평가	♣ 활동 내용 정리하기 ♣ 칭찬별을 통한 동료평가 실시하기 ♣ 차시예고하기	5	※칭찬별붙임

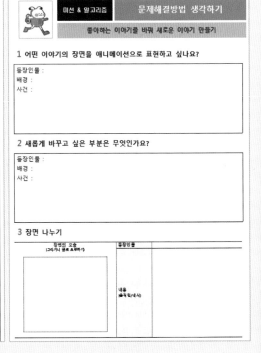

미션 & 알고리즘 | **문제해결방법 생각하기**

좋아하는 이야기를 바꿔 새로운 이야기 만들기

1 어떤 이야기의 장면을 애니메이션으로 표현하고 싶나요?

등장인물 :
배경 :
사건 :

2 새롭게 바꾸고 싶은 부분은 무엇인가요?

등장인물 :
배경 :
사건 :

3 장면 나누기

장면의 모습 (그리거나 글로 표현하기)	등장인물
	내용 (동작 및/대사)

이렇게 알고리즘 설계까지 마친 후 장소를 컴퓨터실로 옮겼다. 이제는 프로그래밍으로 구현하는 자동화 단계로 넘어가야 하기 때문이다. 아이들은 자신이 작성한 알고리즘에 따라 새로운 이야기 만들기에 들어갔다. 장면 전환 효과를 적절히 사용하면서 오브젝트마다 자신의 구상한 움직임을 실현하기 위한 명령을 하나씩 내려준다. 이와 동시에 자신이 만든 작품을 친구들과 함께 봐가면서 서로의 작품에 대한 피드백도 주고받는다. 이 과정에서 자신의 작품에 대한 새로운 아이디어를 떠올리거나 오류가 발생하는 부분에서는 디버깅 작업도 자연스럽게 이루어졌다.

이야기 만들기가 모두 완성되면 앞으로 나와 자신의 작품을 친구들에게 들려준다. 한 친구는 '아기 돼지 삼형제' 이야기의 결말을 앞의 모든 일들이 영화 촬영이었다고 매듭지으며 각 등장인물들이 무대에 나와 인사하는 장면으로 바꾸었다. 반전이 있는 기발한 아이디어에 친구들의 탄성이 곳곳에서 터졌다.

등장인물을 바꾸거나 배경, 사건을 살짝만 바꾸었을 뿐인데 전혀 새로운 이야기가 탄생하는 경험. 사실 이 주제는 6학년 국어과에 나오는 이야기 바꾸어 쓰기 단원과 연계한 소프트웨어 수업이다. 앞에서 여러 번 언급했지만 실과 중에서 주어진 17시간은 컴퓨팅 사고력을 키우는 문제 해결 수업까지 나가기에는 너무나 짧다. 17시간 중에 언플러그드 활동, 정보윤리 수업, 알고리즘 설계와 프로그래밍 구현까지 모두 소화해야 한다. 하지만 하나의 프로그램을 만드는 데도 보통 2차시는 소요된다. 잘못하다가는 17시간 동안 각 영역을 살짝 맛보기만 하고 끝날수도 있다. 컴퓨팅 사고력은커녕 알고리즘 설계와 프로그래밍 구현도

아이들이 자신의 모습이 나온 잡지를 보고 있다.

제대로 배우지 못하고 끝날 수 있다는 뜻이다.

바로 이때 활용할 수 있는 방법이 창의적 체험활동 시간에 소프트웨어 교육 시수를 따로 확보함으로써 유기적으로 수업을 운영하거나, 위에서 제시한 것처럼 각 교과 중 연계가 가능한 수업 주제를 추출하여 국어 시간에 성취해야 할 과제도 달성하고 소프트웨어 수업의 컴퓨팅 사고력을 키우는 과제도 함께 달성하는 것이다. 현재로서는 이것이 최선의 방법으로 보인다.

독립 교과로 교육과정에 편성되지 못한 채 5~6학년군에 17시간밖에 확보되지 못한 현 상황을 원망하면서 '도대체 소프트웨어 교육을 어떻게 하라는 거야?' 하며 아무것도 하지 않을 것인가. 적당히 17시간을 때우고 할 일을 다했노라 만족할 것인가.

2016년 당시 소프트웨어 교육 연구학교 및 선도학교로 지정된 학교가 1,200개교였다. 그 많은 학교를 제치고 우리 학교로 찾아온 데는 그

럴 만한 이유가 있다고 생각한다. 학교 현장에 소프트웨어 교육이 들어와 교육이 이루어질 때 발생할 수 있는 많은 변수들이 있다. 가장 큰 변수는 이 교육을 받아들이는 교사들의 인식일 것이다. 소프트웨어 교육을 제대로 실시할 수 있는 역량이 있느냐 없느냐의 문제보다 나는 이 태도나 관점이 더 중요하다고 본다. 소프트웨어 교육의 필요성에 공감하고, 본질에 가까운 교육으로서 소프트웨어 교육이 이루어져야 한다는 인식을 가진 교사라면, 우리 아이들의 미래 교육으로서 소프트웨어 교육을 기꺼이 받아들일 준비가 된 교사라면 걱정할 필요가 없다. 17시간이라는 시수도 문제가 되지 않는다. 아직은 조금 부족한 역량 역시 문제될 것 없다. 선생님들 스스로 나설 것이기 때문이다. 그들 내면에 자리한 교사로서의 전문성과 자발성이 소프트웨어 교육을 실시할 때 부딪힐 많은 어려움을 극복할 수 있는 원동력으로 작용할 것이기 때문이다.

아마도 그런 의미에서 기자는 보고 싶었을 것이다. 누가 시키지 않아도, 해도 그만 안 해도 그만인 소프트웨어 교육의 불모지에서 스스로 일으킨 자발성으로 교육과정을 재구성하고 방과후 소프트웨어 동아리를 무료로 운영해 가면서 차곡차곡 역량을 키워나가는 일반 학교의 모습을 말이다. 종합적으로 보자면 부족한 점도 많았을 것이다. 알고 있다. 하지만 어려운 상황을 어떻게 극복했는지에 대한 사례가 필요하다면, 나의 경험과 사례가 조그마한 도움이라도 될 수 있다면 기꺼이 나눌 것이다. 배워서 남 주는 직업이 교사이기에.

커넥트 재단과 함께한 '온라인 공개수업'

네이버가 설립한 비영리 교육재단인 커넥트 재단에서 연락이 왔다. edwith라는 플랫폼을 구축하여 소프트웨어 교육 전문가 과정 온라인 강좌를 만들고 싶은데 강사로 나를 선택(?)했단다. 2015년 SEF(Software Education Fest)에서 우수 커리큘럼으로 선정되어 상을 받은 적이 있었는데 그때 진행한 수상자 인터뷰가 인상 깊었단다. 석사과정 시절 공부했던 MOOC 개념이 우리나라에도 현실이 되어 눈앞에 펼쳐진다고 생각하니 신기하기도 했고, 가진 재능이라는 것이 남을 가르치는 것밖에 없으니 거절할 이유가 없었다.

무엇보다 이 강좌들은 무료로 진행되기 때문에 소프트웨어 교육이 무엇인지 궁금한 교사뿐 아니라 학부모, 대학생, 일반 직장인들도 얼마든지 수강할 수 있다는 점도 좋았다. 소프트웨어 교육이 확산되기 시작하면서 많은 원격연수들이 생겨났지만, 대개는 유료로 이루어지거나 무료라 하더라도 교사에 국한되어 실시된다. 하지만 소프트웨어 교육이 보다 대중화되고 우리 사회에 깊이 뿌리 내리기 위해서는 그 범위를 제한해서는 안 된다고 생각한다. 더 많이 알려지고 더 널리 퍼지려면 MOOC와 같은 형태의 소프트웨어 교육이 더욱 활성화되었으면 한다.

MOOC(Massive Open Online Course, 이하 온라인 공개수업)는

웹 서비스를 기반으로 이루어지는 대규모의 상호참여적인 교육을 의미한다. 온라인 공개 수업은 인터넷 토론 게시판을 중심으로 학생과 교수, 그리고 조교들 사이의 커뮤니티를 만들어 수업을 진행하는 것이 특징이다. 일종의 원격교육이 진화한 형태라 볼 수 있겠다. 이 온라인 공개수업은 2008년 OEROpen Educational Resources이라 불리는 운동에 근간을 두고 있는데 2012년 〈뉴욕타임스〉는 '온라인 공개 수업이 대중들을 위한 아이비리그를 열었다'고 평가하며 교육계의 가장 혁명적인 사건으로 선정한 바 있다.

강좌의 주제는 소프트웨어 전문가 양성 과정 STEP1과 STEP2였다. STEP1에서는 소프트웨어 교육의 개괄적인 이론과 언플러그드 활동, EPL 기초에 관한 내용을 다루었으며, STEP2에서는 교과와 연계한 EPL 심화 내용과 피지컬 컴퓨팅까지를 주제로 강의하였다. 강의 영상은 물론 강의할 때 사용한 프레젠테이션 자료, 주제 관련한 참고 자료까지 모두 탑재되어 있을 뿐 아니라 해당 강좌를 듣고 생기는 질문은 강사를 비롯한 튜터들이 실시간으로 답변을 달아주면서 상호작용성을 강화하고자 하였다.

또한 온라인 공개수업이라 하더라도 지식 전달 위주의 이론 영역은 최소한으로 하고 실습이 가능한 부분은 최대한 직접 보여 주고자 하였다. 2진수의 점 카드 활동이나 데이터 오류 검출 및 수정과 같은 언플러그드 활동, 엔트리로 프로그램을 직접 만들고 햄스터 로봇으로 프로그래밍 하는 것까지 모두 직접 촬영하며 이 강의를 듣는 수강자의 이해를 돕는 데 중점을 두었다.

각 STEP마다 채널을 2개 이상 가지고 있는데 내가 관리하고 확인

이 책에서 언급되지 않은 수업 사례도 edwith의 온라인 공개수업에서 손쉽게 확인할 수 있다.
(http://www.edwith.org/swexpert_basic1)

할 수 있는 채널에서만 STEP1의 경우 수강생이 5,600명이 넘었다. 다른 채널에서 집계한 수강생까지 합치면 만 명이 넘는다니 놀라운 관심이 아닐 수 없다. 자녀 교육에 열성적인 학부모는 물론 현직 프로그래머, 일반 직장인, 예비 교사, 대학생 등 수강생들의 구성도 매우 다양하였다. 그만큼 소프트웨어 교육에 대한 관심이 예전에 비해 높아졌음을 알 수 있었다.

사회가 이렇게 발 빠르게 변하고 있는데 학교라고 해서 예외일 수 없다. 당장 2019년부터 전국의 초등학교 5~6학년 담임을 맡는 교사들은 실과 교과에서 소프트웨어 교육과 관련된 단원을 맡게 된다. 시간이 아직 많이 남은 것 같지만 결코 그렇지 않다. 어영부영하다 보면 시간은 금새 흘러가기 마련이다. 그런데 교육부에서 제아무리 돈을 쏟아 부으며 정책을 안정화시키려고 해도 현장 교사들이 움직이지 않으면 소용이 없다. 움직이는 척할 뿐 진짜 교육은 일어나지 않는다. 소프트웨어 교육에 대한 진정한 이해가 없다면 이 교육은 그냥 형식적으로 이루어질 가능성이 높다. 17시간이라는 제한된 시수, 시간 내 다뤄야 할 수많은 요소들, 노후화된 컴퓨터실 환경으로 인한 여러 가지 변수, 컴퓨터라고 하면 무조건 머리 아프다며 마음의 벽을 쌓는 일부 교사들 등, 넘어야 할 산이 많다.

MOOC 강의를 들으려고 모여든 자발적 수강자 만 여 명. 이 숫자는 많은 것을 의미한다고 본다. 사회의 빠른 변화를 보여 주는 동시에 현장 교사들에 대한 일종의 경종일 수 있다. 교사들이 본인의 전문성을 잃지 말아야 한다. 자발적 수강자가 되어 MOOC 강의든 교육부나 지역 교육청에서 실시하는 연수든 찾아서 듣고 본인의 역량을 키우려는 노력이 필요하다.

주말과 방학에 각종 연수를 쫓아다니며 열심히 노력하는 선생님들이 많음을 알고 있다. 나이, 경력에 상관없이 배움에 대한 열정과 부지런함으로 똘똘 뭉치신 분들을 많이 뵈었다. 특히 연배가 높으신 선배 선생님들을 보면 저절로 존경심이 우러난다. 그럼에도 불구하고 학교 밖 시선은 너그럽지 않다. 그들이 보기에 교사는 철밥통을 지키는 나태한 교육 공무원이다. 무너져가는 교권 아래 이런 시선마저 덧씌워지면 우리 교사들도 참 쉽지 않다. 하지만 그래서 더 노력해야 한다고 본다. 교육에 대한 부단한 열정으로 아이들 앞에 당당하다면 무너진 교권도, 차가운 시선도 하나씩 바로 잡을 수 있을 것이다. 믿어야 한다. 우리는 미래를 보고, 미래를 준비하는 교육자가 아닌가.

꿈꾸는 교실, 핸즈온 캠퍼스

"여러분이 할 수 있는 가장 큰 모험은 바로 여러분이 꿈꾸는 삶을 사는 것입니다."

2013년 포브스에서 선정한 세계에서 가장 영향력 있는 유명인사 100인에 오른 오프라 윈프리의 말이다. 우리는 어린 시절의 꿈을 이루고 사는가. 꿈을 이루고 산다는 것은 어떤 기분일까. 아니, 지금도 꿈을 향해 달리고 있는가.

아이들의 꿈은 오늘 다르고 내일 다르다. TV 속에 나오는 멋진 아이돌 가수를 보고 나면 가수가 되고 싶기도 하고, 자기만의 색깔을 지닌 세계적인 패션 디자이너를 꿈꾸기도 한다. 이 얼마나 감사한 일인가. 아이들이 자신의 미래를 그려보고, 힘차게 살아가고 있다는 사실만으로도. 당당히 자신의 꿈을 이야기하는 아이들의 모습에 저절로 미소가 지어진다.

하지만 안타깝게도 요즘에는 꿈이 없다고 말하는 아이들이 점점 늘고 있다. 꿈에 대해 생각해본 적이 없다며 손사래 치는 아이들. 아니, 꿈은 있지만 이미 포기해 버린 아이들이다. 한창 꿈꿔야 할 나이에 벌써 꿈을 잃어 버린 아이들. 무엇이 문제일까.

어떤 아이들은 학교에 들어가기 전부터 고3을 능가하는 하루 스케줄을 살아간다. 유치원을 다녀오고 수영장, 미술학원, 태권도…. 이제는 소프트웨어 교육 학원과 로봇 센터에도 간다나. 숨 돌릴 틈 없이 '헬리콥터 맘'의 손을 붙잡고 이곳저곳 안 가본 데 없이 휘둘리다 보니 어느 것 하나 제대로 배우지 못하는 아이러니. 이런 아이들에게 자신이 진정하고 싶은 것이 무엇인지 꿈꿀 힘이 남아 있을까.

그뿐이 아니다. 가정이 해체되면서 어른들의 싸움 속에 상처받는 아이들도 많다. 기댈 곳을 잃은 아이들은 자신의 꿈마저 가슴 한켠으로 밀어내 버린다. 또 사춘기가 빨리 오면 빨리 오는 대로, 늦게 오면 늦게 오는 대로 아이들은 말 그대로 질풍노도의 시기를 거친다. 흔들림 없는 부모의 사랑이 있어도 갈팡질팡하기 쉬운 나이에 부모의 부재나 급작스런 환경 변화는 아이들을 꿈마저 빼앗아 버린다.

소프트웨어 교육을 하다 보니 함께 수업을 하는 아이들 중에 소프트웨어와 관련된 미래를 꿈꾸는 아이들을 많이 본다. 미래 사회의 직업 중에 소프트웨어와 관련되지 않는 직업을 찾기가 더 어려워질 것이라는 사실을 떠올리면 진로교육과 연계한 소프트웨어 교육도 놓치지 말아야 할 부분이 아닌가 생각한다. 하지만 주변을 아무리 둘러봐도 단발적인 행사나 이벤트식 소프트웨어 축제는 더러 있지만 아직 소프트웨어 교육을 제대로 체험할 수 있는 기회는 많지 않다.

그나마 알려진 곳이 바로 핸즈온 캠퍼스다. 여러 선생님들의 추천을 받아 아이들과 함께 방문한 핸즈온 캠퍼스. 이곳은 소프트웨어 교육과 로봇을 통한 상상 디자인 체험관으로서 특히 레고 로봇을 활용한 소프트웨어 진로 체험활동을 위한 공간이라고 보면 되겠다.

교육용 레고 체험관인 핸즈온 캠퍼스

체험활동은 크게 저학년과 고학년으로 나누어 진행된다. 먼저 핸즈온 랩실에서 공학적인 개념을 배우는 자동차 만들기에 도전한 아이들. 처음에는 자동차를 어떻게 만들어야 할지 몰라 망설이더니 이내 자기만의(?) 자동차를 척척 만들어낸다. 만들면서 생각하고, 생각하면서 자연스럽게 배우는 핸즈온 캠퍼스의 철학이 묻어난 공간이었다.

바이오 랩실에서는 뇌파를 이용해 게임형 체험을 할 수 있다. 마치 영화 스타워즈에 나오는 제다이들처럼, 정신을 집중하면 물건을 띄우거나 움직일 수 있는 장치였다. 체험장 선생님의 설명을 들으니 침착하게 평온한 마음으로 집중하는 것이 중요하단다. 뇌파가 안정되어야만 측정이 제대로 이루어질 수 있기 때문이다. 실제로 이렇게 뇌파 게임을 이용해 ADHD 치료 등에 활용한다니 놀라지 않을 수 없다.

메인 교육활동을 위해 들어간 클래스룸에서는 저학년부와 고학년부로 나누어 수업이 이루어졌다. 저학년부에서는 기본 세트로 레고 모델을 만들어 컴퓨터와 연결하여 프로그래밍을 하는 형태의 교육이 진행되었다. 우리 아이들은 축구 골대와 사람을 만들어 좌우로 움직여 공을 막는 프로젝트를 실시하였다. 짧은 시간의 체험이기에 알고리즘 설계나 프로그래밍에 대해 고민하지 못하는 아쉬움은 있었지만 레고를 활용한 하드웨어 조립도, 드래그 앤 드롭 그래픽 형태의 처음 보는 소프트웨어 툴에도 금방 적응하여 미션을 완료하는 모습이 기특하였다.

고학년부에서는 레고의 교육용 로봇인 EV3를 가지고 직접 프로그래밍을 체험해 보는 시간을 가졌다. 사실 EV3 수업에서는 이를 조립하는 데만 상당한 시간이 소요되기 때문에 학교 현장에서 수업할 때 어려움이 있다. 자칫 프로그래밍보다는 로봇 조립에 더 많은 시간과 노력이 소요되기 때문이다. 어찌되었든 여기서는 시간 관계상의 문제든 의도적이든 이미 만들어진 모델을 가지고 직접 프로그래밍을 해보는 데 집중할 수 있었다.

EV3를 처음 접하는 우리 아이들은 선생님과 함께 어떤 원리로 작동하는지 단계별로 하나씩 생각하면서 음악도 만들고 직사각형으로도 움직여보고, 장애물을 피해 가는 등 다양한 움직임을 직접 프로그래밍을 통해 확인해 볼 수 있었다. 처음이라 어렵게 느껴질 만도 한데 역시 아이들의 적응력은 어른보다 뛰어난 것 같다. 숨소리도 안 들릴 만큼 초집중하며 EV3에 빠진 모습이 신기하기도 하고 대견하기도 하다.

이 밖에도 핸즈온 캠퍼스에는 EV3에 설치되어 있는 카메라 화면을 보면서 피규어 구하기, 태양열 전지 펼치기 등을 할 수 있는 스페이스 랩, EV3를 리모컨 조종해서 상대방 풍선 터트리기를 체험할 수 있는 플레이그라운드, 레고로 만든 드릴링을 이용하여 블록 열쇠고리를 만들어 보는 엔지니어링 랩 등이 있다.

체험장인 이곳은 우리가 기대하는 프로그래밍 교육 활동과는 상당한 거리가 있다. 하지만 아이들이 흥미를 가지고 만들고, 만든 것을 직접 움직여볼 수 있다는 것, 평소에 보지 못한 다양한 로봇과 공학의 세계를 경험하고 과학자의 꿈을 키울 수 있는 곳임은 틀림없다. 이런 다양한 체험 공간이 더 많아지고 이왕이면 무료로, 혹은 아주 저렴한 비용으로 운영되기를 바라본다. 소프트웨어 교육을 하는 교사라면, 아이에게 이런 세계를 체험시켜주고픈 부모라면 한 번쯤은 가볼만한 곳이 아닌가 한다.

아이들과 UCC 홍보 영상을 찍으며

지난 몇 년 동안 나와 인연을 맺은 아이들은 소프트웨어 교육이라는 것을 경험하고 있다. 학급 담임일 때는 창의적 체험활동 시간을 통해, 전담 교사인 경우는 소프트웨어 동아리를 통해서 말이다. 연구학교나 선도학교라면 당연한 교육 활동이겠지만, 그리고 머지않아 2015 개정 교육과정이 현장에 도입되면 어느 학교에서나 경험하게 될 교육이지만, 적어도 지금까지는 다른 반에서는 하지 않는 조금은 특별한 교육이다.

아이들과 함께 우리의 활동 모습을 담은 영상을 촬영하기로 하였다. 로봇 페스티벌에 참여하면서 참가 소감을 영상으로 제작해야 하는데 우리는 이를 단순히 각오를 다지는 응원 영상이 아니라 우리 학교의 소프트웨어 교육을 널리 알리는 홍보 영상으로 만들고자 한 것이다. 홍보 영상을 찍어 보면 어떨까 하는 제안에 흔쾌히 좋다는 아이들과 함께 영상에 사용될 도구 제작에 들어갔다. 스스로 문구를 정하고 이를 출력하여 오리고 붙이는 아이들의 모습은 즐거워보였다. 말 그대로 누군가의 명령에 의한 것이 아니라 자발적 의지와 아이디어로 참여하는 학습의 주인공다운 모습이었다.

　　완성된 피켓을 들고 학교 구석구석을 다니며 나름 포즈도 취하고 연출도 하면서 소프트웨어 교육 홍보에 나서는 우리 아이들. 아이들이 들고 있는 문구처럼 소프트웨어 교육 속에 아이들의 꿈이 자라는 것이 보이는 것 같다. 하루가 다르게 변화하는 미래 사회에 대비하며 스스로의 역량을 어린 시절부터 키워가는 아이들의 모습을 보면서, 다시 한 번 소프트웨어 교육이 의무 교육으로서 우리 공교육에 잘 안착되어야 한다는 생각을 했다. 아이들의 생각을 키우는 교육, 미래 사회를 대비하는 교육을 다른 곳에 맡길 수는 없는 것이다.

　　소프트웨어 교육에 대한 이해와 인식, 사회에서 바라보는 시선과 관심이 점점 더 안정되어 가고 있다. 그럼에도 불구하고 여전히 ICT 교육, 스마트 교육이 그러했듯이 이 소프트웨어 교육도 정권에 따라 흥망성쇠할 것이라 보는 이들이 많다. 백년지대계라는 교육이 정치에 묶여

좌지우지된다면 과연 미래가 어떻게 될까? 앞서 겪었던 시행착오를 소프트웨어 교육은 겪지 않았으면 한다. 세계의 경제, 문화, 사회가 이 소프트웨어로 움직이고 있고, 혁신과 변화를 거듭하고 있다. 일개 교사도 이런 시대의 흐름을 읽고 아이들과 미래 사회를 위한 교육에 힘쓰고 있는데 나라를 이끄는 진정한 지도자라면, 적어도 이를 정치적으로 이용하지는 않을 것이라 믿고 싶다.

순수한 눈망울로 소프트웨어 교육의 전도사가 되어 열심히 홍보 활동에 참여하는 아이들을 보면서 오늘도 힘을 낸다. 아직 갈 길이 멀다. 배울 것도 많다. 가르쳐야 할 것도 많다. 하지만 두렵다고 주저하지 않을 것이다. 끊임없이 아이들과 함께 성장해 갈 것이다. 아이들에게 일단 도전해 보라고 조언하는 것처럼 나 역시도 아이들 교육 앞에서 망설이지 않겠다. 그러다 보면 언젠가는 정답은 아닐지라도 해답이라고 여겨지는 모습들이 나타날 것이라 믿는다.

> 나는 교사다.
> 교사는 누군가를 이끌어주는 사람이다.
> 여기엔 마법이 있을 수 없다.
> 나는 물 위를 걸을 수 없으며 바다를 가를 수도 없다.
> 다만 아이들을 사랑할 뿐이다.

>   — 제인 블루스틴

부록

1. 차시별 소프트웨어 교육 운영 예시

2. 교사들의 학습공동체, 초등컴퓨팅교사협회

1. 차시별 소프트웨어 교육 운영 예시*

단계	주제	차시 (분)	소주제	교육 내용 및 활동	중점 CT /PC 요소
생활과 소프트웨어	알면 알수록 재미있는 플러그드 컴퓨터 과학교육 핵심역량 창의사고 문제 해결력 CT 요소	사전과제	(플립러닝) SW가 뭐에요?	• 〈소프트웨어야, 놀자〉 시리즈 '코딩, 소프트웨어 시대'영상 등 시청해오기	
		1 (40)	미래에는 어떤 세상이?	• 컴퓨터과학(CS)이 무엇인가요? • 토의토론학습 : 미래에는 어떤 세상이 펼쳐질지 상상하여 이야기 나누기	자료 분석, 표현
		2 (40)	생활 속의 발명품, SW	• 무인자동차 등 생활 속 SW 발명품 알아보기 • 토의토론학습 : 학교에서 소프트웨어 교육이 필요한지에 대해 자유롭게 이야기 나누기	자료 분석, 표현
		3 (40)	조심해요! 사이버 범죄	• 〈정보통신윤리〉 교육 • 토의토론학습 : 사이버범죄(사이버언어폭력, 악성코드, 개인정보유출) 등 정보화시대에 지켜야 할 약속(덕목)에 대해 이야기 나누기	자료 분석, 표현
		4 (40)	간단하게 표현해요!	(플립러닝 : 사전과제로 추상화 관련 동영상 〈몬드리안의 추상화〉 시청 및 활동지 해오기) • 자유토의를 통해 추상화의 개념 생각해 보기 • 〈언플러그드활동1〉 이야기 간추리기 • 〈언플러그드활동2〉 다양한 이미지 그룹화 • 〈문제 해결활동〉 자동문을 만들려면?	추상화
		5 (40)	문제를 분해해 보자!	(플립러닝 : 사전과제로 문제 분해 관련 영상 시청 및 활동지 해오기) • 문제 분해의 개념 알기 • 〈언플러그드〉컴퓨터적 사고활동(code.org)	문제 분해
		6-7 (40)	순서가 필요해!	(플립러닝 : 사전과제로 알고리즘 관련 동영상 시청 및 활동지 해오기) • 알고리즘의 개념 알기 • 〈언플러그드〉모눈종이, 실시간 알고리즘 종 이비행기 프로그래밍(code.org) • Lightbot을 통해 순서도의 개념 알기 • Lightbot 움직여보기	알고리즘 패턴
		8 (40)	오류를 잡아라!	(플립러닝 : 사전과제로 디버깅 관련 영상 시청 및 미로 퍼즐 및 꿀벌 활동지 해오기) • 디버깅의 개념 알기 • 〈언플러그드〉릴레이 프로그래밍(code.org)	디버깅
		9-10	보고회	• 우리가 아는 미래 SW사회의 모습은? 발표회를 통해 상호 평가하기	자료 표현

---

* 'SEF 2015 우수 강의안', 홍지연, 이영호

단계	주제	차시 (분)	소주제	교육 내용 및 활동	중점 CT /PC 요소
알고리즘과 프로그래밍	플립러닝을 활용한 디지털 스토리텔링 프로그래밍의 세계 핵심역량 창의사고 문제 해결력 PC 요소	사전 과제	(플립러닝) 스크래치 기본 기능 익히기	• 스크래치의 다양한 작품 살펴보기 • 가정에서 스크래치 설치해 보기 • 스크래치에서 자주 틀리는 오류 관련 영상 시청해오기(이젠코드 활용)	
		1	오리엔테이션 스크래치와 오류수정	• 스크래치 소개 및 스프라이트 만들어 보기 • 자주 틀리는 오류가 무엇인지 알아보고 직접 수정해 보기(debug)	디버깅
		2–3 (80)	사전과제	• (플립러닝) 오늘 활동에 필요한 블록(PC) 관련 영상 시청해오기(이젠코드 활용)	
			언플러그드 활동 모든 것은 순서대로!	• 〈언플러그드 활동〉 보물찾기 • 스크래치 프로그래밍에서 순차의 개념을 어떻게 사용할지 예상해 보기	알고리즘과 절차, 순차

			디지털
			스토리텔링–
			스크래치로
			나만의 작품
			만들기
				• 〈고양이 목에 방울달기〉 이솝우화 들려 주기
				• 이야기 속 한 장면을 표현한 스크래치
				  작품을 보여 주고 오늘의 블록 살펴보기
				• 해당 작품 따라 만들어 보기
				• 순차의 원리를 이용하여 나만의 작품
				  만들어 보고, 작품 발표하기
					자료 분석
					추상화,
					알고리즘과
					절차, 자료 표현

		4–5	조건, 있기! 없기!	• (플립러닝) 오늘 활동에 필요한 블록(PC)
				  관련 영상 시청해오기(이젠코드 활용)
				• 〈언플러그드 활동〉 숫자탐정
				• 〈여우와 두루미〉 이야기 속 한 장면을
				  표현한 스크래치 작품을 보고 조건의
				  원리를 이용하여 나만의 작품 만들어 보고,
				  작품 발표하기
					알고리즘과
					절차, 조건

		5–6	하고 또 하고	• (플립러닝) 오늘 활동에 필요한 블록(PC)
				  관련 영상 시청해오기(이젠코드 활용)
				• 〈언플러그드 활동〉 집에서 집으로
				• 〈여우와 바나나〉 이야기 속 한 장면을
				  표현한 스크래치 작품을 보고 반복의
				  원리를 이용하여 나만의 작품 만들어 보고,
				  작품 발표하기
					알고리즘과
					절차, 반복

		7–8	동시에 해
			볼까요?
				• (플립러닝) 오늘 활동에 필요한 블록(PC)
				  관련 영상 시청해오기(이젠코드 활용)
				• 〈언플러그드 활동〉 소곤소곤 집배원
				• 〈농부와 세 아들〉 이야기 속 한 장면을
				  표현한 스크래치 작품을 보고 병렬화의
				  원리를 이용하여 나만의 작품 만들어 보고,
				  작품 발표하기
					알고리즘과
					절차, 병렬화

		9–10	연산은 어려워?
			아니, 쉬워!
				• (플립러닝) 오늘 활동에 필요한 블록(PC)
				  관련 영상 시청해오기(이젠코드 활용)
				• 〈언플러그드 활동〉 선을 찾아라
				• 〈박쥐의 이중생활〉 이야기 속 한 장면을
				  표현한 스크래치 작품을 보고 연산의
				  원리를 이용하여 나만의 작품 만들어 보고,
				  작품 발표하기
					알고리즘과
					절차, 연산

단계	주제	차시(분)	소주제	교육 내용 및 활동	중점 CT/PC 요소
		11–12	즐거운 이벤트 세상	• (플립러닝) 오늘 활동에 필요한 블록(PC) 관련 영상 시청해오기(이젠코드 활용) • 〈언플러그드 활동〉 이벤트 박스 • 〈욕심 많은 개〉 이야기 속 한 장면을 표현한 스크래치 작품을 보고 이벤트의 원리를 이용하여 나만의 작품 만들어 보고, 작품 발표하기	알고리즘과 절차, 이벤트
		13–14	언플러그드 활동으로 프로그래밍의 개념(변수) 알기	• (플립러닝) 오늘 활동에 필요한 블록(PC) 관련 영상 시청해오기(이젠코드 활용) • 〈언플러그드 활동〉 예금통장 • 〈젊어지는 샘물〉 이야기 속 한 장면을 표현한 스크래치 작품을 보고 변수의 원리를 이용하여 나만의 작품 만들어 보고, 작품 발표하기	알고리즘과 절차, 변수
		15	작품 발표회	• 그동안 만든 작품 중 1개를 선택, 수정 보완하여 친구들 앞에서 발표하기 (상호평가) 〈세상에 단 하나뿐인 내 작품을 소개합니다!〉	자료 표현
컴퓨팅과 문제 해결	친구들과 함께 해결하는 시뮬레이션 **핵심역량** <u>의사소통 협력적 문제 해결력</u> CT, PC 요소	사전 과제	(플립러닝) 컴퓨팅과 문제 해결	• 스크래치의 다양한 작품(시뮬레이션) 살펴보기 • 시뮬레이션 관련 영상 시청해오기	CT, PC 종합활동
		1–2 (80)	로봇 청소기	• 로봇 청소기 원리 알아보기 • 로봇 청소기 프로그램 만들기	CT, PC 종합활동
		3–4 (80)	신기한 자동문	• 자동문 원리 알아보기 • 자동문 프로그램 만들기	CT, PC 종합활동
		5–6 (80)	학교시계	• 시계 원리 알아보기 • 시계 프로그램 만들기	CT, PC 종합활동
		7–8 (80)	횡단보도 건너기	• 횡단보도 원리 알아보기 • 횡단보도 프로그램 만들기	CT, PC 종합활동
		9–10 (80)	전기회로 제작	• 전기회로 원리 알아보기 • 전기회로 시뮬레이션 프로그램 만들기	CT, PC 종합활동
		11	작품 전시회 〈함께 하는 세상〉	• 그동안 만든 작품 중 1개를 선택, 수정 보완하여 친구들 앞에서 발표하기 (상호평가)	CT, PC 종합활동
	친구들과 함께 해결하는 피지컬 컴퓨팅 **핵심역량** <u>의사소통 협력적 문제 해결력</u> CT, PC 요소	사전 과제	(플립러닝) 컴퓨팅과 문제 해결	• 스크래치의 다양한 작품(피지컬 컴퓨팅) 살펴보기 • 피지컬 컴퓨팅 관련 영상 시청해오기	CT, PC 종합활동
		1–2 (80)	피지컬 컴퓨팅, 누구냐? 넌!	• 다양한 사례 영상을 통해 피지컬 컴퓨팅에 대해 알아보기 • 자신이 만들고 싶은 작품 구상해 보기	CT, PC 종합활동
		1–2 (80)	메이키메이키로 신나는 리듬악기 세상 속으로!	• 메이키메이키(MakeyMakey) 알아보기 • 메이키메이키로 노래하는 악보 만들기	CT, PC 종합활동

단계	주제	차시 (분)	소주제	교육 내용 및 활동	중점 CT /PC 요소
		3-4 (80)	작품 만들기	• 메이키메이키의 특성을 이용한 작품 만들기 • 다양한 소품을 이용한 입력장치 만들기	CT, PC 종합활동
		5-6 (80)	피코보드로 변신 자동차 비행기!	• 피코보드(Picoboard) 알아보기 • 피코보드의 다양한 입력장치로 변신 자동차 비행기 만들기	CT, PC 종합활동
		7-8 (80)	피코보드로 작품 만들기	• 피코보드의 다양한 입력장치와 센서를 이용한 작품 만들기	CT, PC 종합활동
		9-10 (80)	레고위두로 생일파티를 해요!	• 레고위두 알아보기 • 레고위두의 센서와 모터를 이용하여 생일파티 프로젝트 작성하기	CT, PC 종합활동
		11-12 (80)	레고위두로 작품 만들기	• 레고위두의 센서와 모터를 이용한 작품 만들기	CT, PC 종합활동
		13	작품 전시회 〈함께 하는 세상〉	• 그동안 만든 작품 중 1개를 선택, 수정 보완하여 친구들 앞에서 발표하기 (상호평가)	CT, PC 종합활동

2. 교사들의 학습공동체, 초등컴퓨팅교사협회

초등컴퓨팅 교사협회의 홈페이지 http://hicomputing.org

초등컴퓨팅교사협회의 시작은 2010년으로 거슬러 올라간다. 컴퓨터를 좋아하고, 아이들과 컴퓨터로 수업하는 것을 즐기던 몇 명의 교사들이 지역에서 작은 연구회를 만들어 활동하면서 시작되었다. 수업 현장에 바로 활용할 수 있는 교수학습 콘텐츠를 연구하고 개발하려는 목적에서 시작해, 디지털 교과서, 디지털 퍼블리싱, 애플리케이션, 스마트교육 등 다양한 분야로 관심 영역을 확대하며 성장했고 지금은 미래교육으로서 SW교육의 학교 현장 안착에 힘을 모으고 있다.

자체적으로 서울, 대구, 전라남도 등 전국을 다니며 찾아가는 SW교육 교사 워크숍을 진행하고 있으며, 교육부 및 미래부에서 실시하는 각종 교사대상 연수에 강사로 활약하고 있다. 또한 학생대상 SW연계 로봇체험교실, 찾아가는 소프트웨어 창의교실, SW연계 로봇페스티벌 행사 등을 주최하며 학생교육에도 힘쓰고 있다. 이 밖에도 SW 코딩주간 기획 및 운영, EBS 소프트웨어야 놀자 1, 2 제작 참여, 엔트리 고투티쳐 운영 지원, SW교육 관련 도서 집필 및 교구 개발, 미래부 SW교육 칼럼 게재, 교육부 SW교육 교재 개발 참여 등 SW교육과 관련된 다양한 영역에서 활동하며 스스로의 역량을 강화하기 위한 노력을 하고 있다.

컴퓨팅사고력 교육으로 새롭게

한참 유행했던 1980년대 교실에서 1990년대 교사들이 2000년대 아이들을 가르치고 있다는 우스갯소리는 그냥 '오~맞아, 맞아.' 하며 웃고 지나갈 말은 아닌 것 같다. 이 말 속에 숨어있는 우리 교육에 대한 풍자는 그만큼 우리의 교육이 새로운 변화에 둔감하고, 아이들의 발전과 성장 속도에 따라가지 못하고 있음을 뜻할 것이다. 여전히 입시 위주의 주입식 교육으로 아이들의 생각을 고정시키는 교육을 고집하고, 그동안 해왔던 방식이 최고라며 산업사회 시대 교육 방식의 끈을 놓지 못하고 있다.

이런 시대에 대한 고찰, 교육 현장에 변화와 혁신에 대한 소망을 담아 새로운 교육을 하고자 하는 것이 초등컴퓨팅교사협회가 가진 첫 번째 비전이다. 생각하는 교육을 통해 우리 아이들을 사고하고 사유하는 인간으로 성장시키되, 자신의 생각을 마음껏 펼치는 도구로서 컴퓨팅을 활용할 수 있는 역량을 키우고자 하는 것이다. 옆에 있는 친구와 경쟁하고, 그를 이기기 위한 교육이 아니라 자신이 생각한 것을 표현하는 데 집중하고, 막힐 때는 친구와의 협력을 통해 함께 그 생각을 키우면서도 구체화시켜나갈 수 있는 교육이 회원 교사들이 하고자 하는 교육의 바람직한 모습이다.

교사부터 흥미를 가지고 즐겁게

교사부터 즐거워야 한다고 생각한다. 그 즐거움의 에너지를 아이들에게 전달할 수만 있다면 학습에서 이루고자 하는 성취기준의 절반은 이미 달성했다고 봐도 무방할 것 같다. 따라서 초등컴퓨팅교사협회에서 활동하는 선생님들의 모토는 바로 '즐거움'이다. 교사부터 흥미를 가지고 즐겁게 수업을 준비하고, 아이들과 함께 수업을 나누는 것이 우리의 목표다. 아이들과 함께 문제를 해결해 나가는 과정에서 함박웃음으로 배움의 즐거움을 전이시켜 나가는 교실, 이것이 바로 우리가 바라는 교실의 모습이다.

아는 것은 나누고 모르는 것을 물으며 다함께

아이들에게만 소통하고 참여하며 협력하라고 요구하지 않는다. 교사는 교수자이면서 늘 배움의 선상에 있는 학습자이기도 하다. 특히 SW 교육 분야처럼 하루가 다르게 새로운 것이 등장하는 학문의 경우 아는 것보다 배워야 할 것이 몇 곱절은 많다. 혼자서는 벅차다. 알 수도 없을 뿐더러 비효율적이다. 그래서 집단집성이 필요하다. 서로가 잘 아는 부분과 모르는 부분을 머리를 맞대고 고민하다보면 어느 순간 그에 대한 해답이 보이기 시작한다. 이 순간의 기쁨이란! 경험해 본 사람만이 느낄 수 있는 희열이다.

이렇게 초등컴퓨팅교사협회는 〈새롭게, 즐겁게, 다함께〉라는 비전에 따라 운영되는 교사들의 학습공동체다. 교사라면 누구나 회원으로 가입해 소프트웨어 교육에 대한 고민과 정보를 나눌 수 있다.

이 도서의 국립중앙도서관 출판시 도서목록(CIP)은 서지정보유통지원시스템 홈페이지(http://seoji.nl.go.kr)와 국가자료공동목록시스템(http://www.nl.go.kr/kolisnet)에서 이용할 수 있습니다. (CIP제어번호: CIP2017025037)

소프트웨어 수업백과

초등교사를 위한 SW교육 가이드

초판 1쇄 펴낸 날 2017년 10월 10일

지은이 홍지연
펴낸이 김삼수
펴낸곳 상상박물관
편집 신중식
디자인 최인경

기획 자문 허미숙(서울마장초등학교)
         고선미(서울번동중학교)
         이윤주(의왕시립 청계참고운도서관)

등록 제318-2007-00076호
주소 서울시 강남구 선릉로 93길 34(역삼동), 청진빌딩 B1
전화 0505-306-3336 팩스 0505-303-3334
이메일 amormundi1@daum.net
홈페이지 www.facebook.com/amormundibook

ISBN 978-89-93467-32-1 03370